权威 · 前沿 · 原创

重庆人力资源蓝皮书

BLUE BOOK OF CHONGQING'S HUMAN RESOURCES

重庆人力资源服务业

2023

《重庆人力资源服务业》编委会　编著

重庆大学出版社

图书在版编目（CIP）数据

重庆人力资源蓝皮书：重庆人力资源服务业 . 2023 /
《重庆人力资源服务业》编委会编著 . -- 重庆：重庆大
学出版社，2023.12

　（蓝皮书系列）

　ISBN 978-7-5689-4227-0

　Ⅰ.①重… 　Ⅱ.①重… 　Ⅲ.①人力资源—服务业—产
业发展—研究报告—重庆—2023 　Ⅳ.①F249.277.19

　中国国家版本馆 CIP 数据核字(2023)第 238329 号

重庆人力资源蓝皮书：
重庆人力资源服务业（2023）
CHONGQING RENLI ZIYUAN LANPISHU：CHONGQING RENLI ZIYUAN FUWUYE（2023）

《重庆人力资源服务业》编委会　编著

责任编辑：顾丽萍　　版式设计：顾丽萍
责任校对：刘志刚　　责任印制：张　策

*

重庆大学出版社出版发行
出版人：陈晓阳
社址：重庆市沙坪坝区大学城西路 21 号
邮编：401331
电话：(023)88617190　88617185(中小学)
传真：(023)88617186　88617166
网址：http：//www.cqup.com.cn
邮箱：fxk@cqup.com.cn(营销中心)
全国新华书店经销
重庆升光电力印务有限公司印刷

*

开本：720mm×1020mm　1/16　印张：18　字数：324 千
2023 年 12 月第 1 版　　2023 年 12 月第 1 次印刷
ISBN 978-7-5689-4227-0　定价：98.00 元

编委会

人才发展、优化人才配置和提高创新能力,推动人才与产业发展的良性互动,助力区域经济社会的可持续发展。

队伍篇收录了《重庆市人力资源服务从业人员能力素质提升研究》报告。此报告以重庆市人力资源服务业相关体制机制建设、改革优化等方面为切入点,梳理了重庆市人力资源服务从业人员现状,提出相关对策和建议,为提升人力资源服务从业人员素质,加快推动人力资源服务业高质量发展提供参考、明确方向。

本书作者包括诸多人力资源服务业相关的实践和理论工作者,对重庆市人力资源服务业有不少真知灼见和成功经验,对推动重庆市人力资源服务业实现创新发展具有重要参考意义。本书的年度出版与发行,力争为人力资源服务业相关各方提供咨询交流的平台、实践创新的平台,促进行业的健康发展和进步。

由于水平有限,书中错误或不妥之处在所难免,敬请读者指正!

《重庆人力资源服务业》编委会
2023年10月

　　《重庆人力资源蓝皮书:重庆人力资源服务业(2023)》通过对人力资源服务业相关规范、体系建设、发展环境和管理实践的分析,对重庆市人力资源服务业地方标准化规范制定、发展前景、趋势预判和未来展望进行研究,形成学术成果,对推动新时期人力资源服务业开发与规范、实现创新发展具有重要的参考意义。

　　全书分为总报告、基础篇、产业篇和队伍篇4个部分。

　　总报告主要分析了2022年度重庆市人力资源服务业发展状况,对人力资源服务行业的发展背景、供需情况、市场规模、竞争格局等行业现状进行分析,并结合多年来人力资源服务行业发展轨迹及实践经验,对人力资源服务行业未来的发展前景做出审慎分析与预测,使人力资源服务行业相关企业及资本机构准确了解当前人力资源服务行业最新发展动态,把握市场机会,提高企业经营效率,为促进高质量充分就业、加强人力资源开发利用发挥更大作用。

　　基础篇收录了《抢抓数字重庆建设机遇 以数字化引领人力资源服务业高质量发展》《推动新时代人力资本服务业高质量发展研究》《人力资源服务产业化发展激励政策研究》《重庆市国家级开放平台人才工作对策及建议》《人力资源服务业促进市场化就业问题研究》5篇报告。以上报告紧紧围绕人力资源和社会保障部关于加快推进新时代人力资源服务业高质量发展的总体要求,紧扣新时代之需,务实新发展之举,力求新作为之效,加快发展人力资源服务业,力争为重庆市人力资源服务业地方标准的制定提供理论支撑,发挥理论指导实践的重要作用。

　　产业篇收录了《促进川渝地区人才协同发展研究》《川渝人力资源服务创新发展特区制度建设研究》《重庆市精准化引进紧缺人才研究》《重庆市数字经济人才创新发展指数研究》4篇报告。以上报告以重庆市人力资源市场的特点与发展需求为切入点,立足重庆市精准化引才、人才服务数字化、人才协同发展进行分析,促进

重庆市人力资源服务业发展报告(2022)

摘　要:本报告总结了2022年重庆市人力资源服务业的发展情况。随着重庆市经济的快速增长,人力资源服务业作为支撑城市经济发展的重要组成部分,发挥着越来越重要的作用。报告指出,重庆市人力资源服务业在服务形式、行业规模和管理水平方面都取得了显著进展。政府出台一系列政策措施,积极推动人力资源服务业的创新发展,鼓励数字化转型和信息技术的应用,提升服务质量和效率。未来,重庆市人力资源服务业将继续朝着数字化、智能化、专业化的方向迈进,为城市经济社会的可持续发展提供更加有力的支撑。

关键词:重庆　人力资源服务业　高质量发展

一、2022年人力资源服务业发展现状

2022年,重庆市人力资源服务业继续呈现高速发展态势,展现出巨大的朝阳活力。

(一)行业规模进一步壮大

2022年,重庆人力资源服务业奋勇向前,充分发挥市场主体作用,实现连续7年30%以上的高增长率。2022年,重庆人力资源服务业营业收入达到809亿元,比上年增长30.91%;服务机构达到3168家,比上年增长11.30%;从业人数达到2.89万人,比上年增长1.30%;总资产达到1702亿元,比上年增长123.16%;户均营业收

总报告

队伍篇 ▶

目录
CONTENTS

协同发展。推动成渝地区双城经济圈人才服务互享,对认证人才共享旅游等6项服务,实现7000余人掌上(天府英才卡App、重庆英才小程序)数据互通,两地互设"流动人员人事档案查询"模块,开通通办事项7个,共建"川渝通办"专区,全年为四川提供档案通办服务4625人次。

(六)发展平台进一步构筑

目前重庆市级人力资源服务产业园达到8家,2022年,推动新建市级人力资源服务产业园3个、专业性人才市场1个,拓展中国数字经济人才市场服务场所4个。中国·重庆人力资源服务产业园获批特色服务出口基地(人力资源)、欧洲重庆中心人力资源服务基地。2022年,重庆人力资源服务机构新设立固定招聘场所24个,新建立人力资源服务网站198个。

二、促进人力资源服务业高质量发展的举措

重庆市人力资源服务业高质量发展得益于多措并举、多路并行、协同推进。

(一)强化法规政策体系建设与管理机制创新协同推进

人力资源服务业发展离不开法律法规的保驾护航。重庆在全国较早出台了人力资源市场地方性法规,制订产业发展专项规划,并配套出台了产业发展资金管理、许可备案管理、产业园建设、行业诚信建设等细化政策。2022年,重庆市人力社保局联合12部门出台了《关于推进新时代人力资源服务业高质量发展的实施意见》,对推动实施人力资源服务业"千亿跃升"行动计划、促进新时期人力资源服务业高质量发展、打造中西部人力资源服务业发展高地具有重要意义。在强化法制政策体系建设的同时,充分发挥市场机制作用,不断创新管理机制,降低市场准入门槛,简化优化审批流程,建立更加规范的人力资源服务行业标准体系,不断完善全市人力资源服务业全口径统计体系,建立机构信息公示平台,打造市场秩序整体智治新机制。

(二)强化创新驱动与科技赋能协同推进

鼓励人力资源服务机构推进管理创新、服务创新和产品创新,大力发展人力资源管理咨询、人才测评等高人力资本、高技术、高附加值业态,开展全市人力资源服

入达到2553万元，比上年增加17.57%；从业人员人均营业收入达到280万元，比上年增加29.20%。

(二)服务效应进一步凸显

2022年，全市人力资源服务机构服务用人单位49.81万家次，比上年增长33.14%；帮助实现就业、择业和流动人数387万人次，比上年增长6.16%；在网络招聘服务方面，发布岗位信息775.52万条，比上年增长37.38%，发布求职信息920.70万条，比上年增长18.26%；在劳务派遣服务方面，服务用人单位7.70万个，比上年增长222.79%，派遣人员总量149.30万人，比上年增长125.30%；在人力资源外包服务方面，服务用人单位4.87万个，比上年增长592.48%，外包132.75万人，比上年增长553.27%；为基层新招募"三支一扶"人才超600人，提供档案公共服务37万人次；开展"国聘行动"、优质机构"三进"等活动，帮助用人单位直接招募5590人，推介优质机构87家。

(三)服务质量进一步提升

重庆人力资源服务业积极构建服务生态，向高端服务领域延伸，高级人才寻访、人力资源测评、管理咨询、人力资源信息软件服务等业态发展呈现出崭新态势。2022年，重庆人力资源服务机构在测评服务方面，测评人数37.34万人次，比上年增长78.73%；在猎头服务方面，委托推荐岗位数3.25万个，比上年增长55.04%。

(四)聚集效应进一步发挥

重庆人力资源产业园充分发挥集聚产业、拓展服务、孵化企业、培育市场的功能，促进人力资源服务业高质量发展。2022年，重庆人力资源产业园营业收入达到94.9亿元，其中国家级产业园营业收入32.5亿元，市级产业园营业收入62.4亿元；总税收达到2.1亿元，其中国家级产业园税收达到0.9亿元，市级产业园税收达到1.3亿元；产业园入驻机构达到3534家，其中民营企业为3324家，占比为94.06%；产业园服务企业总数达到563.20万家，服务总人数达到1284.60万人，促进就业达到1292.97万人次。

(五)协同效应进一步提高

加快建设川渝毗邻地区人力资源一体化发展先行区，持续推进川渝人力资源

3

的示范、引领和带头作用,开展了2022年度人力资源服务业骨干企业和领军人才认定工作,最终认定10家人力资源服务业骨干企业和10名个人为人力资源服务业领军人才。实施人力资源服务从业人员技能提升培训行动,2022年继续选派人力资源服务机构高级管理人员到市外著名专业院校、知名人力资源服务机构学习培训。建立市级、区县级人力资源服务技能大赛体系,如期举办西部HR大赛、川渝人力资源服务技能大赛,不断提升行业从业人员能力素质。

(六)强化规范监管与行业自律协同推进

2022年,扎实开展市场秩序整治、"租车套路骗"治理等专项活动,检查各类机构超过600家,纠正违法违规行为10余起,关停违规账号50余个;落实"诚信积分制",开辟机构信息公示专栏,让黑中介无处藏匿,建设人力资源服务综合体,压缩劣质机构经营空间,助力优质机构业务拓展,推动形成市场发展与监管整体智治新体系。在强化规范监管的同时,支持行业协会开展信用评价、市场调查、监管效果评估,在事中事后监管的各个环节建立行业协会参与机制。2022年,重庆市人才研究和人力资源服务协会积极推动行业标准的制定和发布,组织企业外出参观学习,举办多场讲座。

(七)强化对外交流与川渝合作协同推进

围绕促进就业创业、推进人力资源服务业发展等方面,建立健全跨区域、跨省份合作机制,探索打通"一带一路"共建国家和地区重点城市人力资源合作通道,实施更大范围、更宽领域、更深层次合作交流,提高参与全球人力资源配置能力和服务整体经济效率。依托西部陆海新通道建设,加强与甘肃、青海、广西等省区在劳动力转移、人才引进等方面的合作;依托东西部劳务协作机制,深化与山东的劳务协作,搭建更加便捷高效的用工信息平台,促进进城务工人员转移就业。印发《2022年度川渝人社合作重点工作任务清单》,加快川渝毗邻地区人力资源服务产业园建设,打造川渝人力资源服务产业园共建共享合作样板。举办成渝地区双城经济圈人力资源服务产业园联盟大会,推进人力资源服务标准化委员会、人力资源等级评定委员会建设,进一步强化市场信息互通、工作协同,成立川渝人力资源服务专家委员会,设立人力资源等级评定委员会。合力推动西部人力资源博览会提档升级,共办第三届西部HR能力大赛,持续扩大区域影响力。联合编制《成渝地区双城经济圈急需紧缺人才目录》,强化区域人才引导。

务创新创业大赛活动,大力支持人力资源服务领域创新创业项目。每年安排一定资金开展理论研究,设立中国重庆人力资源服务产业发展研究院,推动行业理论、共性问题研究,推动人力资源服务发展理论创新。与此同时,重庆市实施科技驱动人力资源服务业发展战略,促进人力资源数字化转型,支持人力资源服务机构创新应用大数据、人工智能、区块链等新兴信息技术,发展数字化服务,打造人力资源大数据平台、人力资本金融创新平台。

(三)强化产业发展与效能发挥协同推进

多措并举促进人力资源服务业发展的同时,强化人力资源服务业在就业促进、人才服务等方面的效能发挥。为贯彻稳就业、保居民就业决策部署,充分发挥人力资源服务机构匹配供需、专业高效的优势,2022年积极开展"百日千万网络招聘专项行动",印发了《关于开展人力资源服务机构稳就业促就业行动的通知》,为促进稳就业保就业、维护经济社会发展和社会稳定大局、助力乡村振兴、全面建成小康社会提供坚实有力的人力资源服务支撑。

(四)强化平台建设与活动载体打造协同推进

实施人力资源服务产业园扩容提质行动,构建"1+10+N"国家级、市级、区县级三级产业园体系。打造线上产业园,拓展产业园区覆盖范围,带动区县产业园建设。实施人力资源市场矩阵建设行动,推动形成多层次、多元化的人力资源市场格局。鼓励人力资源服务机构等社会力量参与人力资源服务产业园和人力资源市场运营管理,探索符合市场规律、适应发展需要、运转灵活高效的运营管理模式。建立人力资源服务产业园联盟,搭建交流对接、合作发展平台。针对重点人群就业和用人单位招聘需要,搭建全市统一、多方联动的网络招聘平台,集中开展以线上为主的特色专场招聘、职业指导、职业技能培训等服务,强化就业创业政策支持,统筹推进线下服务,提升供需匹配效率,以优质高效服务助推稳就业保就业。开展赛、会、展、论、训等相关活动,促进供需双方合作交流,深化市场主体对人力资源服务业的认知,充分激活人力资源服务买方市场需求。

(五)强化人力资本投资与队伍建设协同推进

组建人力资本联盟,建立人力资本可量化、可评估数据模型,推动人力资本开发示范区、人力资本产业园建设。充分发挥人力资源服务业骨干企业和领军人才

1.健全统计体系

围绕人力资源服务业统计,自2021年起实施人力资源服务业统计扩面工作。目前已全面建成了覆盖人力资源开发服务全周期的行业业态的统计体系,实现行业营业收入统计较传统统计口径增长100%以上的成绩,并拓展提出人力资源服务产业增加值概念,得到人社部肯定。

2.引领服务业态转型升级

全方位推进人力资源服务理念创新、政策创新、技术创新、模式创新,5G、大数据、人工智能、区块链等信息技术与人力资源服务业加速融合渗透,中高端及新兴业态市场占比大幅提升,服务产品更加"专、精、深",涌现出萌想科技、瑞人网络、鱼泡科技、新大翰等一批"专精特新"的科技型、网络型、平台化、数字化人力资源服务公司,成为行业"小巨人"或细分市场冠军。

五、进一步促进人力资源服务业高质量发展的对策

锚定人力资源服务业高质量发展目标,深入实施增容扩面、雁阵发展、数字赋能、创新驱动、人才强业五大战略,积极开展"千亿跃升"攻坚、"产业生态"创优、"发展平台"聚能、"治理机制"数字化四大行动,推动人力资源服务业跨越式发展。

(一)深入实施"五大"战略

1.实施"增容扩面"战略

进一步降低市场准入门槛,实行事中事后监督,促进人力资源服务机构数量倍增;挖掘市场需求,激发人力资源服务机构活力;落实国际国内知名人力资源服务机构引进措施,鼓励从事人力资源相关业务的组织转型为人力资源服务机构。鼓励人力资源服务机构跨界经营,开展人力资源全生命周期和全生态系统服务;鼓励人力资源服务机构域外经营,在外设立分公司或经营部。

2.实施"雁阵发展"战略

鼓励优质人力资源服务机构上市,专项培育龙头企业和领军企业;支持人力资源服务骨干企业成长、中小型高质量发展、小型微利可持续发展。持续构建国家级、市级、区县级三级产业园体系,建设一批布局合理、功能完善、优势互补、各具特色的人力资源服务产业园。持续推进劳动力市场、人才市场和零工市场建设,加快

浙江同期的13.12%。浙江省人力资源服务业在建设人力资源服务生态系统、促进产业园分类建设、促进区域协调发展等方面的经验值得我们借鉴。

1.建设人力资源服务生态系统

围绕人力资源引进、培育、配置、服务等全周期,构建浙里招聘、浙派工匠、数字专技、引才渠道、人力资源公共服务、浙里人才市场等六大应用场景,打造"浙里人力资源"综合应用,推动浙江省市县一体、部门间协同、引育留贯通,实现人力资源工作整体智治新格局。建设人力资源产业协同一体化应用场景,梳理确定浙里招聘、人力资源公共服务、浙里人才市场等二级和三级任务。建设人力资源招引、培育、配置、服务等跨业务跨部门场景,开发完善"浙里猎头""用才宝""人力资源企业云店"等应用。

2.促进产业园分类建设

浙江出台人力资源产业园创建和评估办法,创造性提出综合性和专业性园区的建设方向,已建成与当地特色产业匹配度高、协同性好,具备为当地特色产业提供人力资源引进、培养、评价、鉴定、服务等全周期人力资源服务能力的余杭数字经济人力资源服务产业园和宁波数字外贸人力资源服务产业园两家省级园区。浙江正在筹建慈溪智能家电、永康五金产业等五家省级专业性人力资源服务产业园。

3.促进区域协调发展

启动实施山区26县和海岛3县"共享人力资源助力共同富裕"行动计划,鼓励人力资源服务产业园、人力资源服务企业与山区海岛县建立结对帮扶关系,聚焦当地产业提供精准人力资源服务。目前,已有2家国家级和7家省级人力资源产业园、100家人力资源企业与山区26县建立了共享互助关系,通过园区共建、劳务输出、专场招聘、创业指导等方式,全方位助力共同富裕。

(二)四川

与四川比较,重庆人力资源服务业机构、营业收入均有较大差距,主要原因是四川省人力资源统计口径采取全口径统计,即采取"4+6"现代服务业统计指标体系。四川省人力资源服务业在健全统计体系、引领服务业态转型升级等方面值得我们借鉴。

政府采购人力资源服务的额度还不大,人力资源服务纳入政府采购目录的还不多。

3.市场开拓能力还需要提升

重庆市人力资源服务机构主营业务和主要收入还依赖当地市场,域外市场份额还不大,对市外市场、境外市场、主营业务外市场等新市场的开拓力度还不大,市场开拓能力还有待提升。人力资源服务机构顺应重庆产业政策调整及时提供有效产品的能力还有待提高,与产业的协同度还需提升。

(三)川渝协同还需要深入

1.政策协同创新还需要深入

尽管川渝两地目前制定了促进行业发展的普惠性政策,但与两地协同打造人力资源服务业高质量发展区域的目标还有差距,大多数新政还是原有各自政策的优化、升级,突破行业政策"天花板",真正具有创新性的政策还不多。

2.川渝人才竞争还没达到良性状态

川渝两地的人才政策、机制还不一致,重点领域急需紧缺人才还存在无序竞争的情况,人才合理流动的行政壁垒尚未完全打破。川渝两地在进行招生、引才时相互排斥的现象还存在,各自都不太愿意将本地区的优秀人才和拥有的人力资源流入对方市场。川渝两地在向全国乃至全球引进人才要素过程中,都希望将优质资源留在各自辖区,相互竞争的情况比较明显,竞争呈现加剧趋势。

四、浙江、四川促进人力资源服务业高质量发展的经验

横向比较,重庆人力资源服务还存在明显的差异,浙江和四川的发展经验值得借鉴。

(一)浙江

与浙江比较,重庆人力资源服务业的规模还较小,2022年浙江人力资源服务业营业收入约为3719亿元,机构数为6221家,重庆从业人员数不到浙江的30%。通过比较分析,重庆人力资源机构均产值约为浙江人力资源机构均产值的一半,主要原因是重庆龙头企业较少。2022年,重庆人力资源服务产业园达到9家,而浙江目前有39家人力资源产业园,入园机构1685家,营业收入723.41亿元,产业园收入是

三、重庆市人力资源服务业发展过程中存在的问题

尽管2022年重庆人力资源服务业继续呈现高速发展态势,但还存在诸多不足,亟待破解。

(一)行业竞争力还有待提高

1.行业规模偏小

2022年,重庆人力资源服务机构户均营业收入和从业人员人均营业收入还不高;从业人员总量偏少,户均从业人员数不到10人,从业人员中高学历人员占比不高,拥有职业资格证的人员占比较低。缺乏龙头企业和领军企业,总部在重庆的全国知名人力资源服务机构数远低于北上广等一线城市。

2.中高端服务占比不高

目前重庆市人力资源服务机构服务产品特色还不明显,新产品开发能力较弱,产品类型还有待丰富,产业链低端化、同质化现象突出。大多数人力资源服务机构产品仍以招聘、派遣、外包等业务为主,高级人才寻访、人才测评、管理咨询等高附加值服务产品供给能力不足、市场份额不高、营业收入占比偏低。

(二)服务市场还需要进一步拓展

1.产品供给配适度不高

目前人力资源服务业发展呈现一系列新情况、新问题,人力资本、数字化人力资源服务、灵活用工等人力资源服务新兴产业业态快速兴起,人才服务需求激增,人工智能在人力资源服务中快速渗透,而人力资源服务业顺应新情况和新问题开发新产品的能力还有待提升,产品供给与新时代特征匹配度还需要提高。

2.服务需求有待进一步挖掘

很多机构对人力资源服务产业和人力资源服务机构的认知度还不全面,将人力资源服务机构与职业介绍所、劳务派遣机构等同,对人力资源服务行业及其产品了解不多,采购人力资源服务产品的意识不足、意愿较弱,认为人员招聘、薪酬绩效设计等工作为分内职责,不愿意将人力资源管理工作外包给专业人力资源服务机构。企业内部人力资源部门成立为独立的人力资源服务机构意愿还不是很强烈。

业协会建设,加大人力资源服务行业宣传力度,持续传播行业正能量。

3.开展"发展平台"聚能行动

全面发挥产业园、数字经济人才市场、产业发展研究院、出口基地等国家级平台作用,持续推进市人力资源服务业、人才市场等平台建设,丰富人力资源服务综合体应用场景。继续举办或参加中国(西部)人力资源博览会、人力资源创新创业大赛、西部HR能力大赛、全国人力资源服务业发展大会等活动,创新开展优质机构"三进"系列活动,为行业发展聚能。

4.开展"治理机制"数字化行动

持续完善市场治理系统功能,利用大数据自动核实机构许可条件、及时发现机构信息变化、实时掌握机构业务情况、精准实施"诚信积分"管理,全面提高市场监管效能。依托网络招聘管理细则,建立网络招聘信息发布机构信息公示机制,进一步压缩劣质机构经营空间。建立机构等级评价机制,利用评分对机构实施差异化管理、开展差异化扶持,提高行业监管扶持效能。

执笔人:李贤柏

形成人力资源市场新格局。

3.实施"数字赋能"战略

强力推进人力资源服务业数字化转型以及数字化人力资源服务业发展。整合人才数据资源,进一步丰富"重庆人才现状数据库""重庆人才需求数据库""全球人才供给数据库""人才政策库"等数字平台信息,完善重庆产才大数据基础平台。高标准打造中国重庆数字经济人才市场、中国·重庆人力资源服务产业园特色服务出口基地(人力资源)、重庆市大数据人力资源服务产业园和数字经济人力资源服务产业园。

4.实施"创新驱动"战略

启动人力资本发展先导区建设,推动产业创新发展。鼓励人力资源服务机构增加研发投入,设立研发中心或实验室,推出技术内涵产品。鼓励人力资源服务机构进行管理创新、商业模式创新,探索发展新路径。持续开展人力资源服务创新创业大赛活动,大力支持人力资源服务领域创新创业项目。支持人力资源服务机构申请认定高新技术企业和技术先进型服务企业。鼓励人力资源服务机构申请专利,加强知识产权保护。

5.实施"人才强业"战略

强化人力资源服务业人才队伍建设,发挥人才在产业发展中的决定性作用。确保引育一批行业发展急需急缺人才和高层人才,大幅提高从业人员能力水平,培养造就一批行业领军人才、研究型人才、专业性人才,切实提升从业人员技能水平。

(二)积极开展"四大"行动

1.开展"千亿跃升"攻坚行动

深入贯彻产业"十四五"规划,落实高质量发展实施意见、创新发展行动计划,全力推动人力资源服务产业"千亿跃升"工程,确保实现既定目标。实施名优企业培育等六大专项"计划",推动政策创新、管理创新、业务创新,激发产业发展动能。

2.开展"产业生态"创优行动

出台网络招聘管理、从业人员管理政策,持续完善政策制度。建立行业专业技术职称评审体系,开展领军人才选树,打造专业人才队伍。推动市场标准化建设,出台一批团体标准和地方标准。开展诚信主题创建活动,规范市场秩序。加强行

基础篇

抢抓数字重庆建设机遇
以数字化引领人力资源服务业高质量发展

　　摘　要:数字化已经成为推动经济转型升级的重要力量,数字重庆建设为人力资源服务业提供了巨大的发展机遇。本研究旨在探讨如何抢抓数字重庆建设机遇,以数字化引领人力资源服务业高质量发展。研究发现,数字化技术为人力资源服务业带来了多重机遇,包括提升效率、优化服务、拓展市场、创新业务等。数字化引领的高质量发展需要从技术、人才、政策和市场等方面进行全面布局。基于研究结果,本研究提出了一系列推动人力资源服务业数字化高质量发展的建议。本研究的结果对于抢抓数字重庆建设机遇,以数字化引领人力资源服务业高质量发展具有一定的指导意义。

　　关键词:数字化　人力资源服务业　创新

　　近年来,重庆市人力社保局深入贯彻习近平总书记关于数字产业化和产业数字化的指示要求,认真落实市委关于"以数字化变革为引领推进全面深化改革"工作要求,抢抓数字重庆建设机遇,依托"智慧人社"平台,顺势而为、乘势而上、聚势而强,大力实施人力资源服务业数字赋能行动,加快推动人力资源服务业"千亿跃升"工程,积极打造我国中西部人力资源服务业发展高地。截至2022年底,全市人力资源服务机构3168家,营业总收入809亿元,全年服务用人单位49.81万家次,帮助实现就业或流动387万人次,产业规模和效益整体跃升至全国第一方阵。

一、以"数"赋能,打造产业发展新引擎

(一)搭建"一库四联盟",实现数据智能集成

将数字化作为"一把手工程""现代化工程",依托全市一体化智能化公共数据平台,打通跨层级、跨地域、跨系统、跨部门、跨业务等数据堵点,推动市内外3200万个人数据、2400万劳动力等各类数据融通,实现一数一源、同步更新。特别对2400多万劳动力资源建立标签体系,按照事实标签、统计标签及算法标签进行标签体系设计,更高质量地实现数据汇聚共享,保证数据"一数一源一标准""应归尽归"。结合就业、培训、创业、人力资本"四联盟",搭建"重庆人才现状数据库""重庆人才需求数据库""全球人才供给数据库""人才政策库"四大数据库,涵盖行业主管部门、重点用人单位、龙头人力资源服务机构,汇聚各类人才基础数据874万条、市外相关人才公开数据5万条,企业实时需求2007个,人才政策351个。

(二)打造产才大数据平台,促进供需精准匹配

迭代升级"数字劳动就业""数字社会保险""数字人才人事""数字劳动关系"应用系统。深度挖掘数据关系,通过人工智能、大数据、云计算等方式,对全产业链供需进行精准匹配,形成重点支持先进制造业发展的重庆产才大数据平台,通过数据流打通决策流、业务流、执行流,重塑全市人力资源服务业体系架构。2023年上半年,全市线上线下举办各类招聘会4000余场,累计提供就业岗位140万个,开展补贴职业技能培训13.6万人次。

(三)绘制高层次人才图谱,助力实体经济发展

依托产才大数据平台,归集各引才渠道的引才明细数据,对接"智慧人社"和市级共享数据平台,通过比对抓取,完善人才户籍、档案、社保、教育、职称、个税、出入境、工商注册、信用等信息,绘制重庆高层次人才图谱。完成"人才产业链""人才库""人才画像""引才路径"四个应用板块开发,结合已入库数据,实现人才挂链28.8万人次,需求挂链28.8万人次,精准服务全市"33618"现代制造业产业集群。已通过引才数据库自动汇集1.6万名引进人才信息,完成了入职信息匹配等功能,建立了引才渠道动态更新机制。目前,各区县人力社保部门、人才大市场集团等猎头机构,通过图谱获取精准引才信息2000余条。编制紧缺人才目录,发布"揭榜招

贤"榜单,2023年发布"揭榜招贤"岗位150个,已有76个岗位揭榜。

二、以"智"助治,构建管理服务新体系

(一)升级"线上产业园"应用系统,培育优质活力企业

按照为建设现代化新重庆提供坚强人力资源支撑思路,将全市人力资源行业企业纳入"渝快办"一张网应用系统,推动企业上云、上规、上平台,建成覆盖38个区县、3500多家人力资源机构的"线上产业园"应用系统。线上产业园实时展示全市人力资源服务机构资质、服务范围、合作案例、优秀案例等内容,搭建人力资源服务信息交流平台,助力人力资源服务供需双方对接,扶持优质人力资源服务机构发展。同时依托全市一体化、智能化公共数据平台,贯通"人才超市""人才码""渝快聘"等,完成人才链同创新链、产业链深度融合。已建成全国第二家、西部第一家国家级人力资源产业园,2022年实现产值近150亿元;建成重庆市数字经济人力资源服务产业园、重庆三峡人力资源服务产业园等8家市级产业园,形成了"1+8+N"国家级、市级、区县级三级矩阵发展格局。成功创建中国重庆数字经济人才市场、中国·重庆人力资源服务产业园特色服务出口基地(人力资源)、中国重庆人力资源服务产业发展研究院等国家级人力资源服务产业发展平台,聚产业、引人才、兴市场作用进一步显现。全市人力资源服务领域规上企业达到315家,完成"十四五"预定目标的120%。从事人才推荐、人才测评、管理咨询的企业由2021年的147家增加到2022年的197家,高附加业态稳定增长。

(二)升级"数字经办"应用系统,提供便利政务服务

依托"渝快办",完善人社业务"V模型"多跨场景,实现业务经办系统由单一业务独立运行向"智能导办"一体协同数字转型升级。出台经营性人力资源服务机构许可、备案及管理新规,全面推行许可"告知承诺",统一简化许可审批条件。依托全市一体化智能化公共数据平台,智能集成2012年以来全市人力资源行业从业人员、就业分布、产业构成等情况,并为全市3100余家人力资源服务机构建档画像,设立机构信息查询通道,方便服务对象查询。打造"渝直聘"信息化招聘服务平台,全面收集市场招聘岗位,定向匹配求职人群,打造招聘求职大数据库,每月形成人力资源市场供需分析报告。制定劳务派遣指引、人力资源服务风险信息收集政策,

实时收集人力资源机构招聘及派遣数据,发现人力资源市场风险信息,为劳动者权益保障、和谐劳动关系创建提供数据支持。截至目前,已收集人力资源服务机构报送送工风险信息93条涉及6964人、辞工风险信息4条涉及204人。

(三)升级"数字管理"应用系统,实现一网智能监管

创新管理方式,利用信息化、大数据技术,建立覆盖全市全部人力资源服务机构的"红黄黑"名单公示体系,压缩违法违规机构经营空间,营造争先比优产业发展环境。在全国率先实行经营性人力资源服务机构"诚信积分制""五色图"分类和"好差评"机制,完成从事后监管到事前预防—事中监管—事后核查的整体智治、闭环监管,并结合系统反馈情况及时开展行业清理整顿。截至目前,累计创建国家级诚信服务示范机构16家、市级诚信服务示范机构135家,完成"十四五"预定目标的90%,人力资源行业生态持续优化。发布了首批"红蓝黑"人力资源服务机构名单2168家,其中红名单机构1828家、蓝名单机构151家、黑名单机构189家,以"机构诚信状况动态更新、市场执法监管差异化实施"提升市场监管效能。支持专业机构建设第三方灵活用工平台,实时收集小时工等数据,为灵活就业人员提供精准的数据服务。

三、以"新"提质,打通产才融合新路径

(一)开展人力资本价值评估,探索人力资本证券交易

开展人力资本价值评估方法、服务和创新等研究和探索,形成"宏观、中观、微观"评估方法体系。构建人力资本价值评估"七彩模型",通过人才的身价评估,开展人才贷、人才投等,2022年为15名高层次人才提供贷款5978万元;形成人力资本增量"五色图",实时反映各区县人才工作成效。探索建立人力资本发展创投基金,开展项目人力资本增值金融赋能、人力资本增值收益分配等项目创投孵化。推动人力资本交易可行性路径研究,正在积极探索建立人力资本证券交易中心。

(二)精准匹配供需两端,助力就业优先战略实施

实施"职等您来"等大学生就业创业活动,通过进校园专场招聘、进社区摸清需求、进企业精准对接,举办春风行动等招聘活动,为全市高校毕业生等重点群体提

供针对性、多样化人力资源服务。依托"渝快办",再造就业服务流程,重构就业服务体系,升级实施"一库四联盟"就业服务机制,打通高校与企业的联络渠道,搭建供需精准对接平台。力促"人力资源信息"海量数据与就业服务、培训、创业和人力资本"四联盟"数据高效衔接,实现人力资源信息"按需派单",各联盟"精准接单",数据结果"反馈评单"的全闭环量化智能循环就业系统。在全市建成零工市场(驿站)74个。2023年1—5月,全市城镇新增就业34.5万人,同比增长1.8%,完成年度目标任务57.4%。

(三)推动行业数字化变革,服务人才强市战略

充分利用智慧人社、西部数据实验室等智慧化平台,从供给端数据质量提升、需求端数据开发利用机制创新、市场端促进市场流通三方面发力,强化全流程、全领域的数据贯通,激活数据要素价值,促进人才、人力资源市场建设工作转型升级。全面推进人才工作数字化建设,依托"渝快办"平台建设"渝才荟",服务人才身份认定、服务单位招才引智、服务人才自身成长。加快建设重庆人才工作驾驶舱,推进全方位数据共享、业务协同、力量整合。

(四)统筹区域协同发展,服务乡村振兴战略

统筹城乡人力资源流动配置,重点打造农村劳动力转移就业服务平台、进城务工人员返乡创业平台等。依据区域人员活跃度和人社业务办理流量,智能布局覆盖全市所有村(社区)人社便民服务点1.2万个,组织2.5万人的劳务经纪人、职业指导师,开展"一村一社一人"进城务工人员返乡创业等服务。围绕"成渝地区双城经济圈"国家战略,积极落实人力资源社会保障部与四川省、重庆市的战略协议,以数据共享为基础推动川渝人力资源流动工作协同开展。加强市、区县联动发展,与万州、渝中、南岸、北碚、巴南等15个区县政府签订人力社保战略合作协议,推动"一区两群"人才和人力资源服务协同发展。

文章来源:市人力社保局

推动新时代人力资本服务业高质量发展研究

摘　要:近年来,我国人力资源服务业取得蓬勃发展,成为生产性服务业和现代服务业的重要组成部分。将丰富的人力资源转换为强大的人力资本,大力发展人力资源和人力资本服务业、建设协同发展的现代产业体系是关键。加快推进新时代人力资本服务业发展,对推动我国经济社会发展、实现就业优先、人才强国、乡村振兴战略具有重要的理论和现实意义。本文通过梳理人力资本服务相关概念,描述了人力资本服务业发展现状,分析了人力资本服务业发展面临的机遇与挑战,提出了进一步促进人力资本服务业高质量发展的路径。

关键词:人力资本服务业　发展　路径

一、研究背景和意义

(一)人力资本服务的研究背景

1.顺应新时代的使命和要求

改革开放以来,我国人力资源服务业大致经历了四个阶段,即起步探索期(1978—1991年)、业态展开期(1992—2006年)、行业壮大期(2007—2017年)和协同发展期(2018年至今)。随着行业规模的不断扩大,服务领域和服务内容也逐步深入,在提升就业质量、降低企业运营成本、优化产业结构等方面发挥了重要作用。但对于当前我国已进入的中国特色社会主义新时代,外部面临全球经济社会发展速度和质量的诸多因素的不确定性日渐增强,国家之间、企业之间的竞争日渐激烈。因此,人力资源服务业转型升级为人力资源和人力资本服务产业,培育形成经济社会发展的新动能,已是新时代经济社会发展的必然趋势。

2.落实党中央和国务院的决策部署

党的十九大报告指出"在中高端消费、创新引领、绿色低碳、共享经济、现代供应链、人力资本服务等领域培育新增长点、形成新动能""加快建设实体经济、科技创新、现代金融、人力资源协同发展的产业体系"。我国人力资源服务业正不断转型升级为人力资本服务。

为贯彻落实国务院《"十三五"促进就业规划》,2017年10月,人力资源社会保障部印发了《人力资源服务业发展行动计划》,提出到2020年,"基本建立专业化、信息化、产业化、国际化的人力资源服务体系,实现公共服务有效保障、经营性服务逐步壮大,服务就业创业与人力资源开发配置能力显著提高,人力资源服务业对经济增长贡献率稳步提升"。2018年10月施行的《人力资源市场暂行条例》(国务院令第700号),对人力资源市场培育、人力资源市场活动规范及对人力资源市场的监督管理等方面做出了明确规定,是贯彻落实党中央、国务院关于人力资源市场建设重大决策部署的必然要求,也是解决人力资源市场突出问题,维护各类市场主体特别是劳动者合法权益的迫切需要。2019年10月,国家发展改革委修订发布了《产业结构调整指导目录(2019年本)》,将"人力资源和人力资本服务业"列为了鼓励类第四十六类,进一步确立了行业地位,对全社会进一步认识、重视人力资源服务业的发展起到了重要的引导作用。2021年6月,《人力资源和社会保障事业发展"十四五"规划》出台,重点阐明"十四五"时期人力资源社会保障事业发展的总体思路、发展目标、主要任务和重大政策措施,是我国"十四五"时期人力资源社会保障事业发展的综合性、基础性、指导性文件,也为新时代推动我国人力资源服务业转型升级的政策选择奠定了基础。2021年7月,第一届全国人力资源服务业发展大会召开,李克强做出重要指示批示,胡春华发表视频致辞,要求大力发展人力资源服务业。2021年11月,人力资源社会保障部等5部委联合印发《关于推进新时代人力资源服务业高质量发展的意见》(人社部发〔2021〕89号),进一步明确了今后一个时期人力资源服务业的发展目标、重点任务,加强了对人力资源服务业的扶持和关注。

3.促进经济社会健康发展

随着科技创新的强力推进,新科技新技术不断涌现,互联网、大数据、人工智能、云计算、VR/AR等新技术不断冲击甚至颠覆人们的生产、生活、工作、教育、医疗方式,并极大地改变了商业世界的竞争规则与态势。传统的集中在固定场所和统一时间的工作方式越来越少,员工与组织之间的关系因此也将从雇佣关系走向联盟关系和事业合伙制。在此背景下,越来越多的企业让员工采用小组灵活作战的模式,将更多的创新触角伸向市场前沿。随着新技术的全面渗入,经济社会发展环境不断变化,个性化推送技术等产业形态深刻赋能人力资源服务业,催生灵活用工、互联网+人力资源、人力资源金融服务等新兴业态,推动人力资源服务业向智能化升级以及数字化转型,推动人力资源向人力资本升级。

随着经济产业结构不断优化升级,急需各类创新型、应用型和技能型人才。当前,国家实施创新驱动发展战略、"一带一路"倡议、"长江经济带"等举措,都对人力资源服务业提出了新的要求,也提供了新的挑战。以"一带一路"为例,我国企业"走出去"还处于全球化初始阶段,面临着政治、安全、文化、信任和人才等一系列挑战。人才的需求是多样化的,既需要创新研发高层次人才,也需要熟练的技术工人,特别是高级技工人才、一线技能人才是完成企业实务工作的中坚力量。解决人才问题,一方面企业自身要采取切实可行的战略措施;另一方面人力资源服务机构也要充分发挥职能作用和资源优势,为企业"走出去"保驾护航,解除后顾之忧①。因此,作为现代服务业的重要组成部分,人力资本服务业将提供专业化、精细化、高端化服务。

(二)人力资本服务的重要意义

1.优化人力资源配置

人力资源服务业通过培训和配置手段,将人力资源转化为人力资本。人力资源服务业可以从众多人力资源中发现具备发展潜力和培育价值的人员,从而通过人才评价等手段将其开发、培养、发展成真正的人才。人力资源服务业有助于将真正的人才纳入人才资源的范围之内,可以将人才识别、选拔出来,并且为他们提供可以发挥自己才能的平台,使他们纳入人才资源队伍,得到应有发展和发挥。随着决定全球经济社会发展速度和质量的诸多因素的不确定性日渐增强,国家之间、企业之间的竞争日渐激烈,加上我国人口红利正在快速降低、多数产业亟待优化和升级等多重因素的影响,人力资源服务业转型升级为人力资本服务新动能是我国经济社会发展的时代诉求。

---

① 杨士秋.经济发展人力资源服务要同行[J].中国人力资源社会保障,2017(3):5.

2.全面提升就业质量

党的十九大报告明确指出,要进一步"破除妨碍劳动力、人才社会性流动的体制机制弊端""使绝大多数城乡新增劳动力接受高中阶段教育、更多接受高等教育""实现更高质量和更充分就业",这为劳动力供给侧结构性改革指明了方向。近年来,受新冠疫情、经济下行压力加大等多重因素影响,就业形势严峻复杂,稳就业压力明显加大。2022年4月,全国城镇调查失业率达6.1%。党中央、国务院高度重视稳就业工作。习近平总书记多次做出重要指示批示,要求落实好就业优先政策,不断促进就业量的扩大和质的提升。服务就业是整个行业的立身之本、发展之基。在当前严峻的就业形势下,迫切需要广大人力资源服务机构动员起来,充分发挥覆盖面广、机制灵活的优势,大力提供线上线下的就业服务,紧紧围绕稳就业促就业贡献力量。因此,人力资本服务的重要目标之一就在于提高人口质量,高质量的劳动力才能够胜任高要求的就业岗位,创造更高端、更优质的产品和服务。从根本上说,提高就业质量必须以提高劳动生产率为基础,而要提高劳动生产率,就要求劳动者必须具备更高的素质和职业技能。增加教育培训投资,开展技能提升培训,提高劳动者的人力资本,推动实现"人岗匹配",有助于实现充分的、更高质量的就业。

3.促进产业融合协同

习近平总书记在党的十九大报告中明确提出,要着力加快建设实体经济、科技创新、现代金融、人力资源协同发展的产业体系。这一提纲挈领的论断,充分说明了新时代人力资本服务与实体经济协同发展的重要意义。在新的时代背景下,实体经济依然是发展经济的着力点,而作为生产力第一要素的人力资源依然是提高实体经济发展水平的决定性因素,必须与实体经济协同发展。通过研究新时代人力资源与实体经济协同发展的策略,不断改善人力资源结构和提高人力资源质量,对发展壮大实体经济、建设现代化经济体系具有重要的现实意义[①]。当前,人力资本服务业面临着许多发展机遇,基于互联网、大数据、云计算的灵活用工、人才租赁等将会成为未来人力资本服务领域的新风口,因为企业更关注成本和效率。人工智能对就业、教育、医疗、管理的影响已经逐渐显现,互联网+人力资本服务将带来巨大便利。行业发展与金融支持密不可分,人力资本服务业与现代金融的融合有助于获得货币资本,支持企业新产品研发和服务模式创新,为行业的未来发展打下了坚实基础。

---

① 解东辉.新时代人力资源管理与实体经济协同发展的策略[J].理论观察,2018(5):78-81.

二、人力资本服务的相关概念

(一)人力资本理论

1.人力资本的起源、发展、内涵和外延

由于人力资源服务具有经济属性和社会属性,在经济学方面,一般认为能够解释人力资源服务行业发展的理论基础包括人力资本理论、交易成本理论、委托代理理论等。亚当·斯密在《国富论》中提道:"学习是一种才能,须受教育、须进学校、须做学徒,所费不少,这样费去的资本,好像已经实现并且固定在学习者的身上。这些才能,对于他个人自然是财产的一部分,对于他所属的社会,也是财产的一部分。"他提出劳动力是经济进步的主要力量,国民后天取得的有用能力,都应被视为资本的一部分。马歇尔在《经济学原理》中强调人力资本投资的长期性和家族、政府的作用,并且将"替代原理"用于说明对人力资本和物质资本投资的选择等方面①。"人力资本"概念由美国著名经济学家西奥多·舒尔茨提出,他在1960年出任美国经济学会会长时作了题为《人力资本投资》的就职演说,旗帜鲜明地提出了"人力资本"的概念。他主张把教育当作一种对人的投资,把教育所带来的成果当作人力资本。他认为人接受的教育一旦"能够提供一种有经济价值的生产性服务,它就成了一种资本"。加里·斯坦利·贝克尔进一步将人力资本与时间因素联系起来,他认为"人力资本不仅意味着才干、知识和技能,而且还意味着时间、健康和寿命",突出了人力资本的时间价值②。

目前,国内外学者对人力资本的定义有三种观点颇具代表性。一是用人力资本的内容来定义人力资本。如西奥多·舒尔茨指出:"人的知识、能力、健康等人力资本的提高对经济增长的贡献远比物质、劳动力数量的增加重要得多。"二是从人力资本形成的角度来定义人力资本。加里·斯坦利·贝克尔指出:"人力资本是通过人力投资形成的资本;用于增加人的资源、影响未来的货币和消费能力的投资为人力资本投资。"三是从投资和增值角度来定义人力资本,即人力资本是使用于人身上的,具有可投资性和增值性的价值存量。

2.人力资本理论的主要内容

对于现代人力资本理论的创立,西奥多·舒尔茨和加里·斯坦利·贝克尔的贡献

① 段钢.人力资本理论研究综述[J].中国人才,2003(5):26-29.
② 王金营.对人力资本定义及涵义的再思考[J].南方人口,2001,16(1):47-52.

最有影响,他们分别从不同的角度奠定了现代人力资本理论的基本框架体系。西奥多·舒尔茨主要是从经济发展的角度来研究人力资本理论。他系统论述了有关人力资本理论的一些基本问题,确立了初步的理论框架。他指出人力资本投资是用于提高人的生产能力的支出,包括教育、职业培训、医疗保健、企业以外的技术培训活动以及个人或家庭的迁移而产生的就业机会等五个方面的内容。他提出通过改革税法以减少人力资本投资的障碍,同时增加教育的公共投资,并鼓励其他各种形式的人力资本投资。

加里·斯坦利·贝克尔对人力资本理论的贡献在于"他构造了这项理论的微观经济基础,并使之数学化,把人力资本观点发展成为确定劳动收入分配的一般理论"。他建立了一个人力资本投资均衡模型,利用这一模型阐明了人力资本投资的成本与收益均衡原理,说明了通用性与专用性两种不同类型的人力资本的特点,论述了在人的一生中人力资本投资收益率以及人力资本投资量变动的规律。

3.人力资源与人力资本的区别

从概念的内涵上,人力资源只是包含在人体内的一种生产能力。若这种能力未发挥出来,它就仅仅是一种潜在的劳动生产力,若开发出来,它就变成了现实的劳动生产力。只有当人力资源不断创造出更大的新价值,它才具有资本的属性。人力资本是指所投入物质资本在人身上所凝结的人力资源,是可以投入经济活动并带来新价值的具有资本性质的人力资源。人力资本存在于人力资源之中,是通过一定的投资形成的、存在于人体中的能力和知识的资本形式,强调以某种代价获得的能力,而付出的代价会在人力资本的使用中,以更大的价值得到回报。人力资源偏重开发,而人力资本则偏重投资。人力资源和人力资本相互依存又有所区别。人力资源既包括人力资源的自然属性,即不经过任何形式的教育和培训就拥有的劳动能力,又包括社会改造属性。人力资本通常是指人力资源中从事复杂劳动的那部分能力和知识,也就是具有高技能和生产知识存量的那部分劳动力[①]。

(二)人力资本服务的概念

1.人力资本服务的概念

人力资源服务是相关企事业单位或用工组织将自身的人力资源管理和开发相关活动的部分或者全部交由第三方提供,由其通过专业化手段实施的外部化过程。

---

① 刘福垣.中国人力资源开发报告[M].北京:中国发展出版社,2008.

随着各项人力资源服务的发展,逐渐形成了一个包括招聘、猎头、测评、培训、劳务派遣等服务业态在内的相对独立的产业,即人力资源服务业。人力资源社会保障部、国家发展改革委、财政部印发的《关于加快发展人力资源服务业的意见》(人社部发〔2014〕104号)将人力资源服务业定义为:为劳动者就业和职业发展,为用人单位管理和开发人力资源提供相关服务的专门行业,主要包括人力资源招聘、职业指导、人力资源和社会保障事务代理、人力资源培训、人才测评、劳务派遣、人力资源服务外包、高级人才寻访、人力资源管理咨询、人力资源信息软件服务等多种业务类型。

目前还没有对人力资本服务进行定义,只有2019年10月国家发展改革委修订发布的《产业结构调整指导目录(2019年本)》将"人力资源和人力资本服务业"列为了鼓励类第四十六类。在实践中,部分省市建立了人力资本服务产业园,算是对人力资本服务的探索和创新。因此,对人力资本服务的概念可以从两个子概念"人力资本"和"服务"进行理解。

四川大学姚树荣教授将人力资本定义为特定行为主体为增加未来效用或实现价值增值,通过有意识的投资活动而获得的、具有异质性和边际收益递增性的、依附于人身上的知识、技术、信息、健康、道德、信誉和社会关系的总和。他认为这一定义不仅明确了人力资本的主要内容,而且揭示了人力资本的"人力"特征和"资本"特征。与劳动力范畴相比,人力资本具有投资性、增值性和收益性等"资本"特征;与物质资本范畴相比,人力资本具有人身依附性、异质性和边际收益递增性等"人力"特征[①]。张焱将人力资本服务定义为一个经济主体向其他经济主体提供的,旨在帮助受用主体增加未来效用或实现价值增值,使其具有异质性和边际收益递增性的、依附于人身上的知识、技术、信息、健康、道德、信誉和社会关系的总和的动态交易与协同发展促进过程[②]。

2.与人力资源服务的区别与联系

人力资本服务不同于传统意义上的人力资源服务,后者侧重于为个人和用人单位提供人力资源方面的相关服务,目前主要集中于人力资源招聘、劳务派遣、社保代理等服务。人力资本服务是一种新兴的高端业态,既包括为个人提高人力资本质量,为企业解决人力资本供需,如猎头服务、教育培训、管理咨询、业务外包、人才测评、信息软件服务、平台服务等,也包括着眼于国家整体经济发展需要的人力

① 姚树荣,张耀奇.人力资本涵义与特征论析[J].上海经济研究,2001(2):54-57,79.
② 张炎.论我国人力资源服务产业的兴起与发展[D].北京:首都经济贸易大学,2002.

资本总量、质量和投入,以及区域配置和产业配置,是从宏观、中观、微观层面交互策动并提供一体化的人力资本服务。

三、人力资本服务业发展现状

(一)发展总体情况

1.全国人力资本服务业发展情况

近年来,我国人力资源服务业蓬勃发展,成为生产性服务业和现代服务业的重要组成部分。截至2021年底,我国共有各类人力资源服务机构59096万家,从业人员103.15万人,全年营业收入已经达到了2.46万亿元,连续几年保持了20%以上的高增长态势。从服务机构类别上看,县级以上人力资源和社会保障部门共设立公共就业和人才服务机构5393家,占人力资源服务机构总量的9.13%;国有性质人力资源服务企业2339家,占3.96%;民营性质人力资源服务企业49734家,占84.16%;外资及港澳台性质的服务企业361家,占0.61%;民办非企业等其他性质的服务机构1269家,占2.15%。从地区分布来看,东部地区共有人力资源服务机构29903家,中部地区有10473家,西部地区15001家,东北地区3719家。全国各类人力资源服务机构共为30400万人次提供就业、择业和流动服务,同比增长4.82%;为5099万家次用人单位提供人力资源服务,同比增长2.33%。人力资源服务业的快速发展为缓解"招工难""就业难",为服务实体经济、引领产业向价值链高端提升做出了突出贡献,对推动经济社会发展、促进就业创业、优化人力资源配置、助力脱贫攻坚和乡村振兴等方面发挥了重要作用。

2.重庆市人力资本服务业发展情况

近年来,重庆市高度重视人力资源服务业发展,不断健全服务体系,完善服务机制,拓宽服务方式,推动人力资源服务业发展驶入快车道,政策体系逐步健全,行业规模不断扩大,从业人员素质大幅提升,服务产业链不断延伸,服务能力持续提升,为重庆高质量发展做出积极贡献。截至2021年底,全市共有各类人力资源服务机构2846家,较上年增加691家,营业收入为618.05亿元,较上年分别增长32.06%、26.25%;人力资源服务机构的注册资本为156.26亿元,总资产为762.54亿元,税收达8.77亿元,较上年分别增长144.84%、307.93%、2.33%,见表1。

表1　2020—2021年重庆市人力资源服务业行业总量

年份	机构数（家）	注册资本（亿元）	总资产（亿元）	全年营业收入（亿元）	从业人员总数（人）
2020年	2155	63.82	186.93	489.53	25597
2021年	2846	156.26	762.54	618.05	28486

（二）业务经营情况

我国人力资源服务业新模式、新业态不断涌现，服务产品日益丰富，服务能力进一步提升，初步形成了包括招聘、派遣、外包、培训、人才测评、高级人才寻访、人力资源管理咨询、人力资源信息服务等各类人力资源服务在内的服务体系和服务功能。

1.人力资源招聘

招聘服务是人力资源服务行业最重要的业务之一。2021年，全国各类人力资源服务机构共举办现场招聘会28.6万场，同比增长22.63%，网络招聘发布岗位信息84512万条；全市各类人力资源服务机构共举办现场招聘会4347场次，参会用人单位75309家次，提供招聘岗位1760397个次，参会求职人数1125572人次；开展网络招聘服务，发布岗位信息5644968条，发布求职信息7785382条。随着互联网等新技术的普及，网络招聘和移动互联网招聘蓬勃发展，举办现场招聘会的次数、参会单位、求职人员增速放缓。目前互联网招聘企业已运用大数据分析等新技术，利用平台的优势，优化招聘求职过程，让网络招聘效率更高、体验更好。移动互联网突破了时空的限制，使招聘灵活、便捷、高效。

2.高级人才寻访

高级人才寻访服务，又称"猎头"服务，是人力资源服务业的高端业务，通常是指面向高端人才的搜寻服务，通过采取隐蔽猎取、快速出击的主动竞争方式，为需要高级人才的客户提供咨询、搜寻、甄选、评估、推荐并协助录用高级人才的系列服务活动。高级人才寻访服务呈现出市场化程度高、寻访顾问能力对机构的影响大、寻访服务以需求为导向等特点。我国猎头行业起步于20世纪90年代，规模小、收费低、专业能力弱，主要局限于中低端人才的寻找服务上。2021年，全国各类人力资源服务机构成功推荐各类高级人才141.04万人，同比增长12.65%；全市高级人才寻访（猎头）委托推荐岗位数20951个，成功推荐人才10929人，较上年分别增加

10407个、6755人,增长率达98.7%、161.83%。

3.劳务派遣

劳务派遣一般称为人才派遣或租赁,是指劳务派遣公司为了满足用工单位对各类灵活用工的需求,将员工派遣至用工单位,接受用工单位管理并为其工作的服务。劳务派遣是一种针对企业需求灵活用工的人力资源配置方式。劳务派遣的服务内容主要包括用退工申报、各类社会保险和公积金申报与缴纳、工资发放、人事档案传递和信息管理、各类人事相关证明出具等服务。2021年,全国各类人力资源服务机构为58.77万家用人单位提供劳务派遣服务,同比增长5.77%,派遣人员1956.5万人,同比增长1.42%;全市各类人力资源服务机构为23860家用人单位提供劳务派遣服务,派遣人员662682人。

4.人力资源外包

人力资源外包是指企业为了降低人力成本,将人力资源服务中非核心部分的工作全部或部分委托人力资源服务专业机构管理,一般来说,人力资源外包服务主要包括人力资源管理外包和人力资源服务外包两大类产品。随着时代的不断发展,人力资源外包成为各类经济主体在市场立足、建立比较优势和核心竞争力的重要手段。近年来,我国人力资源外包服务发展迅速。2021年,全国各类人力资源服务机构为116.33万家用人单位提供人力资源服务外包,同比增长9.55%,外包人数2211.8万人;全市人力资源服务机构外包服务用人单位7030家,较上年增加366家,外包总人数达203204人次。

5.人力资源培训

培训是有组织的知识传递、技能传播、标准传递、信息传递、信念传递、管理训诫行为,是一个广泛综合的概念。人力资本的投资作为一种对人的投资,包括教育、培训等方面,是未来满足和未来收益的源泉。人力资本培训指为获得或者进一步提升必要的职业技能、岗位能力而提供的培训。发展职业教育是推动经济发展、促进就业的重要途径,是缓解劳动力供求矛盾的重要环节。2021年,全国各类人力资源服务机构共举办培训班47.78万次,同比增长9.96%;培训人员2662.22万人次,同比增长14.54%;全市各类人力资源服务机构共举办培训班6201次,较2020年增加1084次,全年共培训人员265804人次。

6.人才测评

人才测评是通过一系列科学的手段和方法对人的基本素质及其绩效进行测量和评定的活动,并将其应用在组织发展与人才管理等企业管理领域。随着我国经济的快速发展,人才流动更加频繁,人才测评的应用需求也不断扩大,大大促进了人才测评技术的快速发展,新的人才测评手段不断被开发和使用,从事人才测评研究和服务的机构也不断增多,既包括政府部门测评机构、高校学术研究机构,也包括众多国内外商业化运作机构,如中智、诺姆四达等不同背景专业机构竞争发展,大力推动了我国人才测评技术的快速提升。2021年,全国各类人力资源服务机构共提供人力资源测评服务6229.67万人次,全市各类人力资源服务机构共提供人力资源测评服务208919人次。

7.人力资源管理咨询

人力资源管理咨询是指专业咨询机构基于企业在人力资源开发与管理领域的管理需求,利用系统的方法论和行业经验为其制订专门的解决方案,实现人力资本管理与公司战略更紧密的结合,显著提高经营业绩,帮助企业实现战略目标。随着我国经济发展升级、经济结构转型以及企业自身发展需求的影响,人力资源管理咨询作为企业智囊的需求将持续增加,管理咨询行业也迎来了高速发展期,各类管理咨询公司不断涌现,从业人员迅速增加。2021年,全国各类人力资源服务机构共为189.1万家用人单位提供人力资源管理咨询服务,同比增长4.07%;全市人力资源管理咨询服务用人单位12802家,较2021年增长21.38%。

(三)行业发展主要成效

近年来,我国人力资源服务业取得快速发展,行业规模不断扩大,服务内容逐渐多元,服务能力不断提升,在经济社会发展大局中的地位和作用进一步凸显。

1.行业规模不断扩大

面对新形势,大力推进人力资源服务业发展,优化公共服务体系,围绕服务经济社会发展大局精准发力,行业规模明显壮大。

2.服务内容日益丰富

支持人力资源服务机构围绕市场需求,创新服务产品,在做好人力资源招聘、劳务派遣、人力资源服务外包等业态基础上,积极拓展高级人才寻访(猎头)、人才测评、人力资源管理咨询、人力资源信息软件服务等业务,完善人力资源服务业生态系统,挖掘市场潜力,不断延伸人力资源服务产业链,充分满足客户需求。

3.稳就业作用日益增强

始终服从服务于党和国家事业发展大局,着力提升人力资源服务业服务质效,强化对就业的促进和带动作用,充分发挥人力资源服务业在"稳就业"、"保就业"、促人才有序流动等方面的效应,逐步将人力资源服务业打造成为就业服务的主力军。

4.集聚效应进一步彰显

围绕主导产业、服务实体经济,大力推进各级人力资源服务产业园建设,园区"集聚产业、拓展业态、孵化企业、培育市场"功能逐步显现,有力带动了人力资源服务业发展。

(四)行业发展面临的挑战

在快速发展的同时,人力资源服务业也面临以下一些问题:

1.机构规模偏小,东西部地区发展差距较大

人力资源服务机构"小散弱"明显,人力资源服务机构户均营业收入和从业人员人均营业收入水平较低。从业人员队伍总量偏少,总体素质不高,缺乏管理型、复合型高层次人才。全国各地经济发展水平和地域差异,造成了人力资源服务机构分布存在不平衡现象,西部和东北地区人力资源服务机构数、营业收入和从业人员数较中东部地区差距较大。

2.行业业态不够丰富,产业链条有待升级

大多数人力资源服务机构产品仍以招聘、派遣、外包等业务为主,高级人才寻访、人才测评、管理咨询等高附加值服务产品供给能力不足、市场份额不高、营业收入占比偏低。同时,人力资源服务业作为极具战略价值与发展潜力的新兴产业,亟须将大数据、人工智能、区块链等新技术应用到行业发展中,以信息共享、技术对接和联合创新等方式共建有行业和企业特色的人力资源服务平台,实现行业协同、集聚发展和转型升级,以提升行业发展水平。

3.政策体系不够完善,监管力度尚需加强

尽管出台了一系列扶持政策,但政策针对性还不强,针对产业发展"精准滴灌"专项政策支持体系建设不够完善,行业发展的配套政策体系亟待搭建。市场监管政策有待完善,市场准入的规范度也有待提高,监管查处力度有待进一步加强。少数机构经营行为不规范,无证经营、"黑中介"、虚假招聘等现象仍然存在。同时,伴随人才和劳动力市场的不断整合,相关服务标准也有待进一步优化,标准的社会知晓度及参与度也有待扩大。

4.市场化理念认识不足,发展环境需进一步打造

对于新经济新业态背景下的人力资源服务市场需求认识还不够深刻,市场潜力挖掘还不够充分,对委托专业性人力资源服务机构从事专业化管理服务认识不足,购买人力资源服务产品的积极性、主动性不高,市场购买力不强。多数部门和用人单位对人力资源服务的需求较为简单,主要集中于招聘、培训等低端产品,一定程度上制约了中高端人力资源服务的拓展空间,还不能与新经济发展趋势高度协同。对人力资源服务业的宣传力度不够,尚需加强营造良好的人力资源服务业发展氛围。

(五)行业发展面临的机遇

1.国家发展战略及政策支持为行业发展提供新机遇

党的十九大报告指出,要加快建设实体经济、科技创新、现代金融、人力资源协同发展的产业体系,要在人力资本服务等领域培育新增长点,形成新动能。李克强对第一届全国人力资源服务业发展大会做出的重要批示指出,发展人力资源服务业对于促进社会化就业、更好发挥我国人力资源优势、服务经济社会发展具有重要意义。《中共中央 国务院关于加快建设全国统一大市场的意见》明确提出,要加快建立全国统一的市场制度规则,打破地方保护和市场分割,打通制约经济循环的关键堵点,促进商品要素资源在更大范围内畅通流动,这必然涉及人力资源统一大市场的建立,也涉及劳动力要素资源在更大范围内畅通流动问题,这为人力资源服务业提供发展新风口。《人力资源市场暂行条例》《人力资源服务业发展行动计划》《关于推进新时代人力资源服务业高质量发展的意见》的陆续出台,进一步加强了对行业的扶持和关注。2019年10月30日,国家发展改革委修订发布了《产业结构调整指导目录(2019年本)》,将"人力资源和人力资本服务业"列为了鼓励类第四十六类,进一步确立了行业地位,对全社会进一步认识、重视人力资源服务业的发展起到了重要的引导作用,为人力资源服务业的发展提供了有力支撑。

2.区域发展战略规划及定位为行业发展创造新预期

在"十四五"时期,实施制造强国、科技创新、新型城镇化、区域协调发展、乡村振兴等战略,将促进劳动力要素配置的深刻变化,为人力资源服务业创造新增长点,形成新动能。当前,重庆正全面融入共建"一带一路"、"成渝双城经济圈"、长江经济带发展,加快建设内陆开放高地,为人力资源服务机构"走出去",开拓海内外市场提供了良好机遇。同时,重庆正处在产业结构调整的关键阶段,传统制造业加速转型,科技产业迅速崛起,金融、物流、电子商务等服务业快速发展,产业结构的调整进一步激发对人力资源的需求,为人力资源服务业提供了广阔的发展空间。基于此,市委对人力资源服务业发展给予了充分肯定,提出人力资源服务业千亿营业收入目标并对实现该目标做出相应探索与部署。

3.新经济发展催生新业态为行业发展注入新动能

基于"共享经济"大背景下的"新用工时代",零工经济已成为不容忽视的新经济风口,未来的人力资源服务不再只是为企业服务,更要为数量日益庞大的灵活就业者服务。后疫情时代,人力资源市场出现企业人才流失与劳动力闲置待业共存的矛盾局面,人力资源服务机构可以发挥自身特点,解决疫情时代招人难、就业难等社会人力资源配置问题。与此同时,新兴的大数据、人工智能、区块链等产业形态深刻赋能人力资源服务业,催生灵活用工、互联网+人力资源、人力资源金融服务等新兴业态,推动了人力资源服务业转型升级,不断顺应市场发展需要。

四、推动重庆人力资本服务业高质量发展的路径选择

(一)发展目标

到2023年,全市人力资源服务行业营业收入达1000亿元。到2025年,行业营业收入达1500亿元,人力资源服务机构总数达到3500家,年营业收入超过1亿元的人力资源服务机构达到100家以上,培育1~2家人力资源服务上市企业、5家在全国具有示范引领作用的龙头企业,建成"1+10+N"国家级、市级、区县级三级产业园矩阵发展体系,建设1~2家国家级人力资源市场、5家市级人力资源市场。人力资源服务行业规模不断扩大,服务能力持续增强,发展水平显著提升,市场环境日益优化。

(二)重点任务

推动人力资本服务的发展需要政府、企业、社会的共同努力,主要任务有以下七个方面。

1.加快人力资本服务业政策法规建设

加强人力资本服务行业统计工作,完善统计调查方法、指标体系和核算体系,准确把握人力资本服务业的发展特征和趋势。积极开展人力资本服务的国家标准制定工作,统一人力资本服务内容与行业标准,扩大服务标准的覆盖范围,提高服务质量,规范服务行为。对人力资本服务机构实行资质评定和分类管理,实现从审批管理向资质管理的转变。人力资本服务作为一个新兴行业,相关法律法规政策制度有待完善,对于人力资本服务发展的方方面面,每一个环节都应该有配套的法规制度对其进行指导约束。推动人力资源服务行业诚信体系建设,并围绕服务"一带一路"建设构建公平稳定、透明高效、监管有力、接轨国际的人力资源服务业外商投资管理体系。

2.加大名优企业培育力度

实施优质人力资源服务机构上市培育工程,鼓励符合条件的人力资源服务企业通过挂牌上市,以及发行公司信用类债券进行融资;对在交易所上市、全国中小企业股份转让系统挂牌的人力资源服务机构,按规定分别给予一定奖励。实施人力资源服务"领军"企业培育工程,鼓励人力资源服务机构注册和使用自主商标,开展自主品牌建设,加大向品牌人力资源服务机构购买公共服务的力度;支持打造区域性人力资源服务结算中心,落实在工商注册、税收优惠等方面的政策扶持。实施人力资源服务骨干企业培育工程,鼓励和支持人力资源服务机构通过并购重组集聚优势资源,打造一批有核心产品、成长性好、竞争力强的人力资源服务骨干企业;对评为国家级、市级人力资源服务骨干企业的,分别给予一定奖励。

3.实施中小企业提质行动

鼓励有市场、有特色、有潜力的中小型人力资源服务机构高质量发展,支持深度融入制造业产业链,围绕制造产业基础高级化、产业链现代化提供精准专业服务;鼓励向"专精特新"中小企业提供一揽子人力资源专业服务;支持向现代服务业相关细分行业拓展经营领域,探索开展与互联网、教育、医疗等行业的跨界合作。支持小型微型人力资源服务机构享受贷款贴息等政策,支持小型微利人力资源服务机构可持续发展,对符合税收规定条件和小型微利企业标准的人力资源服务企业落实小型微利企业减半征收优惠。

4.推动产业创新发展

实施人力资源数字化转型行动,支持人力资源服务机构创新应用大数据、人工智能、区块链等新兴信息技术,加快发展灵活用工、背景调查、人力资源数据分析运用、人才数字化管理等数字化转型服务。鼓励人力资源服务机构加强与互联网企业的交流合作,通过与互联网平台合作、技术资金融合等方式,打造人力资源大数据平台、人力资本金融创新平台,推动招聘、培训、人力资源服务外包、劳务派遣等业态提质增效。开展人力资本理论研究,组建人力资本联盟,建立人力资本可量化、可评估数据模型,推动人力资本开发示范区建设。实施人力资源服务业态优化行动,鼓励人力资源服务机构以市场需求为导向,推进管理创新、服务创新和产品创新,大力发展人力资源管理咨询、人才测评等高人力资本、高技术、高附加值业态,开发满足不同层次、不同群体需求的各类人力资源服务产品;开展全市人力资源服务创新创业大赛活动,大力支持人力资源服务领域创新创业项目。实施人力资源服务高新技术发展行动,支持人力资源服务机构申请认定高新技术企业和技术先进型服务企业。加强人力资源服务领域知识产权保护,提升人力资源服务知识产权创造、运用、管理和服务水平。实施人力资源服务助力乡村振兴行动,统筹城乡人力资源流动配置,促进乡村人才振兴。实施人力资源服务机构助推劳务品牌建设行动,发挥人力资源服务机构专业优势,积极为劳务品牌高质量发展提供优质高效的人力资源支撑。围绕劳务品牌建设发挥人力资源服务行业优势,培育一批人力资源服务领域的劳务品牌。

5.推动产业集聚发展

实施人力资源服务产业园扩容提质行动,围绕全市重大发展战略和区域规划,加快构建"1+10+N"国家级、市级、区县级三级产业园体系;探索建设"线上产业园",拓展产业园区覆盖范围,带动区县产业园建设。支持符合条件的产业园申报建设公共实训基地;支持建立人力资源服务产业园联盟,搭建交流对接、合作发展平台。实施人力资源市场矩阵建设行动,统筹推进劳动力市场、人才市场和零工市场建设,推动形成多层次、多元化的人力资源市场格局。大力发展专业性、行业性人力资源市场,建设1~2家国家级人力资源市场、5家市级人力资源市场,配套建设一批区县级人力资源市场;对认定为国家级、市级人力资源市场的,分别给予一定资金补助。鼓励人力资源服务机构等社会力量参与人力资源服务产业园和人力资源市场运营管理,探索符合市场规律、适应发展需要、运转灵活高效的运营管理模式。实施人力资源服务活动品牌建设行动,精心筹办中国(西部)人力资源服务博览会,持续举办猎头行业发展峰会,深入开展优质人力资源服务机构进区县、进园区、进企业"三进"活动,进一步做大做强全市人力资源服务活动品牌,充分发挥人力资源服务业服务产业、服务企业、服务就业作用。

6.加大领军人才培养力度

实施领军人才培养计划,开展人力资源服务领军人才评选,并按有关规定积极推荐纳入各级各类高层次人才评定、扶持范围;对评为国家级、市级人力资源服务业领军人才的,分别给予一定奖励;畅通人力资源服务从业人员职称申报渠道,组建人力资源专业高级职称评审委员会,制定完善相关标准,培养一支人力资源专业高端人才队伍。实施研究型人才培养计划,依托中国重庆人力资源服务产业发展研究院、博士后工作站等,建设人力资源服务行业智库,加强战略性、理论性、基础性研究人才的培养。实施专业人才培养计划,鼓励人力资源服务从业人员参加行业能力评价和相关职业资格证书考试,提高行业人才专业化水平;深入实施人力资源服务从业人员技能提升培训行动;定期选派部分人力资源服务机构高级管理人员到市外著名专业院校、知名人力资源服务机构学习培训。实施人力资源服务技能大赛行动计划。建立市级、区县级HR能力大赛体系,常态化举办西部HR能力大赛,依托行业协会、产业园区开展猎头、测评、外包等细分业务从业人员能力大赛,不断提升行业从业人员能力素质。

7.建设高标准市场体系

实施人力资源服务交流合作专项行动,引导市内优质人力资源服务机构"走出去",在市外、国(境)外设立分支机构,充分开发利用市外、国(境)外优质人力资源。引导市外、国(境)外优质人力资源服务机构"走进来",支持与市内人力资源服务机构合资合作,推动全市人力资源服务业态创新发展。依托国家级人力资源服务产业园,加快建设国家人力资源服务出口基地。加强成渝地区双城经济圈人力资源产业协同,统一编制成渝地区双城经济圈急需紧缺人才目录,推进人力资源服务许可互认,积极推动建立区域一体化的人力资源市场。建立经营性人力资源服务机构"诚信积分制",运用诚信积分增减办法加强评价管理,实行"红蓝黑三色"分类管理制度,促进经营性人力资源服务机构守法诚信经营。开展人力资源市场清理整顿专项行动,强化人力资源市场监管和劳动保障监察行政执法,落实"双随机、一公开"、年度报告公示等事中事后监管措施,大力整治非法劳务中介,规范网络招聘、劳务派遣、人力资源服务外包、在线培训等人力资源服务。开展人力资源数据安全监管行动,建立健全人力资源数据安全管理制度,探索实行人力资源数据分类管理和风险评估,防止数据泄露和滥用。

(三)组织保障

1.加强组织领导

建立由市人力社保局牵头,市发展改革委、市财政局等市级有关部门为成员的联席会议机制,负责全市人力资源服务业发展的组织协调工作。市级有关部门要按照各自职责,分工协作,形成合力,共同做好组织推动工作。各区县要加强组织领导,将发展人力资源服务业纳入本地经济社会发展规划和人力资源社会保障事业发展规划,制定具体措施,认真抓好落实;要健全工作机制,加强与区县相关部门的协调,协同配合,形成合力,及时研究解决人力资源服务业发展中的重大问题。

2.加大资金保障

设立人力资源服务产业发展资金、产业引导基金等,大力支持人力资源服务业发展。积极推进政府向人力资源服务机构购买服务,将开展就业援助月、春风行动、民营企业招聘周、高校毕业生就业服务月(周)、职业技能培训、公共就业创业服务、档案整理与数字化加工、人力资源市场供求信息监测等纳入政府购买服务指导目录,并进行动态调整。

3.夯实发展基础

深化"放管服"改革,实行人力资源服务许可"告知承诺制",降低准入门槛,缩减许可时间,简化许可流程,优化营商环境。加强人力资源服务标准化建设,推进成渝地区双城经济圈人力资源服务标准制定,不断规范人力资源服务机构行为。落实国家产业指导政策,将人力资源服务业纳入重点产业指导目录,完善统计调查制度,优化统计分类标准和指标体系,建立健全人力资源服务机构经营情况年报、快报等报告制度。

4.发展行业协会

支持行业协会开展信用评价、市场调查、监管效果评估,在事中事后监管的各个环节建立行业协会参与机制,推进监管执法和行业自律良性互动,促进行业公平竞争和有序发展。鼓励行业协会制定行业自律规范和行业公约倡议,提升行业自律。支持行业协会依法维护会员合法权益,积极反映会员诉求,对会员的人力资源服务活动进行指导、监督。

5.加大宣传力度

持续学习好、宣传好、实施好《重庆市人力资源市场条例》,营造推动人力资源市场规范建设和人力资源服务业高质量发展的良好氛围。充分利用报刊、网络、电视等媒体,广泛宣传发展人力资源服务业的重大意义、目标任务、政策措施,及时总结推广各区县、人力资源服务机构的好做法、好经验,努力营造全社会重视、关心、支持人力资源服务业发展的浓厚氛围。积极组织参加各类人力资源服务博览会、交易会、创新创业大赛,提高全市人力资源服务行业的知名度和影响力。

课题研究单位:重庆师范大学

课题负责人:唐　爽

课题主研人员:黄欢欢　王　玺　余金鑫　赵子涵

人力资源服务产业化发展激励政策研究

摘　要：促进人力资源服务产业化发展，不仅是人力资源服务业高质量发展的本质要求，也是支撑人力资源服务规模增长、结构优化、质量提升的必然选择。本研究将产业化发展的一般理论与人力资源服务业的产业属性相结合，提供了人力资源服务产业化发展的基本内容、本质特征及理论基础。以重庆市为例，梳理了人力资源服务产业化发展的演进历程，深入总结并剖析了人力资源服务产业化发展现状及存在的问题，并结合国际经验，提出了重庆市人力资源服务产业化发展的实现路径及对策体系。

关键词：人力资源　人力资源服务　产业化

人力资源是社会经济发展的第一资源，人力资源流动配置是激发人才创新创业创造活力的重要保障，是深化人才发展体制机制改革的重要任务，是实施人才强国战略和就业优先战略的重要内容。习近平总书记高度重视，多次强调人才是第一资源，要创新人才流动机制，加快构建实体经济、科技创新、现代金融、人力资源协同发展的产业体系，在人力资源服务等领域培育新增长点、形成新动能。

人力资源服务业是为经济社会发展提供人力资源流动配置服务的现代服务业重要门类，对促进社会化就业、更好发挥我国人力资源优势、服务经济社会发展具有重要意义。党的十八大以来，我国人力资源服务业发展取得明显成效，但在总量规模、服务功能、服务质量、专业化程度、国际竞争力等方面，还存在发展不平衡不充分、总体水平不高等问题。2021年，人社部等多部委联合下发《关于推进新时代人力资源服务业高质量发展的意见》，为人力资源服务业发展指明了方向，明确了我国人力资源服务业应走高质量发展的道路,实现人力资源服务业发展的质量变革、动力转换、结构转换。作为生产性服务业的重要组成部分,促进人力资源服务产业化发展,不仅是人力资源服务业高质量发展的本质要求,也是支撑人力资源服务规模增长、结构优化、质量提升的必然选择。

基于上述背景,本研究将产业化发展的一般理论与人力资源服务业的产业属性相结合,提供了人力资源服务产业化发展的基本内容、本质特征及理论基础。以重庆市为例,梳理了人力资源服务产业化发展的演进历程,深入总结并剖析了人力资源服务产业化发展现状及存在的问题,并结合国际经验,提出了重庆市人力资源服务产业化发展的实现路径及对策体系。

一、人力资源服务产业化的理论研究

改革开放以来,伴随着国民经济的持续快速增长及社会事业的全面进步,叠加人力资源配置的市场化改革、产业分工的逐步深化及各级政府的政策驱动,中国人力资源服务业发展规模不断壮大,质量能级得到显著提升,人力资源服务的产业化趋势越发明显,在稳增长、保(稳)就业中发挥了越来越重要的作用。近年来,人力资源服务产业化发展越发受到各级政府重视。尽管如此,在学理层面,人力资源服务产业化的基本内涵、本质特征、理论基础等尚未形成逻辑一致的理论阐释,无法为人力资源服务产业化发展的政策制定及制度设计提供科学、系统的理论基础或参照。基于此,本研究将人力资源服务业的行业属性与产业化一般理论相结合,尝试性建构一个人力资源服务产业化发展的理论分析框架。

(一)人力资源服务产业化的内涵及特征

1.内涵

(1)人力资源服务业

从本质上来讲,人力资源服务业是为了满足用人单位的人力资源相关需求而诞生的一个行业,是现代服务业的重要形态之一,是生产性服务业的重要组成部分,也是我国国民经济的重要组成部分之一。其高科技含量、高附加值、高人力资本和高成长性的特点,对其他产业具有较强的带动性。

(2)产业化

从产业化整体层面来看,产业化即是一个产业萌芽、形成、快速发展及壮大的过程。也就是说,产业化内含着一个产业的动态演进特征,即时间趋势上,表现为该产业产值或规模的逐步壮大及质量水平的渐趋提升;在国民经济构成上,该产业在国民经济体系中的规模及地位的稳步提升;在发展方向上,产业化意味着该产业的规模化、市场化以及与其他相关产业领域的融合等。

(3)人力资源服务产业化

基于产业化的基本内涵及外延,结合人力资源服务业的本质属性特征,我们对人力资源服务产业化的内涵界定如下:人力资源服务产业化是伴随着国民经济及社会发展、产业分工及专业化演进,人力资源要素市场中人力资源服务需求逐步扩大、人力资源服务功能逐步凸显、人力资源服务机构规模逐步增长的必然产物,其本质为人力资源服务的规模化、市场化、专业化、一体化的动态演进过程。

2.人力资源服务产业化的本质特征

(1)市场化

人力资源服务产业化也是市场化的过程,因为产业的发展不可避免地要面向市场,根据市场规律和需要去发展,所以人力资源服务产业化必须在市场经济的条件下才能实现,相应地也必须遵循价值规律。虽然市场化是人力资源服务产业的必然趋势与特征,但由于市场失灵客观存在,因此,虽然政府的调控行为不是万能的,但当市场失灵时,政府的宏观调控是必不可少的。从这个意义上讲,人力资源服务产业化发展,是人力资源配置过程中,政府和市场边界逐步调整,政府对人力资源市场的行政干预逐步减少而市场机制如价格机制、竞争机制等的作用逐步扩大的体制转轨过程。

(2)专业化

人力资源服务业要实现产业化发展,必须提升产业发展规模,也应该走专业化分工的道路。这种专业化不仅仅是指人力资源服务业内不同企业之间的专业化分工协作体系,也是服务企业在人力资源服务的某一方面或某一细分领域非常擅长,围绕客户的需求,深入挖掘某一或某几个细分领域的服务内容,在产品或服务设计、质量水平、服务流程、品牌形象、人员素质等方面,精心打造,久久为功,体现出专业形象和专业水准,充当企业人力资源的专业顾问,提供人力资源管理方面的专业意见,解决人力资源管理的实际问题,提高客户的经营绩效。例如,科锐在1996年正式开展猎头业务,随即又开展了培训和网络招聘服务,主要的招聘职位是中层管理人员和重要技术人员,这种专业模式在中国市场非常有效,能够快速响应客户的需求,推荐的候选人准确率比较高。

（3）规模化

规模经济是研究经济组织的规模与经济效益的一个基本概念,指由于经济组织规模的扩大或缩小,导致平均成本降低,经济效益提高的状况。凡因扩大或缩小规模导致平均成本降低的,就称为具有规模经济性,或具有规模经济效益。凡是在规模扩大或缩小之后,出现平均成本不再降低,甚至反而升高的,则称为规模不经济。从这个意义上讲,任何一个行业或企业要提升自身的生产经营绩效,都必须通过市场拓展、产品或服务的多元化,提升自身的发展规模。人力资源服务产业的规模化,是指经济组织中的人力资源存在着一个适度的规模,这个适度的规模也就是经济组织人员总量的"边际",它可以是一个点,也可以是一个区域(区间段)。超过这个规模,边际收益会递减;未达到这个规模,边际收益会递增;处于这个规模,平均成本费用会最低,边际收益会达到最大。因此,生产经营规模化是人力资源服务产业化的必要条件,也就是只有当人力资源服务产值达到相当的规模,才能达到产业化的标准。同时,人力资源服务产业只有具备一定的规模了,才能增强辐射力、带动力和竞争力,提高规模效益。

（4）集约化

集约化包括规模和效率两个方面。规模的实现主要依靠企业的大型化和集团化,以及产业组织的集中化、园区化和集群化。效率的实现主要依靠全生产要素的高质量和优化配置,比如管理者和劳动者具有专业的知识、素质、技能以及对于生产领域特点和规律的了解,科技创新与最新技术的应用,要素投入节约与集中等,依靠生产组织的高效率,即生产的集中、产业链的完善和集中、关联产业的聚集和协作、信息通信技术的应用等。

此外,产业集约化既是企业集约化的整合和延伸,也是国民经济集约化的先导与基础,产业集约化发展的重要特征是产业具有较高的产业规模结构,处于高效运行状态。从产业集约化发展的角度看,集约化发展的理想状态应该是,市场主要供应者是达到和接近经济规模的企业。将以上对产业集约化的理解迁移到人力资源服务业,可以发现人力资源服务业集约化发展是指以资源优化配置为原则,以社会福利最大化为目标,产业组织结构高度集中,产业内大、中、小类型的人力资源服务企业共生,以求达到人力资源服务业持续发展的目的。在注重整个人力资源服务业的集约化发展的同时,还不能忽视产业内企业个体的集约化经营管理,通过集中资源投入、组建大型人力资源企业集体或联合体,发展人力资源产业园区和产业集群。

（5）一体化

通过多种形式的联合与合作，打造多渠道招聘、职业指导、人力资源培训、人才测评和技能鉴定、劳务派遣、高级人才寻访（猎头）、人力资源管理软件服务等一条龙服务，并把服务于人力资源行业的产业链、人才链、资金链等有机地结合起来，形成人力资源服务生态圈。在生态圈内既有人力资源服务企业，也有提供融资、创新创业、法律咨询等方面的服务主体，各环节参与主体真正形成风险共担、利益均沾、同兴衰、共命运的利益共同体。一体化经营使上下游企业间的交流更为便捷，有利于提高经营效率，实现规模经济，提升控制力或获得某种程度的竞争优势。

（二）人力资源服务产业化的理论基础

1.产业集聚理论

虽然产业集聚尚没有统一形式的概念，但不同的表述方式均体现了产业集聚的两个特点：一是大量企业在一定的空间范围内集中；二是能够形成集聚效应，从而使集聚环境下的企业获得更大收益。根据以上分析，本文将产业集聚的概念厘定为大量企业在某一地区集中，并通过集聚效应使每个企业从中获得收益的过程。产业范围的界定是研究产业集聚的一个基础问题。已有文献根据研究目的的不同而对产业范围进行了不同的界定。如范剑勇的研究中，产业集聚的范围包括城市内部所有非农产业。罗勇和曹丽莉的研究中产业集聚的范围是制造业产业内行业。陈建军等的研究中产业集聚的范围是生产性服务业。

（1）知识溢出效应

内生增长、新经济地理等经济学理论中，知识溢出是驱动集聚、创新和区域增长的重要因子。特别是在区域空间范围内知识溢出的机制，在特定空间范围内，知识的传播会受地理距离增大而不断衰减。在企业或产业集聚的状态下，缄默知识得以加速传播、吸收、转化，既能促进本地企业研发创新，生产具有排他性的产品，从而形成企业间的知识溢出效应，实现知识正向外部性或收益递增。人才在不同空间、不同群体之间的流动、学习、交流，既有利于新知识创造，同时也加快了知识的传播。因此在产业、人口密集的地区，人才在不同企业和区域间流动有效促进了知识扩散和创新活动。

（2）劳动力共享效应

一方面，在某特定区域内，劳动力、资本等生产要素流入，两者会在市场机制作用下不断地进行匹配,随着大量的不同层次劳动力、企业不断集聚,减少了信息搜寻成本和提高了匹配效率,产生劳动力池效应,从而提高了劳动力市场供求双方的收益,对外部的资本和劳动力产生吸引力;另一方面,作为知识重要载体,劳动力具有不断学习、适应环境的能力,其不断聚集和流动实质上就是技术、知识的不断交流、传播,也是整个区域内劳动力质量不断优化的过程。

(3)产业联合效应

产业联合体理论中,在特定空间范围内,不同企业本着最小化交易成本的原则,建立一系列技术、生产、分配等多方面联系,组成产业联合体。因此,当某一企业的生产活动对上游和下游产品产生需求时,从而与前向和后向企业建立关联,就会形成一定集聚力。关联度越大、产品或技术的可替代性越弱,则集聚力就越强。首先吸引其他区域的生产效率较高的企业集聚,而后会吸引在产业链上存在技术互补、在管理方式和组织形式上存在借鉴的关联企业,企业之间通过正式或非正式交流、联系就会产生溢出效应,由此内化了生产环节,提高了集聚水平。此外,由于企业的不断集聚提升了产品多样化,扩大了相对市场规模,促进了生产者生产性投入和劳动者增加消费性支出,即提高了实际收入水平,进而吸引更多要素集聚,形成循环累积效应。但最终的集聚效果还取决于该企业在生产价值链中的位置、运输成本、交易成本等因素。随着交通设施的发展和通信技术的进步,集聚经济产生和作用的范围不断增大。Feser采用潜力模型研究了专业化劳动力、中间投入品供给以及知识溢出对美国城市制造业的影响,发现城市集聚经济不仅源于城市内部的企业集聚,邻近企业的集聚同样发挥显著作用。

2.市场分工与专业化理论

专业化与分工对经济发展的重要性很容易理解。在社会不存在分工时,每个人所需要的食物、衣物、生活用品、住宅以及交通工具就都得自己来生产,这样的社会难以想象,生产力就会如在原始社会一般无法进步。在这种涉及复杂技术项目的情况下——比如,一个人不可能生产出汽车、电视机和飞机——其生产率将是零。发达国家和欠发达国家之间最重要的一个区别是,前者的分工水平要比后者高很多。这表明,生活在发达国家的大部分的人的专业化程度要高于欠发达国家的人,包括商业化程度(从市场上购买的消费占包括自给消费在内的总消费的比率)也要高于后者。

3.产业链理论

关于产业链的理论,最早来源于亚当·斯密在《国富论》中对分工的论述。1958年赫希曼在《经济发展战略》中从产业的前向联系和后向联系的角度论述产业链的概念以来,学者们关于产业链理论的认识也在进一步深入。具体来看,主要有以下几种观点:第一种观点将产业链看成供应链,郁义鸿和王静均认为产业链是由彼此关联的多个产业或企业组成,是一个从开端采购原材料到终端产品消费的全过程增值系统。第二种观点将产业链看成价值链,王静以交易视角和功能范式重新界定了嵌入全球价值链的产业链的内容边界与核心范畴,诠释了产业链、价值链的含义。张其仔和许明认为,全球价值链是创新链与产业链互动的结果,要进一步分析某一国家创新链与产业链的关系,关键在于如何有效测算全球价值链。第三种观点将产业链看成技术链,廖喜生等认为技术链是指产业链的核心技术,而核心技术的扩散是推动产业链重构的重要因素之一。综合来看,产业链关联了多个企业,这些企业之间形成了上下游的关系,产业链涵盖了产品或服务生产的全过程,从原材料生产开始,到技术研发、产品设计、中间品制造、终端产品装配乃至流通、消费和回收循环等许多环节。

二、重庆市人力资源服务业市场化发展的演进历程

人力资源服务业市场化发展是一个长期、复杂的经济社会系统工程。改革开放以来,在国家政策与地方政府的共同作用下,重庆市人力资源服务业市场化发展取得了显著成效。借鉴中国人事科学院余兴安教授对我国人力资源服务业发展历程的划分,本研究从起步探索、业态展开、行业壮大、协同发展四个时期,结合国家政策演变与地方政府的作用,梳理了重庆市人力资源服务业市场化发展历程。

(一)起步探索期

从改革开放初到党的十四大召开前,即1978—1991年,是起步探索期。改革开放以前,我国人力资源按统包统配方式进行配置。而1978年的改革开放解放了思想枷锁,尝试由计划经济向市场经济转轨,引发了社会经济巨大变革。在此期间,有"文革"结束后大量返城知青和城镇新成长青年劳动力的就业问题;还有随着农村实行家庭联产承包责任制,农村剩余劳动力不断涌向大中城市,进城农村劳动力就业问题。在思想解放和"劳动力"市场活力初步涌现的背景下,国家相继出台

了一系列关于人才流动与管理的相关文件,其对象主要是科学技术人才、专业技术人员、技术工人、企业聘用干部、出国留学人员等。比如1980年8月中共中央发布的《进一步做好城镇劳动就业工作》文件和1983年7月国务院发布的《国务院关于科技人员合理流动的若干规定》文件,均对劳动就业工作做了相关的部署,以进一步匹配劳动市场供需双方需求。重庆根据国家部署,积极响应号召,采取行动。在1981年初成立了具有职业介绍所性质的劳动服务公司;在1983年7月,重庆根据四川人民政府发布的文件《关于进一步做好知识分子工作的意见》,筹建了人才交流服务中心。随着改革开放进程不断加深,人力资源市场两个主体,企业可自主选人用人,人才劳动力可自由流动、自主择业,得到了社会一定程度的认可。1989年9月,重庆在四川省人事厅印发《关于培育、发展我省人才市场的意见》(川人交〔1989〕91号)文件指导下,确立了"劳动力市场""人才市场"的性质地位、服务功能及服务对象、服务项目、建设管理等,对重庆劳动力市场、人才市场的培育发展起到了积极的推动作用。

(二)业态展开期

1992年到2007年初,即党的十四大召开至2007年初,是业态展开期。随着党的十四大社会主义市场经济体制目标的提出和社会经济迅猛发展,人力资源需求愈发旺盛,企业和个人在就业市场的主体地位、"劳动力市场"和"人才市场"均得到了正式确立。其间,在外资人才服务进入重庆人力资源市场的同时,本地各类人才服务机构、服务业态不断增长丰富,人力资源服务就业网络逐步形成。人力资源服务主体流动空间不断扩大,专业技术人员可以向企事业单位流动,各类劳动主体可以跨地区、跨体制流动,比如重庆地区人力资源可以向东部发展前沿地区流动、体制内人力资源可以向体制外的民营单位和外资企业流动,为人力资源服务的迅速成长提供了动力支撑,为解决国企改革导致的下岗工人的再就业问题、高校毕业生就业制度改革导致的大量大学毕业生就业问题提供了有效途径。

此外,为促进人力资源服务业市场发展秩序规范,重庆在四川省印发的《四川省非政府人事部门人才流动服务中介机构管理暂行规定》(1995)、《四川省职业介绍管理条例》(1996),国家颁发的《劳动力市场管理规定》(2000年)、《人才市场管理规定》(2001年)等文件的引导下,初步建立了劳动力市场、人才市场的法律法规、协调机制和配套制度,为营造劳动主体就业和人力资源服务业发展的良好环境奠定了一定的基础。

（三）行业壮大期

2007年至党的十九大召开前，是行业壮大期。此阶段，国务院2007年印发的《关于加快发展服务业的若干意见》，首次将人才服务业作为服务业的一个重要门类，强调要"发展人才服务业，完善人才资源配置体系"。此外，党的十七大将"建立统一规范的人力资源市场"写入报告中，且人力资源服务业被国家发改委首次列入产业目录，将人力资源服务作为"行业"予以支持，并整合劳动力市场、人才市场、高校毕业生就业市场为统一规范的"人力资源市场"。2014年12月，人力资源社会保障部、国家发展改革委、财政部发布的《关于加快发展人力资源服务业的意见》，更是全面系统地提出了促进行业发展的政策措施。

重庆在国家相关文件支持下，进一步大力推动人力资源市场的构建，加强就业服务体系构建，针对人力资源服务体系不同主体，从劳动方、用人方、人力资源服务业机构到就业服务体系监管，均展开了相关的文件部署，且取得了较大的成果。2009年1月国务院办公厅下发了《关于促进服务外包产业发展问题的复函》，将重庆确定为中国服务外包示范城市之一，在2011年7月重庆人力资源服务产业园获得人社部批准筹建（是全国第二家、西部第一家由部、市共建的国家级人力资源服务产业园），为重庆人力资源服务业的发展提供了新的增长点和新动能。国有机构、民营机构、中外合资及港澳台等人力资源服务机构较业态展开阶段规模有显著的扩大。《重庆市人民政府关于进一步做好普通高等学校毕业生就业工作的通知》（渝府发〔2011〕86号）、《重庆市人民政府办公厅关于加强职业培训促进就业的实施意见》（渝办发〔2011〕48号）、《重庆市人民政府办公厅关于印发重庆市扶助中小微型企业科技创新和信息化建设实施方案的通知》（渝府办发〔2013〕99号）等相关文件的实施，进一步丰富了人力资源服务业态、拓展了服务功能和范围，不仅是第三方人力资源服务外包、派遣服务和管理模式的探索发展，还将信息技术广泛应用于就业服务中。而文件《关于加快人力资源服务业发展的实施意见》（渝人社发〔2016〕261号）〔已废止，现由（渝人社发〔2018〕171号）覆盖〕、《重庆市人力资源和社会保障局关于印发重庆市企业劳动保障守法诚信等级评价暂行办法的通知》（渝人社发〔2016〕212号）则对人力资源服务业整体的发展以及监管进行了部署和规范，有助于建立统一、规范、灵活的人力资源市场，完善公共就业服务体系，为各类劳动者特别是就业困难群体提供完善的职业指导和职业介绍等服务。

总体而言，在国家层面和重庆市层面的相关政策支持下，以及信息技术广泛应用和市场力量逐步释放的推动作用下,重庆的人力资源服务业发展进入行业壮大期,人力资源服务业逐步成为解决就业总量矛盾和结构性矛盾,扩大社会就业面和提升就业质量的重要纽带。

(四)协同发展期

2017年10月党的十九大召开至今,是协同发展期。协同发展期初,党的十九大报告对人力资源工作给出了新的定位,对人力资源服务提出了新的要求。报告指出要"着力加快建设实体经济、科技创新、现代金融、人力资源协同发展的产业体系。在中高端消费、创新引领、绿色低碳、共享经济、现代供应链、人力资本服务等领域培育新增长点、形成新动能"。此外,国家于2018年首次从立法层面明确了政府提高人力资源服务业发展水平的法定职责,于2019年制定了首个关于人才流动配置的改革性文件,分别见于文件《人力资源市场暂行条例》和《关于充分发挥市场作用促进人才顺畅有序流动的意见》。此阶段,国家对人力资源服务业的发展方向、管理规范、市场秩序均做了更进一步的顶层设计。

自党的十九大召开以来近五年的时间里,重庆针对人力资源服务业出台了《关于加快人力资源服务业发展的实施意见》(渝人社发〔2018〕171号)、《关于充分发挥市场作用促进人才顺畅有序流动的实施意见》(渝人社发〔2019〕150号)、《重庆市人力资源市场条例》(2020年7月30日重庆市第五届人民代表大会常务委员会第二十次会议通过)、《关于推进新时代人力资源服务业高质量发展的实施意见》(渝人社发〔2022〕41号)等一系列相关文件,对重庆进一步完善人力资源市场法规体系,加强监管,打破城乡、地区、行业分割,充分发挥市场在促进人才流动中的主渠道作用,构建统一开放、竞争有序的人力资源市场体系有重要指导作用。人力资源服务产业园区能强化人力资源服务业与其他门类的关联度,而充分发挥人力资源服务业在生产性服务业中的独特作用,实行跨界融合,能增大整合性和集群式发展的功能效应。重庆于2019年发布了文件《关于推进市级人力资源服务产业园建设的意见》(渝人社发〔2019〕120号),促进市级人力资源服务产业园健康有序发展,同时鼓励和支持有条件的区县(自治县)结合当地经济社会和重点产业发展需要,建设符合市场需求的市级人力资源服务产业园。重庆的产业园区在功能设计上最大的特色就是坚持把发展人力资源服务产业和推进人力社保公共事业有机结合起来,将产业基地、公共服务中心与行政中心进行一体化设计,将市场服务、公共事务、行政管理三大职能有机衔接,打造一个产业与事业联动融合、相互促进、特色鲜明的多功能园区；主要涵盖人力资源要素"大市场"、人力社保公共服务"大平台"、人力资源信息"大数据"、综合服务产业"大基地"、一园多基地"大园区"等"五大"特色功能。

总之，重庆人力资源服务业经过四十余年的发展，其在服务业态、行业规范、市场范围、社会认知等方面均取得了长足的发展和进步，是重庆经济高质量发展和实现高质量就业的重要力量，为实体经济及服务业的发展提供了充分的人力资源保障。

三、重庆市人力资源服务产业化发展取得的成效及存在的问题

（一）重庆市人力资源服务产业化发展取得的成效

虽然重庆市人力资源服务业的起步滞后于经济发达地区，但从发展现状看，重庆市人力资源服务业在深化经济体制改革、政策支持力度加大以及信息技术不断进步的新时代背景下，呈现出快速发展的态势，政策体系不断完善、行业规模不断扩大、行业产品渐趋多元、园区建设如火如荼、促进就业作用日益显著、开放水平不断提高。本研究重点从营业收入及产值、机构及人员、服务产品及形态等多个方面总结其发展成效。

一是在营业收入及产值方面（表1）。据重庆市人力资源和社会保障局的统计，人力资源服务业全年营业总收入由2017年的266.24亿元跃升至2021年的618.05亿元，其间增长了132.14%；企业年均产值由2017年的1868.4万元增长至2021年的2171.65万元，其间增长了16.23%。除行业规模快速增长外，人力资源服务业的人均效率也不断提高，人均产值保持了较高的发展速度，从业人员人均产值由2017年的119.39万元增长至2021年的216.97万元，其间增长了81.73%。

表1　2017—2021年重庆市人力资源服务行业总量

年份	机构总数（家）	经营情况					
		注册资本（万元）	总资产（万元）	全年营业收入（万元）	其中代收代付（万元）	企业年均产值（万元）	从业人员年均产值（万元）
2017年	1425	405519.87	508438.97	2662473.96	2440909.33	1868.40	119.39
2018年	1680	428237.00	1540589.00	3070446.82	2609635.40	1827.65	124.92

年份	机构总数（家）	经营情况					
		注册资本（万元）	总资产（万元）	全年营业收入（万元）	其中代收代付（万元）	企业年均产值（万元）	从业人员年均产值（万元）
2019年	1863	483971.00	1561036.30	3568507.90	3024838.91	1915.46	139.10
2020年	2155	638215.00	1869254.52	4895276.94	2845287.68	2271.59	191.24
2021年	2846	1562641.19	7625399.43	6180527.03	3956296.65	2171.65	216.97
年均增长率	18.88%	40.11%	96.79%	23.43%	12.83%	3.83%	16.11%

　　二是在机构及人员方面（表2和表3）。截至2021年底，重庆市共设立各类人力资源服务机构2846家，相对于2017年的1425家，2017—2021年年均增长率高达18.88%。这主要是因为经营性服务机构保持了较高的增长速度，由2017年的1383家跃升至2021年的2802家，增长了102.6%。在经营性服务机构中，民营性质的机构增长较快，由2017年的1247家增加到2021年的2701家，成为重庆市人力资源服务行业的主要组成部分，说明近年来重庆市人力资源服务业发展的市场化水平得到显著提升。在从业人员方面，2021年重庆市人力资源服务行业从业人员规模已经达到28486人，且大专及其以上学历人员占比已经超过一半，为51.32%，拥有职业资格证书的人员达到9790人，占总人数的比重为34.37%，说明重庆市人力资源服务业从业人员的人力资本含量及专业化优势也初步显现。

表2　重庆市人力资源服务业机构类型与数量

机构类型		2017年	2018年	2019年	2020年	2021年
公共服务机构	综合性公共就业和人才服务机构（家）	39	40	42	40	40
	公共就业服务机构（家）	0	1	0	1	0
	人才公共服务机构（家）	0	1	0	1	0
	行业所属服务机构（家）	3	3	3	2	4
	小计（家）	42	45	45	44	44
	百分比（%）	2.95	2.68	2.42	2.04	1.55

续表

机构类型		2017年	2018年	2019年	2020年	2021年
经营性服务机构	国有性质的服务企业(家)	105	141	101	111	89
	民营性质的服务企业(家)	1247	1472	1678	1974	2701
	外资性质的服务企业(家)	3	4	5	5	6
	港资性质的服务企业(家)	1	1	1	1	3
	民办非企业等其他性质的服务企业(家)	27	17	33	20	3
	小计(家)	1383	1635	1818	2111	2802
	百分比(%)	97.05	97.32	97.58	97.96	98.45
合计		1425	1680	1863	2155	2846

表3　2021年重庆市人力资源服务业从业人员情况

机构类型	从业人员总数(人)	学历状况						职业资格状况	
		高中及以下		大专及本科		研究生及以上		从业资格人数(人)	从业人员的百分比(%)
		人数(人)	占比(%)	人数(人)	占比(%)	人数(人)	占比(%)		
综合性公共就业和人才服务机构	475	50	10.53	403	84.84	22	4.63	176	37.05
行业所属服务机构(事业单位)	201	4	1.99	162	80.60	35	17.41	16	7.96
国有性质的服务企业	1957	568	29.02	1309	66.89	80	4.09	1000	51.07
民营性质的服务企业	25362	13186	51.99	11825	46.62	351	1.38	8448	33.31
外资性质的服务企业	207	34	16.43	171	82.61	2	0.97	32	15.46
港资性质的服务企业	272	15	5.51	252	92.65	5	1.84	115	42.28
民办非企业等其他性质的服务企业	11	9	81.82	2	18.18	0	0.00	3	27.27
合计	28486	13866	48.68	14124	49.58	95	1.74	9790	34.37

三是在服务产品及业态发展方面(表4至表7)。重庆市人力资源服务业涉及人力资源服务的各个领域和层次。重庆市人力资源服务业的功能和领域在不断拓展,公共服务与经营性服务并行,不同类型的服务机构承担不同的市场功能和业务。从重庆市人力资源市场的业务内容和行业细分来看,业务内容主要包括现场

招聘、网络招聘、管理咨询、劳务派遣、人力资源管理咨询、人力资源外包、流动人员档案管理、培训服务、测评服务、猎头服务、人力资源软件服务等业态,形成了广覆盖、全方位、多层次的服务格局。行业分工日趋细化。横向上,出现了基于服务人群、服务行业细分的人力资源招聘、高级人才寻访等服务产品和服务机构;纵向上,出现了基于服务环节、服务领域细分(如薪酬计算、灵活用工等)的新型业态。从重庆市人力资源服务业的分项收入可以看出,重庆市人力资源服务业的收入主要集中在劳务派遣和人力资源外包,且人力资源外包收入呈大幅上升趋势。2021年,重庆市人力资源服务机构在网络平台上发布岗位信息564.50万条,发布求职信息778.54万条,远远超过了现场招聘的服务人次,民营和外资性质的服务机构在此领域贡献显著。此外,重庆市人力资源服务机构为2.39万家单位提供了劳务派遣服务,派遣人员数量将近66.27万人次,民营和国有性质的服务机构是劳务派遣领域的主力军。重庆市为7030家单位提供人力资源外包服务,外包总人数达20.32万人;为1.28万家用人单位提供人力资源管理咨询服务,举办了6201场培训,为26.58万人次提供了培训服务。以民营服务企业为主的服务机构为20.89万人次提供人才测评服务;以民营性质的服务企业为主的服务机构的猎头服务委托推荐岗位数2.1万个,在高级人才寻访中成功推荐1.09万人;以民营性质的服务企业为主的人力资源信息软件服务提供了1.58万个服务单位;以公共服务单位为主的服务机构为348.64万人次提供档案管理服务。

表4 重庆市人力资源服务业收入状况

年份	2017年	2018年	2019年	2020年	2021年
现场招聘会营业收入(万元)	—	2161.39	1973.73	1602.64	—
网络招聘营业收入(万元)	—	107224.83	8662.40	15687.56	—
劳务派遣营业收入(万元)	—	1905448.66	1985447.62	2022424.21	—
劳务派遣代收代付收入(万元)	—	1769594.66	1926411.17	1840741.71	—
人力资源管理咨询服务营业收入(万元)	—	8696.96	11850.69	9981.87	—
人力资源外包营业收入(万元)	—	351889.69	441572.24	704955.88	—
人力资源外包代收代付收入(万元)	—	296089.58	394449.91	573776.57	—
培训服务营业收入(万元)	—	5014.88	5176.48	4289.96	—
测评服务营业收入(万元)	—	511.91	353.09	1556.52	—
猎头服务营业收入(万元)	—	5061.77	4613.61	10491.24	—

表5 2021年重庆市人力资源服务机构业务开展情况（一）

机构类型	现场招聘会服务					
	举办招聘会（次）	其中		参会用人单位（个次）	提供招聘岗位（个次）	参会求职人员（人次）
		高校毕业生专场（场）	民工专场（场）			
综合性公共就业和人才服务机构	1901	240	315	39338	1157250	689326
行业所属服务机构（事业单位）	59	2	48	6705	225423	81331
国有性质的服务企业	455	69	56	8268	168521	155049
民营性质的服务企业	1932	656	695	20998	209203	199866
外资性质的服务企业	0	0	0	0	0	0
港资性质的服务企业	0	0	0	0	0	0
民办非企业等其他性质的服务企业	0	0	0	0	0	0
合计	4347	967	1114	75309	1760397	1125572

表6 2021年重庆市人力资源服务机构业务开展情况（二）

机构类型	网络招聘服务		劳务派遣服务	人力资源外包服务		人力资源管理咨询		培训服务	
	发布岗位信息（条）	发布求职信息（条）	服务用人单位（家）	派遣人员总量（人次）	服务用人单位（家）	外包总人数（人）	服务用人单位数（家）	举办培训班（场）	参加培训人员（人次）
综合性公共就业和人才服务机构	489080	254868	0	0	319	0	2763	3330	152340
行业所属服务机构（事业单位）	145329	94617	0	0	0	0	0	409	50494

续表

机构类型	网络招聘服务		劳务派遣服务	人力资源外包服务		人力资源管理咨询		培训服务	
	发布岗位信息（条）	发布求职信息（条）	服务用人单位（家）	派遣人员总量（人次）	服务用人单位（家）	外包总人数（人）	服务用人单位数（家）	举办培训班（场）	参加培训人员（人次）
国有性质的服务企业	484324	807520	6118	150639	1064	22319	508	435	17379
民营性质的服务企业	2742213	4444357	17409	505849	5561	165625	9528	1962	42921
外资性质的服务企业	1783612	1970316	0	0	0	0	3	65	2670
港资性质的服务企业	410	213704	333	6194	86	15260	0	0	0
民办非企业等其他性质的服务企业	0	0	0	0	0	0	0	0	0
合计	5644968	7785382	23860	662682	7030	203204	12802	6201	265804

表7　2021年重庆市人力资源服务机构业务开展情况（三）

机构类型	测评服务	猎头服务		人力资源信息软件服务	流动人员档案管理	
	测评人数（人次）	委托推荐岗位数(个)	成功推荐人才（人）	服务单位数（个）	现存档案数量（份）	依托档案提供服务（人次）
综合性公共就业和人才服务机构	1035	0	0	1077	1324833	245762

续表

机构类型	测评服务	猎头服务		人力资源信息软件服务	流动人员档案管理	
	测评人数（人次）	委托推荐岗位数(个)	成功推荐人才(人)	服务单位数(个)	现存档案数量(份)	依托档案提供服务(人次)
行业所属服务机构(事业单位)	52226	40	10	0	1805627	0
国有性质的服务企业	1989	405	106	172	182312	84918
民营性质的服务企业	147807	20114	10712	14029	173649	55102
外资性质的服务企业	5862	96	61	0	0	0
港资性质的服务企业	0	296	40	218	0	0
民办非企业等其他性质的服务企业	0	0	0	270	0	0
合计	208919	20951	10929	15766	3486421	385782

四是在服务区域人才发展方面。重庆市人力资源服务业积极参与重庆市引才聚才系列活动,开展全国知名高校网络巡回引才等线上活动,打造了"博士渝行周""民营企业服务月"等服务子品牌。各区县人力资源服务企业在地方政府的引导和政策鼓励下,开展小而专、精准化引才活动。据重庆市人社局的不完全统计,近年来,全市开展引才活动800余场,累计引进各类人才2.6万余人;建设海外引才联络站52个,与北京大学等19所全国"双一流"高校就业部门签订校地引才和实训合作协议。重庆市以公共人力资源市场服务平台为基础,通过购买服务委托经营性人力资源服务机构承办公共就业服务专项活动,采取"公共+市场"的方式,充分整合资源,积极为劳动者搭建供需对接平台,创新开展了"重庆英才·职等您来"网络直播招人招才公共服务,为求职者打造求职招聘"一站式"服务;携手四川开展跨区域人力资源合作,多次联手举办"蓉漂人才日""重庆英才大会"等大型人才招聘活动。

五是在脱贫攻坚和疫情防控方面。人力资源服务机构在地方政府的推动下助力脱贫攻坚,开设系列专场招聘会,为贫困劳动力就业创造条件,并针对贫困劳动力的不同需求,提供有针对性的个性化服务。疫情期间,面对全市企业尤其是"6+2"重点电子企业紧急缺工的现象,重庆市充分发挥公共人力资源市场和经营性人力资源服务机构作用,围绕需求、供给两端发力:一方面多渠道、分批次收集全市重点企业50余万个就业岗位,统一在招聘专区向社会发布;另一方面组织人力资源服务机构建立企业招工专员服务制度,实行24小时用工调度,全面保障规模以上工业企业复工复产和各类重点企业用工需求。

六是在行业资源整合及共享方面。随着科技赋能在人力资源服务行业的不断深入,人力资源服务机构把握机遇,不断研发新产品、打造新模式,丰富重庆人力资源服务业内涵。一是以"智慧人社"为抓手,建设多源异构人才数据库。整合人才数据资源,搭建"重庆人才现状数据库""重庆人才需求数据库""全球人才供给数据库""人才政策库"四大数据库,涵盖行业主管部门、重点用人单位、龙头人力资源服务机构,汇聚各类人才基础数据874万条、市外相关人才公开数据5万条。组建人力资本联盟,整合科研院所、科技公司、金融机构、中介机构等多方资源,组建就业、培训、创业、人力资本联盟,系统掌握全市2400万劳动力台账库。二是以"供需匹配"为重点,开发产才大数据平台。深度挖掘数据关系,通过人工智能、大数据、机器学习等方式,对全产业链供需进行精准匹配,形成重庆产才大数据基础平台(数字大脑),为地方和企业等提供智能化引才方案及建议,推动人才招引精准化。三是以"服务发展"为导向,绘制高层次人才图谱。依托产才大数据平台,绘制重庆人才图谱,完成人才产业链、人才库、人才画像、引才路径4个应用板块开发,结合已入库人才数据,服务全市七大主导产业和33条重点产业链。

七是在国际化进程方面。重庆人力资源服务业国际化进程加快,聚产业、引人才、兴市场作用进一步显现,统筹推进劳动力市场、人才市场和零工市场建设,推动形成多层次、多元化的人力资源市场格局,大力发展专业性、行业性人力资源市场。重庆现有"世界五百强"人力资源服务机构——德科,世界四大人力资源管理咨询机构——德勤,国内知名大型人力资源服务机构,如中智、上海外服等;国内知名网站,如智联招聘、前程无忧、猎聘、中华英才网、汇博人才网等;国有人力资源综合性服务企业,如重庆市人才大市场集团有限公司、重庆市重点产业人力资源集团有限公司等。此外,在政府支持和市场驱动下,还成功创建中国重庆数字经济人才市场、中国·重庆人力资源服务产业园特色服务出口基地(人力资源)等国家级人力资源服务产业发展平台。重庆人力资源服务产业园人力资源服务出口基地入驻了116家企业,有外资及港澳台资性质的人力资源服务机构5家,开展对外人力资源服务贸易的企业35家,在境外设有分支机构的人力资源服务企业13家,对外主要合作国家有瑞士、英国、德国、法国、意大利等,主要合作涉及经贸合作、人员交流互访、引进国外人才、联合培养人才、输送国内劳务者等方面。

八是在行业规范性及政策扶持方面。多年来,重庆市以完善政策为牵引,健全法制为保障,为全市人力资源服务业加快发展"保驾护航"。重庆市先后出台《关于加快人力资源服务业发展的实施意见》《重庆市人力资源服务业"十四五"规划(2021—2025年)》《关于推进新时代人力资源服务业高质量发展的实施意见》等文件,实施名企培育、中小企业提质、产业创新发展、产业平台建设、领军人才培养、高标准市场体系六大计划,设立人力资源服务产业发展资金,扶持人力资源服务业加快发展。2020年,《重庆市人力资源市场条例》的实施,填补了重庆市近10年无人力资源市场地方性法规的空白。该条例从发展和规范两个角度出发,既创新提出设立人力资源产业发展资金、人力资源服务纳入政府购买服务目录等举措,又明确了加强市场执法处罚、建设诚信市场等监管措施,大力推动全市人力资源服务业健康可持续发展。人力资源服务行业"诚信积分制"的提出,亦属全国首创。通过实施"红蓝黑"三色动态分类,重庆市创新开展对经营性人力资源服务机构的经营行为运用积分增减办法加强评价管理,促进经营性人力资源服务机构守法诚信经营。此外,重庆市出台《关于推进新时代人力资源服务业高质量发展的实施意见》,对推动实施全市人力资源服务业"千亿跃升"行动计划,促进新时代人力资源服务业高质量发展,打造中西部人力资源服务业发展高地,具有重要意义。

(二)重庆市人力资源服务产业化发展存在的问题

1.产业结构层面:传统业态产能过剩与新兴高端业态产能不足并存

正如前文所述,重庆市人力资源服务业营业收入得到了快速增长,但在细分行业或细分服务类型上,明显存在着传统业务或业态比重较高、新型高附加值高端业态供给严重不足的局面。重庆市人力资源服务业各业态已基本形成了金字塔形分布,金字塔顶端包括高级人才寻访、人才测评服务等业态,金字塔主体则是传统的招聘与派遣服务等。从实际情况来看,传统的招聘与派遣服务占据人力资源服务业的主要份额,不同人力资源服务机构的业务同质化严重,且单个服务机构经营规模较小,相互之间低水平恶性竞争的态势较为明显。这一方面严重制约了各自开发创新性业务的能力提升,还恶化了市场竞争环境,降低了整体服务水平或质量,极大地影响了行业的高质量发展;另一方面,以传统服务业态为主的人力资源服务机构,受当前个税改革、社保新政的影响较大,且经营规模有限、高附加值业务拓展能力欠缺,使中高端业务开发滞后、供给不足,新业态、新服务、新技术培育不足,行业集中度较低,使整个行业企业的利润率极为低下,生存和可持续发展后劲不足。

2.产业内涵层面:专业化服务水平与新动能培育不匹配

从国际经验来看,人力资源服务业属于知识或人力资本密集型产业,其服务产品创新及服务质量提升在较大程度上依赖于人力资源服务机构的人员素质及专业化水平。由于发展时间较短、行业准入门槛较低,专业分工程度相对较低,低水平重复布局及恶性竞争较为突出。同时,相对于产业化水平较高的制造业,人力资源服务行业从业人员的高流动性使行业人员整体缺乏就业的稳定性,长期深耕行业并洞悉行业发展规律的专业人员极度缺乏,特别是在数字经济时代,了解并能胜任新业态、新商业模式创新发展要求的人员严重不足,使人力资源服务企业创新发展及转换的动能较弱,制约了行业的高质量发展及产业化发展进程。2022年8月,课题组通过对重庆市大中型人力资源服务机构创始人或高管的深度面谈或电话访谈发现,重庆市人力资源服务业专业化发展的主要障碍在于三个方面:一是服务的同质化导致了低水平恶性竞争,面对甲方企业的高端人力资源服务需求(如人才素质测评、高端培训、猎头服务、人力资源战略咨询等),人力资源服务机构的专业服务能力及人力资源保障水平较低,开发高端高附加值的能力较为薄弱;三是地方人社部门盲目追求本地区人力资源服务机构数量扩张的政策导向,使"滥竽充数"的低水平人力资源服务机构层出不穷,这在一定程度上加剧了市场的恶性竞争,使人力资源服务机构普遍陷入低水平竞争的路径依赖,对高端业态的专业化开发动力不足。

3.平台集聚层面:产业集聚红利的释放不充分

产业集聚是一个行业或产业产业化发展的重要驱动力量,产业集聚的水平和能级是判断该行业产业化水平的重要指标,成立人力资源服务园区,引导人力资源服务企业或机构及相关企业入驻,是打造人力资源服务产业集聚区的主要方式。其核心主旨是通过产业园区建设形成人力资源服务产业集聚优势,相关企业共享集聚引致的基础设施及公共服务、知识技术溢出、协同创新等红利。重庆市正积极推动重庆市及有关区县人力资源服务园区建设,为产业集聚的形成搭建一个高水平、高质量的共享平台,以更好地促进人力资源服务业的产业化发展向高质量演进。然而,课题组在和已经入驻重庆市及区县人力资源产业园的部分机构负责人交流时,也普遍感觉当前仍然存在如下问题:一是入驻的人力资源服务企业整体实力不强,龙头企业与相关企业的交流合作意愿不足,彼此之间的信息共享程度较低,仍然处于各自为政的分散布局,没有形成有效的合力,使产业集聚释放的整体提升效应大打折扣;二是从国际上比较成熟的人力资源产业集聚区来看,与人力资源服务互补或配套的金融投资、咨询、科技、数字技术等相关服务企业普遍没有入驻,使人力资源、科技创新、现代金融等业态的协同效应较低;三是业态结构不合理,产业链低端企业较多,平台化转型的带动性和创新性不足;四是市场化、产业化发展体制不顺畅,政府政策引导和产业扶持不够;五是政府现代化平台治理理念滞后、治理经验缺乏、治理能力不足。

4. 技术创新层面:"互联网+人力资源服务"的融合尚在探索

近年来,在政府和市场的双重推动下,人力资源服务业逐步出现"互联网+招聘""互联网+培训""互联网+薪酬外包"以及"互联网+社保代理"等融合业态。但调查发现,接近一半的人力资源服务机构并没有实施"互联网+人力资源服务"的模式,主要原因是专业人才匮乏、资金匮乏以及政府支持力度不足。这说明,互联网、人工智能、大数据等新技术虽然在人力资源服务业得到了应用,但还不广泛,能否顺势发展还需要更长时间的检验。

5. 产业融合方面:人力资源服务业共享程度偏低

近年来,人力资源服务业的快速成长与发展,带来的是人力资源服务消费结构升级。而目前人力资源服务行业产品业态同质化严重,产业间的合作共享程度与协同发展效应偏低。具体表现在政府采购:目前来看,政府机关更多的是购买人力资源服务的硬件层面,如信息化服务平台建设,而购买的具体服务项目偏少,主要集中在政策性培训和中低端人才招聘等,而新兴业态购买更少,导致行业合作与共享程度受到限制。并且,国家反复强调要实体经济、科技创新、现代金融与人力资源的协同发展。然而,在为实体经济服务的过程中,仍然呈现出产业链、创新链、资金链、人才链、政策链等相互割裂的发展状态,人力资源服务业融入地区人才发展战略、科技创新驱动发展战略、产业链升级战略的意识和能力极为不足,仍然是局限在人力资源服务的低端狭小领域进行恶性竞争,与相关行业领域的信息共享、深入融合、跨界拓展明显不足。

6. 产业价值方面:盈利模式较为单一

与全球及北京、上海等发达地区的人力资源服务业的发展相比,重庆市人力资源服务业起步较晚,市场化进入门槛较低,导致人力资源服务业盈利模式较为单一,主要是基于本区县或地区的社会关系或"潜规则"开拓市场,在与政府的合作

（采购服务）以及当地企事业单位（甲方）的互动中，更多采用单一的价格竞争手段来进行合作，提供增值服务和一揽子人力资源系统解决方案的能力极为缺乏，使行业平均利润率不高，且在经济全球化的背景下缺乏议价能力。作为中介服务机构，服务费是企业的主要盈利来源，但传统的劳务派遣、招聘等业态本身的服务价值并不高。加之大量中小企业恶性竞争，进一步导致行业内的平均利润率下滑，出现"高营业额、低利润率"的局面。这一市场状况必然制约了人力资源服务业的产业化及高质量发展。

7.组织模式层面：组织模式面临重构

新冠疫情对我国就业与劳动力市场造成了巨大冲击，给人力资源服务业的发展带来了较大困难与挑战。课题组对重庆市20余家人力资源服务机构的专门访谈发现，几乎100%的机构都受到疫情的影响，而且疫情造成的冲击较大，企业运营面临较大风险，主要是疫情冲击导致甲方企业裁员（大多为外包或派遣员工）带来的外溢效应。此外，疫情管控使人力资源服务机构的较多线下业务如招聘会、培训等陷入停滞，使人力资源服务机构的现金流和营业收入都受到较大的影响。从未来看，疫情带来的主要挑战包括两个方面：第一，疫情对宏观经济环境的影响传导到人力资源服务业，致使行业遭到间接冲击，包括人力资源服务需求结构呈现变化和人力资源服务组织模式、服务流程、商业策略等面临变革和重构；第二，疫情直接对人力资源服务业产生冲击，包括经营业务收入下降、成本增加，挤压了经营利润，伴随而来的是从业人员的就业信心受挫。因此，从人力资源服务产业化发展的需求来看，在疫情冲击下，重庆市人力资源服务业必须经历一场艰难的数字化转型和组织模式重构，这不仅是产业化发展的内在需求，也是应对疫情冲击的必然选择。

四、发达国家或地区人力资源服务产业化发展的实践经验

（一）国外人力资源服务产业化的发展历程

国际上人力资源服务业最早起源于19世纪末的美国，弗雷德·温斯格于1893年创办了第一家私营职业介绍服务机构，主要为失业人员提供收费的职业介绍服务。经过近一个世纪的发展，人力资源服务业的发展和经营模式已趋于成熟和稳定，其对劳动力市场的作用主要体现在两个方面：一方面从雇主的角度，人力资源服务机构使企业在增加和减少劳动力方面具有更大的灵活性；另一方面从劳动者

的角度,人力资源服务机构保证了劳动者的工作机会和就业标准,同时也有助于改善劳动者的工作条件。

纵观国外人力资源服务业的发展历程,大致经历了从被禁止和限制(1919—1933年),到放松管制(1933—1949年),到开始多元化发展(1949—1997年),再到正式合法化直至得到政府和国际社会的鼓励发展(1997年至今)四个阶段。在人力资源服务业的起步阶段,一方面,由于受当时的社会环境影响以及主流观念对人力资源服务的认知具有一定的局限性,认为劳动力并非商品,不应该将职业介绍作为一种商业行为来获取利益;另一方面,人力资源服务自身经营的不规范导致发生了很多违法经营、强迫劳动等不法行为,除美国等少数国家外,人力资源服务机构的发展受到了严格的限制,甚至被禁止和取缔。此后,为了生存和发展,人力资源服务机构开始加强自我监督和管理。

进入20世纪70年代以后,发达国家陷入了经济危机,经济下行导致诸多企业破产,失业问题日益严重,如何扩大就业、保持经济稳定成为当时最为艰巨的问题。这一时期,人力资源服务业体现了其独特的力量,以多样化的经营业态,高效、灵活的经营方式,在促进灵活用工、提升就业率、减少失业特别是长期失业方面的作用日益突出,逐渐为国际社会所接受和认可,在1997年国际劳工组织通过了第181号公约后,人力资源服务业的合法地位正式得到了承认,进而逐渐发展成为新兴产业的重要力量之一。世界就业联盟(World Employment Confederation,WEC)对人力资源服务业的业务形态进行了划分,包括中介服务(Agency Work)、直接招聘(Direct Recruitment)、职业管理(Career Management)、管理服务提供商(Managed Service Provider,MSP)和招聘流程外包(Recruitment Process Outsourcing,RPO)。从20世纪90年代开始,人力资源服务业进入了高速发展时期,各种类型的业务形态多元化发展更加成熟,科技要素含量进一步提升,已经成为重要的新兴产业之一。

(二)发达国家或地区人力资源服务产业化的发展成效

根据WEC《2019年世界经济报告》,截至2017年,全球有近16.5万家人力资源服务机构,这与2016年相比增加了16%。全球人力资源服务市场营业收入达到了4570亿欧元。人力资源服务机构的从业人数达到了270万人,并为超过5300万人提供了就业机会。其中,截至2017年有超过7.7万家中介服务机构为客户公司提供劳动力供给,这与2016年相比增长了22%。

美国作为人力资源服务业最为发达的国家,不管是在行业的完善程度还是在技术的成熟度方面,都具有强大的优势。从全球中介服务年营业收入情况来看,美国、日本、英国、德国、法国的中介服务2017年营业收入占总体的90%以上,值得注意的是,在中介服务年度营业收入排名前15的国家中,欧洲国家占8位。2017年,全球范围内的中介服务平均工作普及率为1.6%,这与前三年基本保持不变。其中英国的工作普及率最高,为5.1%,荷兰、卢森堡、澳大利亚、法国、比利时、日本、美国、瑞士、德国、奥地利的工作普及率均高于全球平均水平。高端人才由于具有稀缺性和不可替代性,已经成为企业间竞争的重要资源。直接招聘可以通过丰富的人才储备库和高效、专业的匹配能力,更加快速地为企业寻找合适的人才,同时也为中高端人才提供更加丰富的发展机会。WEC统计数据显示,直接招聘全球营业收入总额从2016年的380亿欧元直接跃升至2017年的610亿欧元,增长幅度超过了50%,已经成为全球人力资源服务中增长幅度最大、速度最快的部分。直接招聘的营业收入水平体现了其强大的发展潜力,说明中高端人才寻访已经受到世界各国的极大重视,而我国位列营业收入第三,也能够从侧面说明我国对中高端人才的培养和就业匹配的重视。

近年来,随着企业对灵活用工的需求越来越高,人力资源服务业的发展越来越受到世界各国政府的重视和支持。人力资源服务业在解决就业问题、实现高端人才寻访和匹配、进行职业管理、为企业提供管理服务和外包等方面发挥着重要作用,人力资源服务业的发展代表着世界经济发展的大趋势之一。

(三)发达国家或地区人力资源服务产业化的基本经验

虽然,国内外人力资源服务业起步阶段、发展历程不同,但从新经济时代经济、信息全球化的角度看,国外发展经验对重庆市人力资源服务业发展仍具有重要的借鉴意义,主要体现在以下三个方面。

1.抢抓灵活用工这一世界主流用工趋势

从社会发展的角度来看,随着平台经济、互联网技术的发展,新经济背景下灵活用工已经成为一种时代趋势,这无疑是对传统雇佣模式的一种冲击。从企业的角度来看,短期、临时、批量的灵活用工需求逐年增加;从个体的角度来看,新经济背景下的就业观念也发生了转变,越来越多的年轻人倾向于选择更加灵活的就业方式。纵观美国、欧洲和日本的灵活用工发展历程可以看到,中介服务主营业务的灵活用工模式已经成为世界范围内的主流趋势。国际知名的人力资源服务机构其灵活用工业务占总体业务的比重较大,部分人力资源服务机构以灵活用工业务起家。灵活用工模式为企业带来更低的用工成本和更高的产能效率,在把控人力成本的同时,也为劳动者提供了更加宽广的职业选择空间,因此,重庆市应出台相应政策大力支持、鼓励灵活用工业务的发展,加速产业结构变革。

2.强化人力资源服务供给质量提升

作为生产性服务业,人力资源服务业是服务劳动者、用人单位、政府及相关利益群体人力资源配置及素质提升服务产业,其服务产品与市场需求的耦合度、服务质量的高低、服务企业的品牌声誉等是决定该产业能否持续壮大的关键所在。发达国家或地区高度重视人力资源服务的标准化、规范化建设,提升该产业在国民经济体系和社会服务体系中的价值含量。因此,重庆市应建立规范的人力资源中介机构行业标准和服务标准,打造诚信的信用体系,提升中介机构信用度,构建完善的中介服务机构管理体系,加强风险管控。同时,强化市场准入条件的监管水平,并加强对中介机构工作人员的培训力度,提升从业人员服务能力和整体素质水平。

3.顺应并抢抓新经济时代催生的行业发展新态势

党的十九大报告指出:我国供给侧结构性改革深入推进,经济结构不断优化,数字经济等新兴产业蓬勃发展,进入了新时代,互联网、大数据、人工智能和实体经济深度融合。在新经济和新科技的推动下,人力资源服务业的发展产生了新的趋势。首先,从时代进步的角度来看,随着工作特征的变化,"云工作模式"和"点对点新型工作模式"的出现,未来劳动力市场将更加灵活,传统人力资源服务模式将被人工智能逐步替代,人力资源服务业逐渐向数字化、科技化、精准化方向发展;其次,从企业和组织的角度来看,由于工作场所的管理模式变革主要表现为从基于岗位的组织管理向基于组织承诺和共同发展的管理体系改变,因此,为了激发员工的内驱动力,促进员工和企业共同成长发展,未来企业客户对人力资源外包服务的需求将会大量增加;最后,随着资本和劳动边界的模糊化,员工持股计划、合伙人制的产生也使人力资源服务的业务模式发生根本性的转变。人力资源服务将会更加精准地匹配企业发展和转型升级的需求,为企业客户创造更大的价值。

五、重庆市人力资源服务产业化实现路径

(一)通过业态创新引领人力资源服务产业化

受我国深化改革开放和加快转变经济发展方式、建设人才强国等因素影响,人力资源服务业正处于重要发展机遇期,向高端领域升级发展成为必然趋势。而随着企业规模化、国际化进程的加速,企业选择人力资源服务的动机、服务内容需求都将发生较大变化,企业对人力资源服务的购买需求正逐渐向人力资源服务高端业态转移,人才测评、人力资源培训、人力资源管理咨询、高级人才寻访等高端人力资源服务业务的需求将在未来集中爆发。

课题组对部分甲方企业的调查发现,越来越多的企业在未来有计划购买人力资源培训、人力资源信息化管理等人力资源高端服务,市场空间广阔,为人力资源服务机构的未来带来了更多的发展机遇。但目前,重庆市人力资源服务机构整体实力不高,人力资源招聘、外包和派遣等传统服务业态依然占据主体,开展人才测评、高级人才寻访、人力资源管理信息化等高端服务业务还较为欠缺,绝大多数服务机构未开展高端服务业务,高端服务业务量占比较低,高端服务业态的产品供给和服务能力仍不能满足企业实际需求。

人力资源服务机构需要积极适应市场需求,逐步向人力资源服务高附加值领域延伸,推动行业高质量发展。一方面,借势政策东风,进一步扩大服务体系覆盖面,积极促进各类企业和人力资源服务机构的供需对接,结合市场需求积极拓展开展人才测评、高级人才寻访等高端业务,向人力资源服务价值链高端延伸;另一方面,积极探索高端服务与科技、金融等融合发展,促进提升服务质量,满足人才各个价值层面的需求,提高品牌影响力。

(二)通过专业化服务引领人力资源服务产业化

新时代背景下,随着我国经济结构调整与产业升级,以及社会对人力资本的逐步重视,市场主体需求广泛,特别是专业化人力资源服务的需求日渐提升,这为人力资源服务业发展带来了机遇。调研显示,影响企业选择供应商的主要因素基本是以专业能力为导向,如服务人员的专业素质、服务机构在某一专业领域的人员储备、测评结果的精准匹配度等。并且,企业对于具有高附加值的服务或产品,愿意以与之相对应的高价格进行购买。

与之相较,人力资源服务机构的服务供应能力总体欠缺,主要存在从业人员专业化程度不高、专业化产品开发供应不足等问题,大多数机构从业人员拥有本科及以上学历的占比不到一半,机构中层以上负责人具有相应专业技术任职资格的占比较低。此外,多数机构仍将业务聚焦在招聘、劳务派遣等传统中介类服务,高级人才寻访、人才测评、人力资源管理信息化等业务营业收入贡献不足,人力资源服务附加价值低,以量取胜,对机构品牌塑造支撑乏力,也造成同行间的同质化竞争,进而加剧价格战。

当前,人力资源服务业的服务领域相对广阔,诸多细分领域值得深耕。对于行业总体,未来应以扩大人力资源市场有效供给,优化市场资源配置效率为重点,切实提升人力资源各业态的发展质量,适度延展人力资源服务边界,把服务边界由工作行为延展到消费行为,为特定人群提供优质人力资源相关职业服务和消费服务,努力满足不同市场主体的个性化需求。对于单体服务机构,未来专注某一细分领域的小而美的服务机构将有望占据一定市场份额。中小型人力资源服务机构应打破"小而全"的格局,精准定位,提高细分市场专注度,加强专业技术含量,深化与技术、资本的融合,逐步向价值链高端业务延伸。

(三)通过数字化转型引领人力资源服务产业化

随着人工智能、大数据的发展,信息技术对人力资源服务产品革新的作用愈加凸显,这进一步加快了行业发展和转型。

随着社会经济的高速运转,企业人力资源部门的职能也将被赋予更多的内容,企业的HR们需要通过数字化的管理工具,从传统繁杂的事务工作中解放出来,将更多的精力和重心放在员工队伍建设、人才赋能等高价值的工作中去。转型时期的人力资源服务业发展必须进行创新,人力资源服务机构应加快数字化转型步伐,在创新协同发展中开拓新的服务领域:一是加强产品定制化、数字化功能,利用新技术在互联网+、人工智能等领域进行服务方式和商业模式创新,以满足各类企业的个性化需求;二是借用数字化技术手段,对业态关键环节进行数字化整合,加大数字化人力资源管理云平台等数字化服务布局,通过提供更加智能化、精准化的数字平台服务,为企业各层级的管理决策提供更多数据支持。

(四)通过国际化拓展引领人力资源服务产业化

随着我国人力资源服务业在政策上的进一步开放,德科、光辉国际、海德思哲、领英等国际领先人力资源服务机构在国内市场的影响力不断扩大,使我国人力资源服务行业竞争日趋激烈。2020年,人社部专项修订了《人才市场管理规定》《中外合资人才中介机构管理暂行规定》《中外合资中外合作职业介绍机构设立管理暂行规定》,按照内外资一致的原则,取消了人力资源服务业外资准入限制,表明我国对外资人力资源机构准入政策进一步放松,跨国人力资源服务机构的本土化将进一步加速,对我国本土人力资源服务机构的业务发展形成挑战。

伴随"一带一路"、中国企业"走出去"的深度合作与实施,企业对构建全球化人力资源管理体系、海外人才派遣、国际雇员招聘与管理等管理需求,以及国际化人才建设与培养、海外人才团队建设等人才需求均将日益增长。重庆市人力资源服务机构应积极拓展国际人才服务业务、参与国际人才服务竞争,在满足企业海外雇员管理服务需求的同时,在人才测评、人才培训、人力资源管理咨询等高附加值领域进行服务产品创新,提高人力资源服务机构的专业化水平与国际竞争力。同时,主动融入中国企业国际化进程,发挥人力资源服务专业价值,成为企业战略伙伴,帮助企业实现战略转型和组织管理变革,通过服务企业海外投资等方式"走出去",提升国际服务能力。

(五)通过人才队伍建设引领人力资源服务产业化

随着"人本"思想在企业管理中地位的不断提高,加强员工赋能能够有效助力企业充分发挥员工潜能,将传统的人力资源转化为"人提升,企业更加关注通过人才赋能而为企业带来人力资本",通过调整组织结构、转换领导方式,提升人力资本的价值贡献。目前大多企业开始关注员工培训,采取人才盘点等多种方式促进员工成长,激励员工不断学习与创新,实现自我提升,进而帮助企业赢得竞争优势,与企业形成互利互赢的有机循环。因此,从人才发展的角度,未来企业对人才测评、人才培训以及人才队伍建设领域相关的服务将有更多的描绘空间,特别是对特定类型、特定领域的人才的赋能提升服务,将成为企业采购产品的主要关注问题。

在建设人才强国背景下,加强专业人才队伍建设将成为重点,对高端人才、海外人才、行业人才等专业人才的需求日益旺盛,是企业人力资源开发与管理需要主要关注的问题。调查数据显示,企业人员招聘需求中,对技能型人才和技术型人才的需求比例呈明显上升趋势,且技能人才的招聘已从传统的招聘服务领域延伸到了猎头服务,超过六成受访企业有专业技术人才寻访服务需求,部分产业企业甚至通过人才图谱去搜寻全球某一特定技术领域的人才。

未来,企业对专业人才的发现与吸引、选拔与培养的需求将呈增长趋势,对专业人才队伍的建设将逐步形成"外引进""内培育"的有机循环,这为人力资源招聘、人力资源猎头、人才培训相关服务提出了更新更高的要求。人力资源招聘、猎头服务应提高人才发现、选拔相关领域技术应用能力,通过提供人才智能搜索、精准匹配等数字化产品和运营平台,满足企业招聘渠道创新与选拔对象的多元文化背景的需要。人力资源培训服务应以价值实现为先导,将员工培训开发与员工绩效提升紧密结合,帮助企业增强组织人才竞争力。

(六)通过灵活用工市场开拓引领人力资源服务产业化

现阶段,灵活用工及人才派遣服务虽处于发展初期,但企业对灵活用工管理模式的认可度正逐步提升,调研部分企业发现,大多有劳务派遣服务采购经历,且越来越多的企业将一线工人、技术辅助性岗位、后勤保障人员等群体的聘用实行灵活用工形式,以减轻企业固定成本,快速敏捷地开展业务。从未来增量来看,企业对国内灵活用工服务的需求将进一步提升。随着互联网技术的引入,企业创新用工模式层出不穷,但依然不能为不断增长的企业用工成本"降温"。而预计未来全球将有8亿人的工作被机器人替代,蓝领技工出现市场空白、退休人员发挥余热的渴望度提升等一系列社会发展趋势显现,在此推动下,中国的灵活用工市场将迎来更大的发展空间。

灵活用工服务机构应加强自身能力建设,树立"客户导向"思维,围绕候选人才库、精准招聘能力等核心要素,以劳务派遣为主业的服务公司也应加快向灵活用工服务领域转型发展,通过技术革新提效、外延并购等方式,进一步做大做强。此外,应当注意到,灵活用工作为一种新模式新探索,也伴随而来了新风险,如财税不合规、用工关系不合规等。从雇员本身出发,保险缴纳、薪酬待遇、人身安全、用工维权等方面如何得到合理的保障等也需尽快解决。这就需要加快法律层面、政策层面的研究,进行相关完善。

六、重庆市人力资源服务产业化发展的总体思路与政策体系

(一)总体思路

1.以体制改革为导向,推动人力资源服务市场进一步开放

顺应和适应全球化带来的专业服务贸易、投资自由化、人力资源和创新要素流动便利化趋势,要实行高水平的人力资源服务贸易和投资自由化便利化政策,并依靠技术、质量、标准、管理等方面的竞争优势参与国际人力资源服务市场竞争,推动更高层次的人力资源服务业国际合作与对外开放。稳步放宽国内人力资源服务市场准入。实施新一轮人力资源服务业扩大开放综合试点,逐步放宽人力资源服务业外资股比限制的区域和范围,特别是放宽国际人力资源服务领先产品、技术和模式的准入力度,为提高人力资源服务业的国际投资积极性提供更好的市场环境。加强人力资源服务业的国际资源对接。鼓励外资人力资源服务机构与政府合作,并通过国际认可的市场化人力资源服务手段,为国内引进海内外优秀人才和智力资源,对引入具有国际影响力的服务产品、资质、机构及活动给予相应扶持。

2.以平台整合为导向,优化人力资源服务业集聚空间布局

加速人力资源服务产业要素优化整合。借助人力资源服务产业园区的产业集聚与溢出效应,加快形成优势互补、高质量发展的人力资源服务产业区域集群布局,持续推动人力资源服务产业园区转型升级,并促使其成为人力资源服务业高质量发展的"主阵地"及先行示范区域。

深化人力资源服务产业集聚内涵。依托重庆市国家级人力资源服务产业园区的先发集聚优势和引领示范效应,鼓励不同地区结合所在区位条件、产业结构和资源禀赋等优势,优化具有自身特色、相互竞争、相互补充的产业集群,有效增强人力资源服务产业集聚的辐射带动力和区域竞争力。

完善人力资源服务产业园区准入标准。在国家级人力资源服务产业园区准入标准办法基础上,研究和制定、完善重庆市及各区县人力资源服务产业园区准入地方标准(包括物理平台、产业综合度、公共服务度等)与标识系统,为不同区域人力资源服务业标准输出与产业升级提供基础性的制度支持。

3.以产品提质为导向,促进产品业态向价值链中高端拓展

扩大普惠人力资源服务供给能力。以以技术和知识密集型为主的产业体系为

重点,聚焦人力资源服务产业链上下游延伸,推动产业体系由低质量向形成产业核心竞争优势、引领产业转型升级与带动产业体系的高质量发展模式转变,促进普惠人力资源服务消费结构升级并成为产业高质量发展的内生动力。改造与提升人力资源服务产品能级。加快培育新一代招聘技术、高端猎头、战略咨询、供应链管理、云服务平台和大数据服务等高技术含量、高附加值产品,形成适应人力资源服务新消费和提供中高端服务的多元化产品体系。

推动人力资源服务业融合发展。聚焦人才链、创新链和产业链的产业生态圈构建,加强不同产业部门的纵向与横向资源整合,推进"人才+资本+技术+服务"的跨界融合,形成更具价值型服务的协同发展产业链和创新型产品业态。

深化人力资源服务业品牌战略内涵。探索实施人力资源服务业"集群品牌升级计划",鼓励传统优势人力资源服务业态创新和自主服务品牌创立,支持申报驰名商标、驰名品牌、名牌产品等,把品牌战略作为推动人力资源服务业转型升级和提升行业"软实力"的重要途径。

4.以技术应用为导向,扩大人力资源服务数字化供给能力

深化人力资源服务产业领域的新技术应用。加强互联网、云计算、大数据、人工智能等数字化技术的深度使用,鼓励和支持互联网企业逐步向传统人力资源服务业态渗透与转型发展,促进互联网技术和人力资源服务新业态、新模式的创新融合。

扩大人力资源服务的数字化供给。引导和鼓励人力资源服务机构加快运用大数据、云计算、物联网等现代信息技术,支持和扶持一批可实际推广、替代传统服务工具和形成新技术的服务应用,提升人力资源服务业新兴产业领域的数字化服务能级。

强化人力资源服务基础数据库建设。以强化服务手段、优化商业模式、提升关键技术创新与推广应用为方向,探索建立人力资源公共数据资源开放清单制度,依法有序向符合条件的人力资源服务企业开放产业、人口、教育、医疗等有关数据信息,为高层次人才预测、有效吸引和留住中高端人才提供配套的数据服务资源。

5.以政策赋能为导向,优化产业转型升级制度环境

优化产业引导与鼓励政策。以改善人力资源服务业的投资环境为重点,提高人力资源服务产业投入领域的社会资本参与度;鼓励规模型、领军型人力资源服务企业设立产业研发类职能机构,加大人力资源服务产品、技术和模式创新研发力

度；鼓励人力资源服务企业申报高新技术企业和外向型人力资源服务机构申报服务贸易试点扩围企业等。

实施产业支持与扶持政策。加强对人力资源服务机构在办公用房补贴、就业促进项目、政府购买服务等资金方面的支持；探索组建设立人力资源服务产业发展专项资金或引导资金，对领军型、诚信型、品牌好、有特色的人力资源服务机构给予扶持；探索产业创新和试点政策，全面落实支持小微型人力资源服务企业降本减负政策，以及降低人力资源服务企业运营成本的具体可行措施；探索设立配合"一带一路"人力资源服务产业投资基金，坚持市场化、专业化和国际化的运作体制，为本土人力资源服务机构"走出去"提供配套服务。

6.以服务升级为导向，推动人力资源服务业营商环境改善

适应"放管服"的改革要求，依托产业标准、规范、数据库、公共平台、产业统计等基础支撑，统筹推进人力资源公共服务和市场服务"双轮驱动"，更好发挥政府职能在人力资源服务产业高质量发展中的宏观规划与调控作用，促进公共服务与市场化服务的协同发展。

最大限度减少不合理的制度、管制、行政审批、行业垄断等导致的制度性交易成本，并在技术研发、产品创新、专业人才引进等方面补齐公共人力资源服务"短板"，营造便利、公平的市场竞争环境。加强修订现有法规和调研地方立法，对人力资源服务产品业态、业务审查等实行更具开放性与建设性的"柔化"监管和事中事后监管，有效推动人力资源服务行业的规范化发展。

(二)政策支持

1.产业政策

"十四五"时期，重庆市将健全人力资源服务业发展体系，构建人力资源服务与产业协同发展体系，抓住电子、汽车摩托车、装备制造、消费品、材料等产业转型升级契机，针对性开展人力资源优化配置服务，强化人力资源服务业与产业发展的相互联动。同时，加强产业平台建设，建设多个国家级、市级、区县级人力资源服务产业园，充分发挥园区集聚发展和辐射带动作用。

(1)加快推进协同协作创新

深入推动成渝地区双城经济圈建设和"一区两群"协调发展，深化沟通协调机制，不断拓展跨区域、跨省份交流与合作，以项目带动推进实现资源共享、要素互通、制度互联、待遇互认，促进形成人力社保事业协同发展的新局面。同时，在成渝

两地深化就业协同方面,两地将共建公共就业综合服务平台,共享求职用工、就业监测、重点群体就业等大数据信息,共同开展公共就业服务专项活动。此外,在强化人力资源高效配置方面,将加快人才集聚,探索建立川渝籍海外人才数据库,共同做好海外人才引进工作。同时,加强专技、技能人才协同培养,推进专业技术、技能等级资格互认,建立专业技术人才职称互认机制。

(2)加快推进人才培养创新

2021年,人社部推进成渝地区双城经济圈急需紧缺人才目录编制发布工作,加强四川与重庆的合作,共同促进成渝经济圈人才集聚。由此,推动"一区"引领发展,开展创新领军人才等人才专项,支持有条件的区在创新人才引进、培养、使用等方面实行优于市级的优惠政策;推动"两群"特色发展,支持渝东北、渝东南有条件的区县建设大学生就业创业公共服务中心,并在选派专家服务团、建立专家服务基地、设立博士后科研工作站等方面予以倾斜,支持柔性引进人才,打造一支专业素养强、结构层次合理的行业人才队伍。

2.财税政策

(1)实行财政支持政策

鼓励地方统筹利用现有资金渠道支持人力资源服务业发展。人力资源服务机构应该有序承接政府转移的人才引进、人才流动、人才服务等项目,按规定享受补贴。另外,吸纳重点群体就业的人力资源服务机构,按规定享受社会保险补贴。经营性人力资源服务机构为重点群体提供就业创业服务的,按规定享受就业创业服务补助;开展就业见习的,按规定给予就业见习补贴。对具有培训资质的人力资源服务机构开展职业技能培训,符合职业技能培训补贴相关条件的,按规定纳入补贴类培训范围。

(2)落实税收优惠政策

对于人力资源服务业发展的税收优惠政策,要落实支持,做好政策宣传和纳税辅导。符合现行政策规定条件的人力资源服务机构,可享受小微企业财税优惠等政策。鼓励人力资源服务机构参评高新技术企业,符合相关标准被认定为高新技术企业的,可按规定享受相关税收优惠政策。

3.投融资政策

(1)拓宽投融资渠道

推动人力资源服务机构通过上市、发行集合信托以及公司债、企业债、中小企业私募债等公司信用类债券进行融资。鼓励股权投资基金、创业投资企业投资人力资源服务业,支持银行等金融机构开展投贷联动。鼓励社会资本以独资、合资、收购、参股、联营等方式进入人力资源服务领域。鼓励区县建立人力资源服务产业发展资金,加大对人力资源服务业创新创业的贷款支持,扩大贴息贷款覆盖范围,打造低成本人力资源服务战略洼地。

（2）完善政府购买服务

加大政府购买人力资源服务力度,将人力资源服务纳入政府购买服务指导性目录,明确政府购买人力资源服务种类、性质和内容,及时进行动态调整。鼓励通过购买专业化人力资源服务引进急需紧缺人才,促进农村劳动力转移就业,服务乡村振兴以及其他公益性服务事项。健全政府购买人力资源服务制度机制,加强合规审查和监督检查评估,提高财政资金使用效率。

4.法律法规

党的十八大以来,人力资源服务业加速迈向高质量发展阶段,政策体系不断完善,为求职就业和人力资源流动配置提供更优质的服务。各地也纷纷出台政策,加大对人力资源服务业的支持力度,推进人力资源服务业发展进入快车道。党的十九大报告把人力资源服务业发展作为建设现代化经济体系的重要内容,为人力资源服务业发展指明了方向。

（1）健全人力资源管理专业职称评审制度

依托现有资源,建设一批人力资源服务培训基地和实训基地,加快行业骨干人才和基础人才培养培训。加大人力资源服务行业领军人才培养力度,开展高级经营管理人员研修培训,打造高水平领军人才队伍和创新团队。建设人力资源服务行业智库,加强战略性、理论性、基础性研究。加强人力资源服务行业社会组织建设,发挥助推行业发展、促进行业自律作用。

（2）健全多层次社会保障体系

健全覆盖全民、统筹城乡、公平统一、可持续的多层次社会保障体系,坚持权责清晰、保障适度、应保尽保的原则,加大再分配力度,强化互助共济功能,推动社会保险事业高质量发展,不断满足人民群众多层次、多样化需求。持续深入推进全民参保计划,健全完善社会保障制度体系,进一步健全完善失业保险制度。实施更加积极稳健的失业保险政策,推动修订《重庆市失业保险条例》。研究扩大失业保险保障范围,扩大政策受益面。优化重庆市失业保险待遇发放流程,推进失业保险金"畅通领、安全办"。

（3）强化法治建设

全面落实《法治政府建设实施纲要（2021—2025年）》，推进法律规范体系建设，加强立法工作，上下联动推进就业创业、社会保险、人才开发、人事管理、收入分配、劳动关系等方面的立法和配套法规体系建设。健全法治实施体系，建立权力清单和责任清单制度，减少权力行使环节，优化权力运行流程，继续深化行政审批制度改革，创新管理服务方式。完善法治监督体系，全面推进政务公开，重点加强人社事业预决算和"三公"经费的信息公开，加大对行政许可、社会保险费征收、劳动保障违法案件查处等的公示力度，推进就业创业扶持、社会保险基金管理、职业资格认定等事项的公开，全面优化人力资源服务企业营商环境。

课题研究单位：重庆师范大学

课题负责人：王亚飞

课题主研人员：柏　颖　刘　静　靳　超　石　铭

重庆市国家级开放平台人才工作对策及建议

摘　要:国家级开放平台是实现国内国际双循环的重要战略支点,也是实现高水平对外开放的重要抓手。人才是支撑平台发展的第一资源,是建设好国家级开放平台的重要支撑。如何引进、培育、使用并创建高质量人才发展生态环境是建设好国家级开放平台的关键,也是实施好人才强国战略的基础。当前,重庆市内国家级开放平台体系建设不断完善,但开放平台的人才管理工作仍存在优化完善空间,重庆市国家级开放平台人才工作面临平台人才政策实效性不高、平台人才培养机制不健全、平台人才激励机制不完善、平台人才服务机制不灵活的问题,建议从制定更加细致优化的平台人才政策、不断优化平台人才培养机制、完善人才激励制度、营造良好的平台人才发展生态四个方面,持续不断提升重庆市国家级开放平台人才工作质量和水平,从而更好地提升开放平台能级,发挥国家级开放平台国内国际双循环的战略支点的重要作用。

关键词:重庆　内陆开放高地　国家级开放平台　人才工作

一、研究背景与意义

(一)国家级开放平台建设的重要意义

国家级开放平台是以对外开放促进国家发展的重要战略平台,国家级开放平台建设着眼于用好国内和国际"两个市场""两种资源",开展对外产品与服务贸易、促进引资和对外投资、推动国际产能合作与技术合作等,坚持内外联动,在全球范围内更好配置各种资源,以服务于国家整体发展。代表性的开放平台在改革开放初期有经济特区、各类开放城市,近年来有自由贸易试验区、自由贸易港等。

国家级开放平台不仅是实现国内国际双循环的重要战略支点,也是实现高水平对外开放的重要途径。当前,重庆市内国家级开放平台体系不断完善,两路果园港、西永、江津、涪陵、万州、永川6个综合保税区成为重庆市对外贸易的主阵地。中新互联互通项目、重庆自贸试验区、两江新区、西部(重庆)科学城、重庆高新区等国家级开放平台能级不断提升,聚集了全市80%的外贸进出口和70%的实际使用外资。创新是引领发展的第一动力,人才是支撑平台发展的第一资源,是建设好国家级开放平台的重要支撑。如何引进、培育、使用人才并创建高质量人才发展生态环境是建设好国家级开放平台的关键,也是实施好人才强国战略的基础。

(二)重庆市国家级开放平台发展概况

1. 重庆市国家级开放平台分布情况

在党中央、国务院的大力支持下,重庆已初步形成"2+2+7+9"国家级开放平台体系。

第一个"2"指两江新区、西部(重庆)科学城;第二个"2"指中国(重庆)自由贸易试验区(简称"重庆自贸试验区")、中新(重庆)战略性互联互通示范项目(简称"中新互联互通项目");"7"指重庆高新技术产业开发区、重庆经济技术开发区、万州经济技术开发区、长寿经济技术开发区、璧山高新技术产业开发区、荣昌高新技术产业开发区、永川高新技术产业开发区;"9"指两路寸滩保税港区、西永综合保税区、江津综合保税区、涪陵综合保税区、团结村铁路保税物流中心(B型)、南彭公路保税物流中心(B型)、果园保税物流中心(B型)、万州保税物流中心(A型)以及重庆检验检疫综合改革试验区,平台发展概况见表1。

表1　重庆市部分国家级开放平台建设概要

开放平台名称	设立时间	主要功能定位
重庆高新技术产业开发区	1991年	创新驱动引领区、军民融合示范区、科技体制改革试验区、内陆开放先导区,打造西部创新中心
重庆经济技术开发区	1993年	国家一流经济技术开发区、重庆产业协同创新的示范窗口、重庆开放引领高地、信息产业和智能制造高地
长寿经济技术开发区	2001年	全国一流经济技术开发区、国家新材料产业基地、重庆工业高地

续表

开放平台名称	设立时间	主要功能定位
两路寸滩保税港区	2008年	建设以智能终端产业集群为基础的加工贸易创新发展基地,以"保税+产业集群"为重点的服务贸易集聚示范基地,以"水、空、铁、公"多式联运为核心的内陆国际物流基地,打造内陆地区对外开放示范窗口
万州经济技术开发区	2010年	长江上游重要临港产业基地、渝东开放门户
西永综合保税区	2010年	辐射中西部的综合型(制造、研发、维修、物流、贸易、结算)保税区
中新(重庆)战略性互联互通示范项目	2015年	西部地区领先的互联互通和服务经济中心,"高起点、高水平、创新型"的示范性重点项目和中新合作的新亮点
璧山高新技术产业开发区	2015年	国家先进装备制造业生产基地、军民融合产业示范基地、西部地区创新示范基地
南彭公路保税物流中心(B型)	2015年	满足保税商品展示、跨境电子商务等新兴贸易仓储物流需求,为东南亚的水果、食物、木材等产品提供保税仓储服务,有效辐射"21世纪海上丝绸之路"沿线国家,形成覆盖中国—中南半岛经济走廊建设所需的保税物流功能
中国(重庆)自由贸易试验区	2017年	"一带一路"和长江经济带互联互通重要枢纽、西部大开发战略重要支点
江津综合保税区	2017年	重庆西北向和南向大通道的重要开放引擎和加工贸易基地
荣昌高新技术产业开发区	2018年	国家农牧科技产业化基地、国家轻工陶瓷产业基地
永川高新技术产业开发区	2018年	国家新型工业化示范基地、国家工业机器人高新技术产业化基地、国家双创示范基地、国家科技服务业区域示范区
西部(重庆)科学城	2020年	国家自主创新示范区、自贸试验区、国家级高新区,中欧班列(重庆)和西部陆海新通道起点
万州综合保税区	2021年	服务于万达开、渝东北的开放型经济重要平台,带动周边地区,促进三峡库区的对外经济发展,使万州成为内陆对外开放的新高地

2.重庆市国家级开放平台发展规划

近年来,重庆市非常重视平台建设工作,统筹开放平台发展,着眼推动区域协调发展,促进开放平台布局与"一区两群"发展定位和经济发展水平相衔接,推动各类平台协同发展,形成聚合效应。2021年,重庆市政府印发了《重庆市全面融入共建"一带一路"加快建设内陆开放高地"十四五"规划(2021—2025年)》(以下简称《规划》),提出实施拓展开放通道体系、完善开放平台体系、构建高质量开放型经济体系、推进高水平制度型开放、提升城市国际化水平和推动区域协同开放等六大主要任务。其中,"完善开放平台体系"是指加快构建类型齐全、功能完备、布局合理、优势互补的开放平台体系,打造一批国内外知名的标志性开放平台,发挥开放平台在内陆开放高地建设中的核心载体作用。在建设的整体方案安排上,根据《规划》要求如下。

一是优化开放平台布局,积极争取新设国家级开放平台。主要任务是加快完善果园港国家物流枢纽、重庆国际物流枢纽园区等重要节点开放功能;加强开放平台建设储备,建立开放平台梯度升级机制。

二是促进开放平台错位协同发展。主要任务是建立健全全市各类开放平台规划衔接长效机制;推动平台之间基础设施互通、数据信息共享、产业招商联动、创新政策和成果共用;完善开放平台运行机制,探索多元化的开放平台运营模式。

三是提升战略平台开放能级。充分发挥中新(重庆)战略性互联互通示范项目、中国(重庆)自由贸易试验区、两江新区、西部(重庆)科学城等战略平台的先行先试优势,用好国家赋予的更大改革自主权,加大改革创新力度,推动高端产业集聚,打造全市对外开放的制高点。

四是推动园区平台、功能平台、活动平台提档升级。聚焦优化资源配置,提升运行质量,形成聚合效应,推进园区平台做高做新、功能平台做特做活、活动平台做精做实,不断提升发展水平。

人才工作是国家级开放平台建设与发展的重要支撑和保障。站在新的历史起点上,重庆市国家级开放平台面临着新的发展机遇,同样也面临着高端人才短缺等发展挑战。

(三)重庆市国家级开放平台人才工作现状

习近平总书记在党的二十大报告中再次提出要深入实施人才强国战略,要坚持党管人才原则,坚持尊重劳动、尊重知识、尊重人才、尊重创造,实施更加积极、更加开放、更加有效的人才政策,加快建设世界重要人才中心和创新高地,着力形成人才国际竞争的比较优势,把各方面优秀人才集聚到党和人民的事业中来,为重庆市国家级开放平台做好新时代人才工作提供了根本遵循。

重庆市认真贯彻中央人才工作精神和习近平总书记重要指示要求,坚持把人才工作摆在更加突出的位置,深入实施科教兴市和人才强市行动计划,以高层次的平台聚才,以灵活的体制机制用才,以优质的服务环境留才,努力打造"科学家的家、创业者的城",持续营造"近悦远来"的人才环境。重庆已成为各类人才的向往之地、集聚之地、创业之地。陈敏尔讲到,要把人才工作放在更加突出的位置,以"近悦远来"为目标,实施更加积极、更加开放的人才政策,营造充满生机、充满活力的创新创业环境,聚天下英才而用之。2022年10月25日,在全市软件和信息服务业"满天星"行动计划推进会上,重庆市委副书记、市长胡衡华提出的四点意见中的第一条便是要强化人才引育,大力引进专业型、中高端人才,培育更多复合型、实用型人才,持续增加从业人员数量,促进年轻人创新创业。

1. 重庆市级人才政策梳理

好的人才工作机制是做好人才工作的源头活水。在人才政策环境方面,为加强海内外优秀人才聚集,重庆市相继出台了一系列人才政策,形成了较为完备的人才政策体系,如2017年的《重庆市引进海内外英才"鸿雁计划"实施办法》,2018年的《重庆市以大数据智能化为引领的创新驱动发展战略行动计划(2018—2020年)》,2019年出台的《重庆英才计划实施办法(试行)》等相关人才优惠政策,2020年的《重庆市支持大数据智能化产业人才发展若干政策措施》《重庆市大数据智能化人才分类评价实施方案》等(表2)。

表2 重庆市级人才政策梳理

序号	政策名称	发布时间
1	《重庆市引进人才优惠政策规定》	1998年
2	《重庆市引进人才优惠政策实施细则》	1999年
3	《重庆市人民政府关于进一步优化人才环境的决定》	2000年
4	《重庆市引进高层次人才若干优惠政策规定》	2009年
5	《重庆市百名海外高层次人才聚集计划实施办法》	2009年
6	《百千万工程领军人才培养计划实施办法》	2013年
7	《重庆市高层次人才特殊支持计划》	2013年

续表

序号	政策名称	发布时间
8	《重庆市引进海内外英才"鸿雁计划"实施办法》	2017年
9	《重庆英才计划实施办法(试行)》	2019年
10	《重庆市进一步加快博士后事业创新发展若干措施》	2020年
11	《重庆英才服务管理办法(试行)》	2020年
12	《重庆市加快集聚优秀科学家及其团队的若干措施》(简称"塔尖"政策)、《重庆市支持青年人才创新创业的若干措施》(简称"塔基"政策)	2021年
13	《重庆市外籍"高精尖缺"人才地方认定标准(试行)》	2022年

2.重庆市国家级开放平台人才政策梳理

建设好国家级开放平台是重庆高质量建设内陆开放高地以及参与国际化的重要支撑,因此探索重庆市国家级开放平台的人才工作机制具有重要意义。重庆市国家级开放平台,结合平台功能定位,根据重庆市相关人才政策,延伸制定了符合平台自身发展实际的人才制度,为平台人才工作高质量发展提供了强有力的制度保障(表3)。

表3　部分国家级开放平台出台的人才政策

国家级开放平台	人才政策名称	发布时间
重庆两江新区	《重庆两江新区引进高层次人才若干政策(试行)实施细则》	2014年
	《两江新区关于加快人才集聚推进创新创业的意见》	2016年
	《"两江人才"十条激励政策》	2020年
	《两江新区关于支持女性科技人才在科技创新中发挥更大作用的十项措施》	2022年
	《重庆两江新区英才服务管理办法》	2022年
西部(重庆)科学城	《"金凤凰"人才10条政策》	2022年
	《西部(重庆)科学城高技能人才国际合作先导区实施方案(试行)》	2022年
重庆璧山高新区	《璧山区鼓励科技创新二十五条政策》	2022年
万州经济技术开发区	《万州经济技术开发区高层次人才引进优惠政策暂行办法》	2016年

综上所述,党的二十大报告提出"推进高水平对外开放,稳步扩大规则、规制、管理、标准等制度型开放,加快建设贸易强国,推动共建'一带一路'高质量发展,维护多元稳定的国际经济格局和经贸关系"。根据党的二十大的总体部署,重庆市加快建设高能级的开放平台体系。作为配套的人才工作机制也在不断健全,具体表现在各平台基本实现了人才工作专班全覆盖,平台各类人才增长速度较快,各个平台依托所在行政区等基本建立了引才、育才、用才政策体系,平台人才各类服务质量持续优化。

二、重庆市国家级开放平台人才工作存在的问题及原因分析

虽然重庆市国家级开放平台人才工作取得了一定成效,但是对照建设全国有影响力的开放平台目标与要求,还存在着一定差距。一方面,平台产业生态环境不佳,对人才的吸引能力偏弱;另一方面,从软实力角度来审视,平台的引才政策、培养机制、激励机制、服务保障机制、责任落实机制、考核反馈机制等方面还存在着较大提升空间。

(一)人才政策实效性有待提升

1.人才政策体系设计不够合理

重庆市目前探索出台紧缺人才目录,但是尚未根据平台功能定位出台代表性平台紧缺人才目录,即未能对平台发展所需人才进行摸底。

一是人才对象及政策匹配精准度不高。重庆市近年相继出台一系列人才引进相关政策文件来提升对人才的吸引力,如《重庆市引进高层次人才若干优惠政策规定》《重庆市加快集聚优秀科学家及其团队的若干措施》(简称"塔尖"政策)《重庆市支持青年人才创新创业的若干措施》(简称"塔基"政策)《重庆市进一步加快博士后事业创新发展若干措施》《重庆市引进海内外英才"鸿雁计划"实施办法》《关于开展外籍"高精尖缺"人才认定工作的通知》《重庆英才服务管理办法(试行)》《"两江人才"十条》2.0版和《重庆两江新区英才服务管理办法》等。在政策执行过程中,对人才细分不够精细及其导致人才政策匹配精准度不高的矛盾日益突出。

二是平台人才政策系统性不足。研究团队对重庆两江人力资源管理有限公司调研反馈结果显示,人才政策系统性不足问题已经严重影响对不同类别人才吸引力的提升。例如,区域内"塔尖""塔中""塔基"人才政策针对性不强,未能抓住人才

关注焦点。同时区域缺乏立体性的人才政策。当前出台的主要政策,针对的主要是高层次人才、成熟型人才,对在科技创新领域能够发挥中坚作用的青年人才覆盖力度不足。例如"塔尖人才"更关注项目运转、项目团队梯队建设、项目价值转化等问题,配套政策却没有涉及。"塔中"及"塔基"人才更多关注政策带给自己及家庭的福利,例如配套资金级别问题、子女教育问题、配偶就业问题,但是他们却无法完全享受市级人才政策福利,导致这部分人才满意度较低。

三是人才政策支持力度缺乏竞争力。近年来,为提升对不同层次人才的吸引力,各地方政府相继出台新规新政,但政策实际吸引力却存在异质性特征。研究团队对重庆市两江新区、璧山区、高新区开放平台入驻公司的调研显示,68%的受访者反映重庆市现有的引才政策缺乏竞争力。具体表现为以下两个方面。第一,人才政策滞后。当前现行的部分政策都是多年前制定的,无法及时回应现实人才需求,导致政策部分激励制度对人才吸引力较弱。以2009年制定的《重庆市引进高层次人才若干优惠政策规定》为例,该政策规定,高层次人才若与用人单位签订5年以上聘用合同,其可享受一次性安家补助费政策,安家补助费最高标准为200万元,但该费用需要由用人单位承担其中一部分。第二,政策针对性不够。政策对高端人才物质激励方面规定比较完备,但对需求层次更高的科研项目、专利奖励、孵化基地、实验设施以及个税返还等方面的支持力度较弱,无法准确匹配高层次人才的真正需求。相对而言,苏州、深圳、成都、杭州、上海等地的人才政策,无论是财政支持力度,还是配套政策都更具竞争力。

四是人才政策体系"碎片化"特征明显。重庆市相继出台了多项人才引进政策,但当前市人才政策碎片化问题比较突出,体现在以下两个方面。一是各人才政策涵盖环节的"碎片化"。人才工作包括人才的引进、培养、任用以及激励保障等不同的环节,人才政策亦是一个完整的政策链条。但当前重庆市人才政策侧重"引才",对引进后人才的培养、管理和服务保障政策关注度较低,同时对人才的项目激励、生态环境、股权激励、职称评审、科研设施配套、团队建设等方面没有针对性的政策安排,出现引进人才的流出问题。二是各部门实施政策的"碎片化"。当前重庆市每个类型的人才引进、培养以及管理等政策都归口在不同的人才主管部门,而不同部门多从部门自身立场出发制定相关人才政策,缺乏统一的规划思想,导致不同部门人才政策难以协调,人才管理工作部门间协调困难,甚至出现相互冲突的现象,整体降低了人才管理效率。

五是市场化引才机制不健全。市场在人力资源流动配置中起着决定性的作用,是促进人才顺畅有序流动,解放和增强人才活力,推动实现高质量发展,为全面建设社会主义现代化国家提供有力的人才支撑和智力支持。通过高级管理人员代理招募机构引才(如猎头公司)是市场化方式引才的重要方法和途径,能有效协助当地政府缓解引才的压力和困难。近年来,重庆市高度关注市场化人力资源服务产业的发展,并于2018年在中国·重庆人力资源服务产业园建立了专业猎头基地,吸引了一批国内外知名猎头公司来渝投资设置分公司,形成猎头行业的规模化效应。虽然发展迅速,但是猎头公司市场化运作仍然受地方政策制约,导致其上升空间狭窄。

2.人才政策宣传途径不通畅

一是缺乏统一宣传口径。人才政策信息是人才引进的基础,也是人才市场上需求方与供给方初次交流的前提。人才政策缺乏统一宣传口径,导致不同部门人才信息重复发布,造成原始信息增多、改变以及缺失等现象,同时影响人才政策权威性。比如,重庆市人民政府网与重庆市人力资源和社会保障局网,作为两个综合性的政府信息宣传平台,却没有单独的关于人才政策的信息分类,相关信息分散到不同信息公开区块内,增加了意向人才对相关信息检索的难度;同时人才政策宣传部门缺少对微信等大型社交平台的布局,相关人才信息分布在不同公众号内,缺少权威、全面地专注人才政策、人才服务的宣传平台。

二是宣传渠道狭窄且形式单一。政策宣传在人才管理工作中发挥着重要作用,要使政策得到有效执行,政策的主体和客体都应该对政策有充分的认识和了解。当前,人才政策大多是复杂的长篇文字,内容细分比较多,缺乏对新政策的解读,部分人才对自己所属类别难以判断,对政策缺乏深入理解,出现人才认定与项目申报的错乱,增加了人才部门的工作负担,特别是塔基人才、一线技能人才补贴等方面。前期调研中不同类型人才针对政策宣传不到位的反响强烈,普遍反映其对于人才补贴政策等吃不透。当前,重庆市对人才政策的宣传主要是以官方的政策文件、微信公众号和网页新闻为主,宣传手段有限,同时线下宣传力度薄弱,宣传覆盖面窄。

3.政策实施效果仍有提升空间

一是综合性联络载体缺失,人才政策未形成合力。当前出台的各种人才政策都分散在不同部门内,地方政府对相关的信息没有系统的资源整合。另外,虽然各个平台制定了相关的人才政策,但是调研中普遍反映,受平台所在管委会等财力状况的影响,政策实施的效果并不能达到响应预期。同时各个政策落地需要多个部门,诸如人社、税务、旅游、医疗等部门协调协同,由于未能建立高效人才工作协调平台,各部门之间缺乏沟通,人才信息在不同部门之间的交流存在障碍,政策之间的协调配合度不够,削弱了政策的实施效果。

二是人才政策落地实施较难,缺乏具体实施细则支撑。当前重庆市政府及相关部门相继出台了一系列人才培养的政策,但进入实施阶段后缺乏配套细则和操作规范,导致实际工作开展困难。具体而言,虽然人才政策明确了具体的适用对象、标准条件、落实流程、办理时限、责任单位等方面的内容,但这些方案基本是原则性的规定,细化的具体操作规范还比较缺乏,现实操作过程中很多细节规范问题还有待解决,如项目的支持方面、企业的引才激励方面、平台载体的建设方面、人才服务保障方面、工作机制创新方面的具体操作细则,导致企业在协助单位人才申报诸如政策补助等过程中无所适从,影响了工作效率,降低了人才对各项政策的满意度。

三是人才管理部门协同困难,缺乏有效的沟通机制。人才管理工作是一项系统工程,需要相关部门之间相互配合,才能保障人才政策有效实施。目前,重庆市人才政策实行分级分地区管理,而在实施的过程中需要多个部门之间相互衔接,但不同地区、不同部门人才管理状况差异明显,且缺少有效的沟通机制,实际管理部门从本身管理现状出发,彼此之间缺乏有效的交流与沟通,使人才政策在推进过程中统筹协调困难,导致政策执行效果不佳,人才政策落地不到位,进一步加剧了人才外流。

四是人才政策监督管理机制不健全,评估体系不完善。人才政策出台后,可能会滞后于现实发展,因此,对政策的监督反馈就显得尤其重要。该机制能够发现政策本身及执行过程中出现的问题与症结,从而对相关政策及实施细则进行相应的调整。当前,重庆市对人才政策的监督与评价机制尚不成熟,未设置专门机构进行监督,也未开辟公众监督渠道,对人才政策的评价也没有形成一套完整的方案,仅仅是以政府为主体,依靠工作报告、工作会议等进行简单的评价分析,用人单位和被引进人才真正关心的问题未能及时解决,导致政策出现针对性差、不贴近实际等问题。

(二)开放平台人才培养机制不健全

1. 开放平台内部人才培养支持力度不足

内部人才培养是提升开放平台人才质量的重要途径。但目前入驻开放平台的机构,内部人才培养支持力度十分薄弱,缺乏完善、合适的内部培养体系,无论在培养方案制订、培养计划实施,还是在成果培育转化等环节都存在短板。其中的原因分为两个方面:一方面,开放平台内部企业由于入驻时间短,缺少教学资源以及人才培养经验;另一方面,平台企业缺乏人才培养意识,缺少培养人才的耐心,寄希望于直接引进来解决一切问题。

2. 平台与重庆市内高校互动不足

前期调研发现,平台企业内部人才特别是"塔中"人才,约70%的受访者都有进一步去重庆本地高校深造的计划,但由于缺少与本地高校之间的沟通机制及资源信息,平台企业人才只能搁置进修计划。同时由于沟通渠道有限,有企业愿意为高校师生提供实习机会和工作机会,并有建立长期合作的意向,但缺乏长效化合作沟通渠道,有意向来平台工作实习的高校人员、高校学生无法获得实习和工作机会,这样就导致平台企业人员、本地高校教师和学生供给需求无法匹配,双方需求都无法得到满足,平台企业人才质量提升计划就无法实施。

其中也有重庆市内乃至川渝高校资源不是非常丰富的因素。当前,成渝地区双城经济圈高等教育相比其他地区面临众多问题。一是高等教育基础相对薄弱,在高校数量、招生数量、招生比例等方面与京津冀、长三角存在差距(表4),成渝地区高校平均生师比约为19:1,远高于其他地区(表5),"双一流"建设方面也相对滞后(表6)。二是高等教育影响力不足,成渝地区高校总体排名不高,缺乏在国内外的影响力。在2021年武书连中国大学排名中,成渝地区排名最高的高校分别为四川大学排第9名、重庆大学排第27名。在排名前100的高校中,成渝地区仅有6所高校入围,而京津冀有20所高校、长三角有31所高校入围。三是高等教育协同投入力度不够,在投入经费方面,成渝地区高等教育经费投入力度与京津冀、长三角差距明显。2018年,成渝地区高等学校教育经费投入为813亿元,而京津冀高校达到1916亿元、长三角高校达到2555亿元,且国家财政性教育经费占比也更高(表7)。

表4 成渝及其他经济圈高校数量及招生数量（2019）

地区	成渝地区双城经济圈	京津冀经济圈	长三角经济圈
高校数量（所）	122	271	459
研究生招生数量（人）	57104	154297	186396
本科生招生数量（人）	292906	433981	687664
专科生招生数量（人）	332619	328014	676409

（资料来源：根据国家及各省市统计年鉴信息整理）

表5 成渝及其他经济圈高校生师比（2019）

地区	成渝地区双城经济圈	京津冀经济圈	长三角经济圈
专任教师数量（人）	95779	183795	295985
在校生数量（人）	1816556	2614882	4716508
生师比	18.97	14.23	15.93

（资料来源：根据国家及各省市统计年鉴信息整理）

表6 成渝及其他经济圈"双一流"高校及学科数量

地区	成渝地区双城经济圈	京津冀经济圈	长三角经济圈
"双一流"高校数量（所）	3	10	8
"双一流"学科数量（个）	13	58	125

［资料来源：《教育部 财政部 国家发展改革委关于公布世界一流大学和一流学科建设高校及建设学科名单的通知》（教研函〔2017〕2号）］

表7 成渝及其他经济圈高等教育经费收入情况

地区	成渝地区双城经济圈	京津冀经济圈	长三角经济圈
高等教育经费收入（亿元）	813	1916	2555
国家财政性教育经费占比（%）	56.29	67.44	62.73

（资料来源：根据《中国教育经费统计年鉴（2018）》信息整理）

通过上述数据可以看出,成渝地区高校数量及有影响力的高校数量偏少,也成为平台与高校互动的客观障碍。

3.平台之间人才培养互动机制没有建立

《2020年全市人才工作概览》报告显示,2020年平台人才互动协同已经展开:重庆市已经召开了成渝地区双城经济圈人才协同发展联席会议第一次会议,并与四川省委组织部签署合作框架协议;同时协同举办了"2020重庆英才大会""蓉漂人才日"等引才交流活动,建立成渝地区双城经济圈创新创业联盟;还推动了重庆"英才服务卡"和四川"天府英才卡"对等互认等人才合作机制。

但是存在以下三方面问题。一是缺乏长效激励机制,导致后续政策落地较差,政策实施效果不如预期。二是政策影响范围小,覆盖企业范围十分有限。在走访调研中,部分企业并未提到存在相关引才交流活动,甚至反馈希望政府牵头,带动企业到省外引才。三是平台之间人才交流互动性较差。前期调研发现,开放平台建设特色明显,其中企业异质性特征亦十分明显,部分企业人才擅长理论研究,但制造实践能力有限,有的擅长技术开发但缺乏理论研究支撑。由于缺乏沟通交流机制,平台企业无法发挥比较效应优势进行常规化人才沟通交流来实现双赢。

(三)平台人才激励机制不完善

1.针对科研人才项目激励力度不够

前期调研发现,重庆市人才激励强度远远不如其他一线城市,甚至低于周边省份部分城市。据璧山某研究院从深圳来渝的高层次人才介绍,深圳市对科研人员的政策支持力度明显大于重庆。例如,购房和租房补贴部分。深圳市场上租房价格为每月8000~10000元,而深圳市政府为相关人才提供每月只要2000元的套房租赁,与市场的差价由当地政府补齐。同时,深圳市专利奖励的力度也相对较大,据悉,凡是获国家级专利奖后,获奖人可以获得百万级别以上的货币奖励。相对而言,重庆该领域补贴相对较少。根据网上相关信息,"中国专利优秀奖—重庆市"奖补仅为50万~100万元,而且是分批次发放。重庆市内平台对人才激励的力度参差不齐,由于奖励碎片化问题十分突出,平台人才很难获取相应奖励信息,难以及时并准确地申报符合条件的奖励项目。在奖励水平较低、奖励申请成本高、申请程序复杂、奖励落实进度慢等因素的共同作用下,导致了平台吸引力下降,长期延续将陷入非良性循环。

2.科技成果转化支持机制缺乏

科技成果从理论转化为实际成果需要有多方面的人才参与,不仅需要以理论研究为主的人才类别,还需要懂制造的技术型人才,甚至需要有精通营销、推广的专业人士才能让成果被了解与认可并实现成果的转化。前期调研发现,65%左右的高科技平台企业都反映,缺乏有效科技转化支持机制,导致企业科技成果转化难,从而造成企业经营困难。具体体现在以下三个方面。一是缺乏统一的成果转化平台,导致平台内高科技企业难以通过成果转化获取利润,进而无法激励企业员工持续进行科学研究投入。二是缺乏科研成果推广人才和机构支持。目前,科技成果转化专业人才及机构更多集中在北京、上海及深圳这种大城市,重庆市科技成果转化专业人才及机构仍处于"初级阶段",无法高效率地提升整体科技成果转化率。三是缺乏可持续性的转化政策扶持。现有政策更多地集中在科技成果创造,忽视了科技成果转化环节的政策制定,导致成果越来越多,但实际转化工作停滞不前。以专利为参考,重庆市整体专利申报、授权以及专利有效量均不占优势。具体如图1所示。

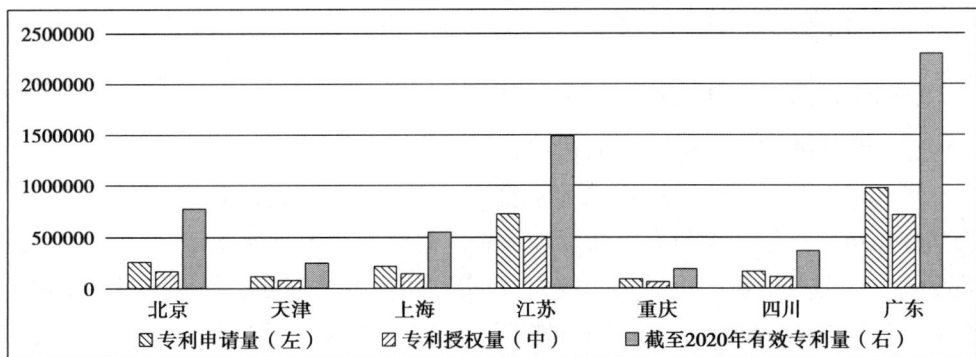

图1 2020年部分城市专利情况说明

(资料来源:国家知识产权局2020年度报告)

(四)平台人才服务保障机制不完善

1.人才服务项目种类有短板

一是服务品类不丰富,金融、社会保障、住房、交通等方面的问题没有专门平台或者专人做指引,需要人才自己探寻;二是服务过程烦琐、手续过于复杂;三是服务质量仍有提升空间,常规性服务质量难以满足相关人才期望,导致对其评价较低;四是服务部门间推脱责任、服务时间长问题十分突出,导致服务效率比较低;五是服务机构内部管理存在问题,如管理不正规,不重视工作质量提升,服务者能力与岗位要求不匹配等。

2.人才生活服务供给有短板

优质的生活服务是吸引人才的一个关键因素。近年来各国家和地方都高度重视人才工作,爱才惜才氛围日益浓厚,不断为人才提供优质的服务,充分实现"近悦远来"的感召效果。但是当前重庆市的生活服务供给还存在短板,在基础设施、住房、医疗、教育等方面还有提升空间。

一是重庆的基础设施规模及质量有待提高。以轨道交通这项重要基础设施为例,根据《中国城市轨道交通2021年数据统计与发展分析》制成表8。

表8 城市间轨道交通基本数据对比

城市	轨道交通里程 (千米)	占地面积 (平方千米)	人口数(万人)	轨道：占地
深圳	431.5	1997.47	1768	0.2160
上海	881	6340	2489.43	0.1390
广州	649.7	7434.4	1881.06	0.0873
北京	782	16410	2188.6	0.0477
成都	557.7	14335	2119.2	0.0389
苏州	254	8657.32	1274.83	0.0293
重庆	369.4	28700	1038.99	0.0129

数据显示,七个城市中,无论是轨道交通里程还是人均轨道交通里程,重庆都位于后半段。

二是配套服务及设施供给不优。为了吸引人才入渝,重庆相继出台了多项人才配套服务政策,从医疗、落户、租房、保险、税收、财政补贴、子女入学等多个方面都给予相应优惠,吸引国内以及境外人才来渝就业创业,注重引进人才的短期效应。但其留才政策的激励机制缺乏持续性与创新性,尤其是人才配套服务及设施供给不优,对留才的保障性供给关注度不高且投入不足。这就导致相关人才虽然能获得丰厚的人才补贴,但是由于配套服务供给不优,人才满意度较低,其无法长期生活在重庆,无法很好地实现留才的目标。以两江新区龙兴协同创新区为例,建设伊始以"让一杯杯科创咖啡弥漫整个园区"建设口号,吸引大批人才入驻。随着时间推进,由于区域周边配套设施和服务缺乏,目前与医院等合作的人才医疗渠道不畅通,导致入驻企业人才满意度不高,人才流失风险概率增加。

3.人才服务平台服务能力有待提升

人才服务平台是做好人才工作、服务人才的有效载体和重要抓手,加强人才服务平台建设,对于全方位培养、引进、用好人才具有重要意义。当前,重庆市开放平台人才服务能力提升却面临以下问题。首先,重庆市人才服务体系横向联动不够且体系不健全。市、区县、企业三级人才服务体系没有完全建立。部分区县人才工作力量薄弱,尚未建立集人才发展政策和生活、工作、信息咨询于一体的权威式服务平台,人才计划目标导向不明确、体系不够清晰,部门实施各项人才计划、科技计划过程中在各自为政、互不连通的问题依然突出,资源不联动、审批不集中,增加了基层工作负担。其次,人才服务部门设置不够完全。目前,重庆市个别区县开放平台没有专门的人才工作经办部门,人才服务政策落地兑现难度大。最后,人才服务平台间联动协调服务意识差。市级部门间、平台与所属区划主管部门间仍未完全实现信息互通,少数部门、单位执行政策打折扣、搞变通,没有真正落实兑现。

三、重庆市国家级开放平台人才工作对策建议

(一)制定更加科学合理的平台人才政策

1.提升人才政策适用对象的精准性

当前开放平台发展规模以及功能定位存在差异。各个平台要根据平台实际,出台具有本平台特色的精准政策。例如,人才政策制定以及人才分类要遵循各自平台功能定位以及平台优先发展的主导产业,科学精准地制定和完善人才认定标准等。一是各个平台进一步明确人才认定标准,准精施策。将现行人才认定政策重新梳理和整合,对各类型的人才进行细分,具体到某个行业、某个领域,重新界定人才认定标准,并以此为标准出台相关的各平台人才配套政策和措施,特别是针对平台急需的"塔中""塔基"人才认定范围更加明确。可借鉴苏州、深圳、杭州等人才政策实施效果较好地区的相关做法,统一认定各类人才,根据平台自身发展的主导产业进行申请和认定,形成一套完整的认定标准,同时还需要根据国家的政策方针和地区的发展需要进行补充和修改,并定期更新人才认定标准。二是明确人才称号相应政策支持内容。明确的人才认定标准,有助于人才对于政策的理解以及自我认定,可以节约时间成本,也有利于人才认定标准的宣传与解释,保证各类人才

的顺利申请和引进,减轻基层工作的压力,提高办事效率。

2.充分发挥市场化人才服务机制功效

一是发挥行业协会组织引导作用,减少猎头行业领域内无序竞争行为。通过行业协会组织,对猎头公司员工进行定期培训考核,以提升其专业素养。搭建统一的人才交流沟通平台。政府等主管部门联合企业等用人单位与猎头公司,共同建立起统一、权威的人才交流沟通平台,有效传达双方各自的信息与需求,降低信息沟通成本。例如,建立统一权威的人才招聘平台,完善政府、用人单位人才招聘机制,缩短人才市场供应链长度;政府也要积极支持和引导该行业建立相应的猎头行业协会,以规范行业标准,提升行业自律性,对行业进行监管。通过行业协会的各种规章制度来约束猎头机构的市场行为,维护行业的整体利益。同时,加强行业规范引导监督,对猎头机构健全自律机制,强化自律管理有很大的促进作用,推动猎头机构忽略价格的竞争机制,较多地关注自身品牌与声誉、人才搜寻渠道、顾问咨询服务能力与新技术的应用等硬实力方面。

二是增加扶持力度,吸引更多的优质猎头企业入驻开放平台。应借助成渝经济圈的建设,结合重庆本地区位与产业发展特色,积极发展高科技与创新产业,利用平台产业聚集所产生的人才需求吸引知名猎头入驻重庆。同时,平台应借助猎头行业发展峰会,以论坛、讲座、宣讲会等多种形式,向人才以及用人单位宣传猎头服务对人才发展和企业人力资源管理带来的积极影响,促进用人单位与猎头机构的合作与交流,提升猎头机构的社会影响力。另外,平台可借鉴深圳、苏州等地的相关措施,出台多项政策支持猎头机构发挥其市场化引才作用,比如,对入驻基地的猎头机构实行税收优惠、对其创新成果实行激励政策、扩大使用猎头机构的用人主体范围等。

3.提高人才政策宣传路径有效性

重庆市政府及各平台人才管理服务机构应加大宣传力度,拓宽宣传路径,提升宣传效率,使人才政策深入人心。

首先,修正政府综合信息平台内容,增加人才服务板块信息。在原有基础上增加"人才服务"或"人才政策"栏目以整合发布专门的信息,在官方网站开设建议窗口,对常见问题进行解答并公布,并设置一个专栏定期将问题以及解答进行整理归类然后公布,确保答疑解惑的及时性和针对性。

其次,平台建立专业化人才服务网站,专向发布人才政策信息。建议成立专业化人才服务机构负责收集、整合、二次发布相关人才政策,以确保人才支持政策信息真实、完整且全面,并方便相关人才查阅。同时可搭建人才市场供需双方线上交流平台,类似于购物软件的在线客服系统,能及时回复、处理问题。另外,优化改进现有的"愉快办"等应用及小程序内容,建议增设人才服务板块,提升人才政策宣传的即时性,及时关注用户评论等反馈,不断完善数字化政府服务。

再次,拓宽人才政策宣传宽度,提升宣传效率。借鉴陕西、四川经验,针对各大高校、产业园区、科研院所、工作站等人才聚集地做政策宣传会、论坛等,使人才深入了解现行人才政策。陕西省成立"引进高层次人才工作小组"到世界发达国家和地区进行政策宣传和讲解;四川省大规模开展北上广知名高校四川活动周等。各个平台要关注市级层面类似活动,及时跟进。

最后,加大对新媒体利用强度,提升内容理解力和吸引力。利用抖音、快手、B站、小红书、微信、微博、知乎等平台,以微电影、小短片、游戏、漫画等形式言简意赅地拆分解读政策,降低人才对政策理解的门槛和成本,提升对人才政策内容的接受程度。

(二)不断优化平台人才培养机制

1.加强对平台内企业人才培养支持力度

平台作为人才培养的载体,是人才聚集和成长的基础,大力发展各类人才平台有利于提升重庆引才聚才优势,需要予以足够的重视。聚焦战略性新兴产业和"卡脖子"领域,当前重点学科、重点技能、重点实验室等发展不足现状,科研院所、博士后流动站等高科技研究平台较少问题。

首先,平台需要加大政策扶持力度。从资金、场地、租金、服务、配套服务等方面促进人才培养基地的发展,完善高端人才服务,支持科研院所科技创新合作,在大力引才聚才的同时,着力培育一批高端科技创新人才,联合创建国家人工智能产教融合创新平台、国家产教融合研究生联合培养基地。突出培养行业产业紧缺人才、战略性新兴人才队伍。

其次,加大对青年科技人员培育力度。把培育战略力量的政策重心放在青年科技人才身上,有意识地提高市级科技项目青年人才担任负责人的比例和各系列(专业)高级职称中青年人才的比例,支持青年人才挑大梁、当主角。大力实施"智能+技能"高技能人才培育工程,努力建设一支爱党报国、敬业奉献、具有突出技术创新能力、善于解决复杂工程问题的青年工程师队伍。

最后,不断优化平台内部人才培养机制。持续扎实推进重庆英才计划、博士后倍增计划、科技成果转化人才培养工程、科技管理干部能力提升工程,大力推动"双一流"学科和博士点建设,形成基础研究人才和创新型、应用型、技能型人才梯次培养格局,为相关产业发展提供充足的人才资源。

2.加强与市内外高校人才培养互动

首先,建立完善长效高校企业沟通平台。由平台牵头,建立高水平研究型大学与平台企业间的沟通机制,鼓励跨地域、跨高校、跨学科建设研究平台和研究团队协同合作,共建重庆市人才发展平台。平台通过开展高校招聘,建立与高校的沟通桥梁,获得高校及当地政府的认可与支持,建立长期合作关系,为其拓展招聘资源和渠道奠定基础。

其次,搭建高校与企业之间实习、实践、学历技能提升的绿色通道。引导更多在校学生到平台内部参与实习、实践,为他们提供先进的实验设备和科研经费,帮助学生先一步走进社会、认识行业、提升业务能力的同时,也为他们提供精准、对口的实习与就业机会,提升学生、教师的实践能力,提高对其吸引力。与此同时,平台与高校之间可以联合开展课题与项目合作,为平台内企业、科研院所的青年人才赴高校深造、取得学位学历等提供便利通道,真正实现平台企业单位与市内外高校资源共享、人才互动。

3.加强平台之间人才培养资源共享

首先,协同人才培养政策。共同构建"塔尖""塔中"和"塔基"的人才政策体系,联合创新海外高端人才汇聚机制,协同探索柔性引才机制,联合引进与培育一批具有国际竞争力的前沿科技创新人才、高技能水平人才以及各类骨干人才的人才梯队。

其次,联合开展人才招聘,共同实施柔性引才。平台之间共同开展引才引智与宣传推介活动,在国内外知名高校、科研院所、产业园区、博士后流动站等举行联合招聘活动,同时在"一带一路"共建国家以及发达国家和地区联合进行招才引智专项活动。通过短期聘用、咨询服务、企业顾问、技术攻关、委托服务等形式柔性引进、高效聚集优秀人才资源。

再次,平台之间人才合作与共享。由政府主管部门牵头,共建重庆市人才数据库,搭建"一地引进、多地使用"的智力资源引进协调机制,实现人才资源共引共享,鼓励平台之间开展立体式、宽领域、项目化的人才合作,实现人才的优化配置。

最后,加强不同平台之间人才互派交流,建立与完善人才交流合作机制,实现跨地区、跨平台的人才互派和交流。比如,成渝经济圈"双百双千计划",每年互派100名优秀年轻干部挂职、100名医生访谈,互派1000名教师、1000名工程师交流学习等,实现平台之间人才培养资源共享。

(三)完善人才激励机制

1.加大人才项目奖励力度

一是以市场化方式确定奖励标准。对标周边省份人才项目奖励水平,对引进的优秀创新团队,可按照"一事一议"的方式确定研究团队激励方案,所需绩效工资总量实行单列追加,并相应增核用人单位绩效工资总量,为高水平人才提供有竞争力的奖励计划。二是提升平台企业科研转化奖励标准。平台企业人才若完成相应的科技成果转化,根据成果转化规模、级别,除企业内部奖励外,还可以获得来自平台职务科技成果转化现金奖励,全方位提升科技成果转化规模和转化积极性。三是探索对平台企业内境外高层次人才实施税收政策的激励方案,采用多种方式、利用不同渠道不断提升人才奖励力度,提升对高层次人才的吸引力。

2.积极引导科技成果转化

首先,不断完善科技成果转化配套政策。加大对科研成果的财物支持,同时提供对成果转化的后续配套政策,将成果转化率纳入人才考核指标当中;加大科研成果转化的保护力度,严格执行知识产权相关法律制度,加大对侵犯他人知识产权违法行为的打击力度,为成果转化的各个环节提供法律支持和制度保障,同时允许以知识产权质押融资,降低研发风险,激励人才将科研工作从理论向实践延伸,不断提升科研成果的综合效益。

其次,多方共同参与成果转化。以市场为主导,允许平台企业人才对科研成果进行自由处置,除涉及国家利益层面外,其他相关部门不得直接干预,保障人才对科研成果的收益权,合理分配股权、分红权,以市场价值回报人才价值,用财富效应激发平台人才的聪明才智。

最后,组建专门科技成果转移转化机构,配齐配强转移转化人才队伍,结合重庆市相关标准,制定平台内部技术转移转化评价标准,研究科技成果转移转化政策,为相关政策出台提供理论支持和数据支撑。机构最高设正高级职称,吸引专业人才持续为专业技术服务水平提升提供服务,提高科技成果转化服务专业性。

3.不断完善人才评价体系

第一,破除人才评定的身份壁垒,扩大企业在人才认定中的话语权。转变人才激励的平均主义、人才评价的"四唯"(唯论文、唯职称、唯学历、唯奖项)倾向,让人才评价不再一刀切,增强企业在专业人才职称认定上的话语权,形成个人素质、紧缺指数和薪酬水平"三位一体"的积分制评价体系,让人才按照重庆市需求和自身实力自主参评,进而获得相应薪酬资助。同时,针对特定产业探索专技人员职称评定积极向民营企业放权,试点龙头企业承接职称自主评审。

第二,探索国内外人才标准双向互认机制,开通绿色通道。积极开展职业资格比照认定工作,实现人才资格国内外双向互认目标。通过改革,使各类人才在重庆安居落户、子女入学等方面享受相应同等待遇,使人才价值与职称等级、岗位晋升、收入待遇等相匹配,激活企业内动力和人才发展活力,吸引更多人才到重庆创新创业。

4.加大对塔基人才的支持力度

一是加大财政投入,提升对"塔基"人才的待遇条件,多引进青年人才。以平台企业为主导,协助建立"塔基"人才待遇提升计划,不断提升对"塔基"人才支持力度,满足其对薪资的期望,降低人才流失风险,特别注重引进高等院校毕业生落户平台。

二是出台专门针对"塔基"人才相关的优惠政策,吸引本地和外地高校毕业生留渝、来渝工作创业。政府及平台管理部门出台针对性强的优惠政策,如博士签字费、硕士博士安家费、就业补贴、住房/租房补贴、生活补贴等,与此同时,协调银行资源,为高校毕业生尤其是应届毕业生,提供一定额度的免利率、低利率的住房贷款、车贷等服务,加强来渝人才的稳定性和吸引力。同时建议推广"渝北区的青年驿站"项目经验,切实减轻青年人才的创新创业、实习实训成本,加大对优秀高校毕业生来渝工作的吸引力。

三是多方合作全方位引才,全链条服务育才留才。引才方面,首先可以采用"校企结合"的方式,企事业单位根据自己的人才岗位清单在重庆重点高校开展线下校园招聘以及网络云招聘,充分发挥各大院校的作用。其次可以依靠政府的作用搭建优质人才平台吸纳青年人才。育才方面,可以建立青年人才成长基地,青年人才可以在基地参与学习培训和创业孵化实战,为基地青年人才开设学习培训并邀请专家进行教学指导,同时邀请优秀创业者对基地青年人才创新项目进行分析和指导,为青年人才免费提供创业空间与平台资源。留才方面,要从科研项目、创业融资、待遇、职业发展环境等方面予以支持,同时,要满足"塔基"人才对于住房、子女教育、配偶就业、医疗保障等方面的需求,提供全过程、全链条优质服务,为推动高质量发展提供源源不断的动力。

(四)营造良好的平台人才发展生态

1.优化平台人才服务机制

一是建立统一权威的人才工作推进机制。由政府及相关管理部门牵头,平台管理方、平台代表企业共同参与,建立人才工作小组,联合重庆市各机构以及人才部门,建立统一的人才执行标准,明确各部门和机构的详细职责,持续推进平台人才政策落地,避免执行过程出现政策重复与前后矛盾的现象,形成部门联动的完整闭合链条,协同推进人才引进、人才培养工作。

二是完善人才工作监督与反馈机制。首先,创新人才政策实施监督及反馈形式。利用网络媒体等新形式,拓宽监督渠道,创新监督形式,降低人才政策监督门槛,提高监督反馈效率。其次,建立专业化评价团队,吸纳政府主管部门实务人员、领域内专家、平台企业代表进入该评价团队,对人才引进的认定与标准,人才引进后的工作产出、创新成果进行评估,及时发现实施过程中的问题并提交完善人才政策修正案,形成一套完整的具有当地特色的评估体系。最后,构建完善的人才政策实施反馈机制。以6个月为周期,评价团队在全市范围内对开放平台人才政策实施效果进行问卷调查,以实际调研结果为基础,为下一阶段完善人才政策提供数据支撑。利用评估后的反馈信息修改与完善人才政策,实现评估与反馈的良性循环。

2.改善人才工作生活硬件和软件环境

一是加快构建现代化基础设施建设,统筹推进传统基础设施和新型基础设施建设。在成渝双城经济圈建设的基础上,积极参与京津冀、粤港澳协同发展,围绕互联互通,打造快捷的交通网,同时依靠中欧班列(成渝)、西部陆海新通道、长江黄金水道三大战略提高其通道衔接水平,加快建设交通强市,打造国际性综合交通枢纽城市、国际内陆物流枢纽和口岸高地等,推进传统基础设施建设。与此同时,重庆市应该加大对新型基础设施建设的项目资金支持,同时信息通信业要加强与公安、市政、交通和电力等领域的开放共享、集约共建,有效降低新型基础设施建设成本;并充分发挥龙头企业的牵头作用,借助其技术优势,打造重庆新型基础设施的制高点。

二是完善人才保障体系,营造良好的人才环境。在人才工作、生活领域下功夫,尤其是针对人才住房保障方面,不仅要考虑基本的住房需求问题,还要积极打造餐饮、娱乐、运动、会议、医疗、教育等综合性一体式服务场所;与此同时,还可以考虑在产业园区、科研院所等人才聚集地建造人才公寓并以优惠价格租赁给所需人才,优化不同层次人才生活居住环境。

三是健全专业化人才服务工作机构。首先,探索成立人才发展服务公司,实行市场化运作,专业化运营,向用人单位提供人才对接引进、人才项目运营、人才创业投资等服务,强化人才安居、子女入学、看病就医、人才寻访等服务保障。其次,建立"重庆开放平台人才服务平台",打造符合科技创新人才需求的"一站式"服务专窗。最后,在不同行业主管部门建立专门研究机构,配备精干力量,推进科技人才战略研究、政策制定和统计检测等工作。

3.提高平台人才荣誉感和满足感

为人才发挥聪明才智创造良好条件,营造宽松环境,提供广阔发展平台,积极构造"近悦远来"的人才生态,将人才工作放在极其重要的位置。鼓励平台人才自由探索,赋予科研人员更多学术研究自主权。建立容错机制,营造宽容失败的科研环境。积极塑造爱才惜才的社会环境和社会氛围,设立"人才月",加大表彰激励宣传力度,畅通人才建言献策渠道,提高人才政治待遇。通过表彰重庆市各行各业的榜样,加大宣传力度,积极引导社会大众学习榜样,营造全社会尊重人才及其劳动成果、尊重知识与创新的良好的社会氛围,增加人才的职业荣誉感和获得感。

课题研究单位:四川外国语大学

课题负责人:徐新鹏

课题主研人员:付小鹏　高福霞　林　川　董竞飞　翟浩淼　张亚琴
　　　　　　　　吴沁泽　王胜贤

人力资源服务业促进市场化就业问题研究

　　摘　　要：本研究首先对人力资源服务促进市场化就业进行理论研究，着重构建了市场化就业服务生态的理论分析框架，针对重庆市人力资源服务机构开展市场化就业服务中面临的主要问题，并借鉴相关典型案例的经验，提出重庆市人力资源服务促进市场化就业的若干对策建议。

　　关键词：人力资源服务　市场化就业　对策建议

一、人力资源服务业促进市场化就业的理论研究

（一）基本概念

1.人力资源服务

　　1954年，彼得·德鲁克[①]在《管理的实践》一书中首次提出了"人力资源"的概念，简单来说，人力资源是指在一个国家或地区中，处于劳动年龄、未到劳动年龄和超过劳动年龄但具有劳动能力的人口之和。随后，学界展开了对人力资源服务的相关研究，从已有研究来看，针对人力资源服务内涵的界定，主要从经济学理论[②③]

---

① 彼得·德鲁克.管理的实践[M].齐若兰,译.北京:机械工业出版社,2006.

② 张淼.入世后我国的人力资源服务[J].人民论坛,2002(1):31-32.

③ 戚燕.对我国人力资源服务企业的几点思考[J].商场现代化,2006(25):256-257.

和人力资源服务业内容①②③两个视角来展开。

综上,本研究认为,人力资源服务是指一个经济主体为其他经济主体提供的、帮助其更加合理和有效地获取、开发、配置和利用人力资源,从而提高其社会财富创造能力和效率的活动。其内容主要包括人力资源外包、人力资源派遣、人力资源培训、人力资源招聘、人力资源测评、猎头服务、人力资源管理咨询、人力资源战略咨询等。

2.市场化就业

一般而言,就业是指达到一定的劳动年龄(一般是16岁),具有劳动能力和劳动意愿的人通过从事一定的社会劳动,获得相应的劳动报酬或经营收入的活动。就业的形式多种多样,一般而言有社会化就业、市场化就业、自主创业等,其中,社会化就业是指如果劳动者在市场化竞争中无法实现就业,那么可以通过开发公益岗位、扩大基层行政事业单位和社会组织招募规模,以及发放稳岗补贴资金稳住就业岗位等方式,为劳动者提供更多就业机会。由此可见,社会化就业具有一定的公益性和保障性,而市场化就业则恰恰与此相反,市场化就业更多贯彻的是市场经济优胜劣汰的特点,具有较强的竞争性、自主性、开放性等。因此,本研究认为市场化就业是指劳动者在劳动力市场中,凭借个人的综合素质、技能等通过竞争获得就业岗位,其显著特点是优胜劣汰的竞争机制。

(二)人力资源服务业促进市场化就业的现实意义

人力资源服务业是现代服务业的重要组成部分,是为劳动者就业和职业发展、为用人单位管理和开发人力资源提供相关服务的专门行业。在我国,人力资源服务业还是国家确定的生产性服务业重点领域。人力资源服务业通过促进劳动力供给和需求的有效对接,有力促进就业。近年来,我国人力资源服务业快速发展,服务内容和模式不断丰富,行业规模不断扩大,成为促进就业的重要力量。人力资源服务业促进就业的作用,主要体现在以下五个方面。

1.通过提供及时充分的劳动力市场信息减少摩擦性失业

由于用人单位和求职者的信息不对称,部分求职者不了解用人单位需求,尽管

---

① 汪怿.发达国家人力资源服务业的发展趋势及启示[J].中国人力资源开发,2007(4):69-72.

② 萧鸣政,郭丽娟,顾家栋.中国人力资源服务业白皮书:2008[M].北京:人民出版社,2008.

③ 王林雪,郭璐.陕西省人力资源服务业集聚及其影响因素研究:以陕西省10市为例[J].西安电子科技大学学报(社会科学版),2017,27(2):83-90.

有胜任工作的能力,却难以找到适合自己的工作,造成摩擦性失业。人力资源服务业中的各级各类职业介绍机构,正是提供及时充分的劳动力市场信息的主要载体,通过帮助用人单位和求职者进行信息匹配,提供双向选择,在一定程度上减少了摩擦性失业。特别是互联网招聘平台实现了线上招聘服务,用人单位可以通过平台进行招聘,提高招聘速度,节省成本;劳动者也可以通过平台广泛搜集信息,选择最适合自己的工作。劳动力供需匹配速度更快、效果更好。特别是新冠疫情暴发后,线上招聘异军突起,人力资源服务业在促进就业中的作用发挥得更加明显。

2.通过提供职业技能培训等提升劳动者技能防范化解结构性失业

随着技术的不断进步,产业结构在不断升级,用人单位对员工技能提出了新的更高要求,员工技能如果没有相应提升,就会造成员工技能与岗位不匹配,带来结构性失业。作为人力资源服务业主要内容的职业技能培训服务,为产业转型升级中产生的结构性失业者提供了学习新技能、适应新工作的机会。尤其是对那些初次就业的人来说,经过技能培训,能使其就业比例显著上升。高质量的人力资源服务业发展,能够针对产业结构变化开展针对性技能培训,引导人力资源技能开发与产业转型升级相协调,有效化解结构性失业风险。

3.通过降低企业运营成本促进企业扩大再生产,带动更多就业

通过人力资源服务业,企业将员工招聘、技能培训、人才测评、绩效考核、薪酬管理等非核心业务外包给专业的服务机构,有助于企业专注于核心业务的发展,提升专业化水平,实现企业收益增值。当人才搜寻、咨询管理等服务由专门的服务机构提供时,企业在这些方面的成本会大幅下降。同时,人力资源服务业提供的专业服务,又可以提升员工的技能水平和工作绩效,全面优化企业的生产效率。企业专业化水平的提升和生产效率的提高,能够有力促进企业扩大再生产,从而创造更多就业。实证研究也表明,人力资源服务业发展水平与失业率水平呈显著负相关关系,即区域人力资源服务业发展水平越高,当地的就业状况就越好。

4.通过促进人力资源流动推动经济增长,创造更多就业

人力资源服务业通过就业信息提供等服务,有力促进劳动力在不同区域间流动。劳动力的流动能促进人力资源在全国范围内的优化配置,对提升人力资源在我国经济中的作用有极为重要的意义。据测算,劳动力迁移率每增加1个百分点将带来1~2个百分点的GDP增长。随着当代互联网与大数据的飞速发展,两者与人力资源服务业相结合提供多种高效地促进劳动力流动的方式,大幅提高人力资

源信息的供给效率,提升劳动力流动顺畅度与速度。人力资源流动愈加充分、范围愈加广泛,经济增长的效果就愈加明显。而且,人力资源随产业结构调整的流动会带来就业结构转型,而产业结构与就业结构的协调发展会产生巨大的经济增长效应。这些经济增长的收益,为创造更多就业提供了重要动力源。

5.人力资源服务业本身的发展也是创造就业的一个重要来源

人力资源服务业在国内外都属于朝阳行业,处于快速发展之中,自身就提供了众多的就业岗位。根据美国劳工统计局的数据,自1982年以来,美国人力资源服务业创造的就业岗位年均增幅达到8%;2004年,仅人力资源服务业提供的就业岗位就约350万个。在我国,人力资源服务业规模持续扩大,吸纳了众多劳动力。据统计,我国人力资源服务业从业人员数量从2014年的40.7万人增长到2020年的84.3万人。按照当前人力资源服务业的发展速度来看,其在未来国民经济发展中的地位将愈发重要。随着我国经济进入高质量发展阶段,人力资源服务新动能的不断形成和现代服务业的快速发展,将催生经济发展对人力资源服务的旺盛需求,人力资源服务业的行业规模和从业人员数量都将会显著增长。

总之,人力资源服务业通过提供专业化服务,能够畅通劳动力市场供需信息,提升劳动者技能水平,降低企业运营成本,促进人力资源流动,从而减少摩擦性失业,防范和化解结构性失业,促进企业扩大再生产带动更多就业,推动经济增长创造更多就业,对促进就业起到重要作用。

(三)人力资源服务业促进市场化就业的生态学基础

在传统的生态学中,生态是指由不同类型生物种群及其所处环境通过相互支持与制约而形成的动态平衡的统一整体。系统以生物为主体,呈现出具有网络式的复杂、开放的空间结构[1][2]。正是由于生态系统具有均衡、靠近、稳定、持续、互动、边界和动态性的特征以及自我维持和自我调控的能力,其核心思想近年来被逐渐应用到人力资源服务领域中,进而衍生出包含人力资源供给主体、需求主体及中介平台或组织等在内的就业生态系统。

在全球经济下行压力和新冠疫情的双重压力下,就业形势不容乐观,相比往年,腾讯、百度等不少互联网大厂不仅减少了市场招聘需求,还出现了裁员现象,因

---

① ADNER R. Match your innovation strategy to your innovation ecosystem[J].Harvard Business Review,2006,84(4):98-107, 148.

② ODUM E P,BARRETT G W.生态学基础:第5版[M].陆健健,等译.北京:高等教育出版社,2008.

此,稳就业、促民生成了政府工作的重中之重。然而,在信息大爆炸的当今社会,仅依靠单个部门、求职者等难以最大限度地实现市场化就业这一目标。因此,在市场化就业生态战略布局下,提升整个生态系统的协作能力就显得尤为重要。人力资源服务业相关企业或组织发挥桥梁纽带作用,将市场中的人力资源需求方和人力资源供给方连接起来,并对招聘、培训等相关需求进行信息整合,以便向社会和求职者精准地释放岗位需求信息,进而实现人力资源需求方、人力资源供给方等多主体间的资源共享、协同合作,减少就业过程中的信息不对称现象,最终形成包含人力资源供给主体、需求主体及中介平台等在内的市场化就业系统。

市场化就业生态系统的内涵如下。

第一,相互依存。就业问题要得以有效解决,必须具备以下条件:必须有可相互匹配的人力资源需求和人力资源供给,二者缺一不可。在经济学中,需求和供给原理几乎贯穿始终,没有需求,何谈供给,若是供给短缺,需求又如何满足,同时,需求和供给的匹配也至关重要。由此可见,一个稳定、均衡的市场化就业生态体系必须以人力资源供给、人力资源需求以及人力资源中介平台等各主体间的关联性和依存性为基础。

第二,独立稳定。市场化就业生态系统中,各主体既是相互依存的关系,又是独立的个体,各人力资源相关主体在协作中共赢,同时又相互独立。根据经济人假设,各主体又独立地追求自身利益最大化,在市场这只无形的手的作用下,各主体在追求自身利益最大化的过程中,也最大限度地实现了人力资源服务业对市场化就业的促进作用,逐渐形成独立稳定的市场化就业生态体系。

第三,共同目标。虽然人力资源需求主体、供给主体以及中介平台或组织等各自的目标都是为了实现自身利益,因此,各主体选择协同合作,实现共生共赢,但最终目标都是最大限度地实现整个社会的市场化就业问题。

(四)人力资源服务业促进市场化就业的生态系统结构

生态系统概念最早由英国生态学家坦斯利[①]于1935年提出,指在自然界的一定空间内,生物与环境构成统一整体,在这个统一整体中,生物与环境之间相互影响、相互制约,并在一定时期内处于相对稳定的动态平衡状态。1957年,沃尔·奥德逊[②]

---

① TANSLEY A G.The use and abuse of vegetational concepts and terms[J].Ecology,1935,16(3):284-307.

② ALDERSON W.Marketing behavior and executive action:a functionalist approach to marketing theory[M].Homewood,Ill.:R.D. Irwin,1957.

提出"组织化的行为系统"概念,开创了生态思想在经济领域的应用先河。随后,商业生态系统理论、创新生态系统理论、人才生态系统理论等衍生生态系统理论不断丰富,开放、协同、共生、演化等生态学思想被广泛应用于各经济社会领域[1][2][3][4]。

就业生态系统是在就业系统理论与生物学类比思想的基础上衍生的概念,将就业生态系统类比为生态系统已成为学术共识。参照自然界的生态系统运作,参与人力资源服务业的各个主体被视为物种;在一定时空范围,凡是具有相同类别的人力资源服务业主体的集合构成种群;相互之间具有直接或间接联系的种群构成群落;群落与就业环境之间发生相互作用,进而在一定范围内形成人力资源服务业与市场化就业的生态系统。因此,市场化就业生态系统可以简单概括为:在一定时空范围内,在市场机制的作用下,各主体围绕人力资源这一基本要素所开展的互动、合作、竞争等活动,进而形成的就业行为活动系统。

1.人力资源服务业促进市场化就业的生态环境

市场化就业的生态环境可以细分为经济环境、社会综合环境、法律环境和政策环境等。

第一,就经济环境而言,社会经济的发展对就业机会的增加具有决定性作用,不仅影响就业的数量,还对就业机会的质量有重要影响。一般而言,经济发展水平越高的地区,容易催生出更多的就业岗位,对人力资源的需求往往更旺盛。因此,在助推市场化就业的过程中,还应将提升经济发展水平作为首要目标。

第二,就社会综合环境而言,吸引求职者在此就业的因素中,除了工资等显性指标外,还与该地区的生活幸福指数密切相关。从自然环境的角度来看,主要表现为以气候和地形等为代表的宜居环境;从社会公共服务角度来看,主要是教育、医疗、养老等社会保障服务是否完善。因此,在打造市场化就业的生态环境过程中,还要营造良好的社会综合环境。

第三,就法律环境而言,完善的法律法规是保障各生态主体权益的重要武器,只有当各主体的权益都能得到有效保障时,市场化就业才能良好、有序推进。因为法治社会,只有完善的法律法规,才是良好且公平的就业和创业环境的重要保障。

第四,就政策环境而言,政策能够引导人力资源的流动,进而达到宏观调控就

① 胡保亮,胡晓冰,刘馨钰,等.商业生态系统中的商业模式创新研究:基于生态位的视角[J].信息与管理研究,2021,6(Z1):53-64.

② 张超,陈凯华,穆荣平.数字创新生态系统:理论构建与未来研究[J].科研管理,2021,42(3):1-11.

③ 王迪迪,张雯.人才生态系统研究综述[J].合作经济与科技,2021(9):92-94.

④ 胡斌.企业生态系统的动态演化及运作研究[D].南京:河海大学,2006.

业的目的,相关政策措施的完整配套,为用工单位、求职者及人力资源中介平台或组织提供了保障。

2.人力资源服务业促进市场化就业的生态主体

(1)人力资源供给主体:求职者

人力资源供给主体的主要来源有高校毕业生、进城务工人员、失业再就业人员、企业高管、其他在职人员等。在全球经济下行压力和新冠疫情的双重背景下,求职者应该根据自身条件和外部经济环境合理选择和正确把握就业机会。譬如,就大学生而言,必须转变就业意识,提升就业能力。针对就业意识而言,近年来,大量大学生盲目加入考研和考公大军,不少人盲目考研只是为了逃避就业压力,而对自己未来的职业生涯没有明确而清晰的规划。所以高校在学生培养方案的设计中,应该积极开展职业生涯规划讲座及相关的职业模拟实战训练等,引导学生形成符合自身条件的、可操作的职业生涯规划和目标,积极适应市场化就业需求。此外,进城务工人员作为中国特有的一个群体,其队伍十分庞大,是我国人力资源的重要供给主体之一,为中国经济发展做出了重要贡献,因此,最大限度地实现该群体的市场化就业是人力资源服务业不可回避的重要分支业务。

总之,求职者这一生态主体,是实现人力资源服务业促进市场化就业过程中必不可少的一部分,是人力资源的供给主体。因此,最大限度地帮助各求职者实现就业,是人力资源服务业必须要面临且解决的问题。

(2)人力资源需求主体:企事业单位

企事业单位作为人力资源需求主体之一,其需求变化受经济、社会环境等多种因素的影响。如宏观经济环境不景气,会导致人力资源需求主体减少对人力资源的需求,其主要表现为裁员或招聘名额减少。譬如,近三年来,在新冠疫情以及全球经济新变局等的影响下,以华为、荣耀、腾讯、百度等为代表的互联网大厂,也不可避免地出现了裁员、降薪等现象。

(3)人力资源供需中介平台或组织:人力资源服务企业

人力资源服务企业在人力资源供给主体和需求主体间扮演着桥梁作用,是市场对人力资源需求和供给的传播媒介,更是市场化就业生态系统中必不可少的一个种群。作为中介平台或组织的人力资源服务企业为人力资源需求方提供信息服务、咨询服务等,同时也为供给方提供人力资源培训、人力资源招聘、人力资源测评及人力资源战略咨询等服务,整合市场需求和供给信息,为人力资源需求和供给方提供信息服务,有利于减少招聘市场上由于信息不对称、时间滞差所引发的失业。

（4）政府

政府作为就业生态系统中的主体之一,在促进市场化就业过程中,扮演的主要角色是宏观调控者,政府相关部门制定及出台促进就业及创业的相关政策,营造良好的就业创业环境。在市场失灵的情况下,发挥宏观调控作用,从宏观上引导人力资源的流向,引导人力资源由配置过度地区向配置不足地区流动,由人力资源配置过剩行业向配置短缺行业流动,缓解人力资源在各行业、各地区及各部门间配置不均衡的问题。从制定和出台保障就业、创业政策等宏观层面出发,为市场化就业系统营造良好的生态环境。

（5）就业创业其他相关支持主体

随着义务教育、职业教育及高等教育的不断发展,我国的人均受教育水平也不断提高,作为世界上的人口大国,人力资源总量较为丰富,人力资源供给充足。但由于全球经济的不景气,企业、投资者及创业人员对未来经济预期悲观,为规避风险,就会减少投资。因此,就金融机构而言,虽然金融机构不直接参与促进就业活动,但它能够为企业经营活动、创业活动的开展等提供资金支持和保障,而这些企业的良好运营、创业活动的开展会带来更多的就业机会,进一步优化了整个市场化就业的生态系统。创业孵化机构、人力资源服务协会等其他创业就业的相关支持主体,也应积极采取相关措施:人力资源服务协会应该积极制定及出台行业规范,为促进市场化就业保驾护航;高校作为人力资源的重要培训基地,应该积极了解市场对人力资源的最新需求,将人才培养与市场需求相结合,尽可能地为社会输送可用人才。

3.人力资源服务业促进市场化就业的生态主体之间的互动关系

（1）人力资源服务企业与求职者之间的互动

人力资源服务企业作为连接人力资源需求方和人力资源供给方的桥梁,通过搭建平台,增加了求职者接触岗位、职位的机会,提高了劳动者和岗位的匹配效率,缓解了求职者与用人单位之间的信息不对称问题,在提高求职效率的同时,还能有效降低求职成本。与此同时,还能使劳动者获得培训提升、职业规划的机会,有利于求职者自我能力的提升。

（2）人力资源服务企业与企事业单位的互动

人力资源服务企业作为专门供应第三方人力资源服务的公司,以其高效率、高素质的人才输送和强大的服务可靠性而受到许多企事业单位的喜爱和认可。人力资源服务企业为企事业单位提供专业化的人事服务,包括但不限于人力资源招聘、绩效管理、薪酬调研、薪酬结构重组等，然后企事业单位向人力资源服务企业支付一定的费用。

因此，专业、可靠的人力资源服务企业不仅可以解决很多人才招聘的冗余问题，降低招聘资源和时间的成本，还可以为企事业单位提供专业化的人力资源测评、人力资源管理咨询、人力资源战略咨询等。

（3）人力资源服务企业与政府部门的互动

首先，政府应积极牵线搭台，促进人力资源需求方与人力资源服务机构无缝对接，同时，人力资源服务企业也要主动对接相关政府部门，实现与政府部门的一体联动，人力资源服务企业利用自身的行业优势和平台资源，发挥自身作为求职者与企业的沟通桥梁的作用，整合、优化、聚集各种就业创业资源。

其次，政府部门的某些业务可通过人力资源外包形式予以解决，尤其是一些阶段性的高端需求、事务性的低端工作。这样，一方面可以提高政府的办公效率和公信力；另一方面也迎合了政府转型的客观需要，能够充分发挥市场的主体作用。

最后，加大对人力资源服务企业支持力度。对于受疫情影响面临经营困难的人力资源服务企业，及时落实税费减免、资金援助、社保补贴、租金减免等政策措施。

（4）人力资源服务企业与就业创业相关支持主体的互动

人力资源服务企业应与就业创业相关支持主体相互协作，共同成长。就金融机构而言，积极推进金融机构与人力资源服务业项目的对接，引导金融机构支持中小人力资源服务企业发展，解决中小人力资源服务企业融资难的问题。支持人力资源服务企业利用资本市场进行直接融资，提高融资能力，多渠道筹措发展资金。此外，高校作为人力资源输出的重要阵地，每年向社会输送大量人才，因此，人力资源服务企业还应积极与高校对接，建立深度合作关系。一方面，人力资源服务企业可以吸纳高校毕业生进入该行业工作；另一方面，高校可以根据人力资源服务企业提供的相关信息，摸清市场对人力资源的最新需求，进而调整培养方案，切实培养社会所需要的人才。

二、重庆市人力资源服务业促进市场化就业面临的主要问题

人力资源服务业是现代服务业的重要组成部分，是为劳动者就业和职业发展、为用人单位管理和开发人力资源提供相关服务的专门行业。《重庆市人力资源和社

会保障局办公室关于开展人力资源服务机构稳就业促就业行动的通知》（渝人社办〔2022〕227号）专门对重庆市人力资源服务业促进市场化就业提出了总体要求、行动内容及保障措施。本研究为发现重庆市人力资源服务业促进市场化就业面临的问题，课题组在2022年7—12月，对重庆市人才大市场集团等10余家人力资源服务机构主要负责人、重庆师范大学等10余家高校大学生就业部门以及近100名大学毕业生、进城务工人员及灵活就业人员进行了调研。受到课题研究期间重庆市疫情频发及疫情防控的影响，调研工作原计划的问卷调查难以顺利进行，对重庆市人力资源服务机构及高校就业部门的调研，更多采取电话深度访谈的形式，访谈内容涉及《重庆市人力资源和社会保障局办公室关于开展人力资源服务机构稳就业促就业行动的通知》的行动计划主要内容，重点问及执行的效果及遇到的困难、制约因素。针对大学毕业生、进城务工人员及灵活从业人员的调查，主要通过邀请其参加专门的腾讯会议，围绕其市场化就业面临的问题及对人力资源服务机构的认知、服务内容等方面进行。根据调研的相关结果，课题组进行了分类整理，其主要存在以下六个方面问题。

（一）在招聘服务方面

人力资源服务业提供的招聘服务是实现人力资源供需匹配、促进市场化充分就业的重要支撑，然而在招聘服务开展的过程中，却面临诸多困难或问题，致使招聘服务的水平、质量相对较低。主要体现在以下三方面。一是疫情防控制约了线下招聘服务的有效开展。首先，重庆市疫情频发及严格的疫情防控政策，使大学生、进城务工人员等就业群体频繁被严格管控；其次，重庆市企事业单位特别是中小微企业受疫情防控影响，业务普遍收缩、业绩明显下滑、未来增长信心严重不足，对人力资源的净需求严重不足，甚至通过显性或隐性方式淘汰过剩员工，整个用人需求市场普遍萎缩；最后，人力资源服务行业受疫情影响，招聘服务特别是线下招聘服务难以开展。二是线上招聘的平台基础能力较为欠缺。重庆市人力资源服务企业总体规模偏小、数字化招聘平台建设水平低下、人力资源供需信息流量严重不足，虽大多机构通过直播带岗的方式开展线上招聘服务，但供需匹配的效果总体较低。三是招聘服务跨区域、跨企业的协同水平较低。重庆市人力资源服务行业企业数量众多但规模偏小，低水平恶性竞争激烈，条块分割严重，在招聘服务市场各自为政、信息割裂，难以在人力资源供需市场的招聘服务供给上形成合力，跨区域、跨企业的联合水平极为低下，致使人力资源供给和需求的匹配效率极为低下。

(二)在服务高校毕业生就业方面

高校毕业生是市场化就业服务的重要群体,促进高校毕业生充分就业是市场化就业的重要目标。然而,人力资源服务业在服务高校毕业生市场化就业方面仍存在以下三个问题:一是高校毕业生对人力资源服务机构提供的招聘服务认知水平及接纳度较低,这主要在于大学生对人力资源服务机构不够了解,缺乏足够的信任,求职渠道仍偏向于自身通过高校就业部门提供的人力资源需求信息;二是人力资源服务机构缺乏对高校毕业生市场化就业的深度服务,在服务形式或内容方面,人力资源服务机构仍主要通过协同高校就业部门,提供1~2小时的就业宣讲、直播带岗或招聘信息发布等服务,在前期的宣传、求职观念、求职能力、职业指导等方面的服务明显缺乏,服务的深度和广度明显不足;三是人力资源服务机构与高校就业部门的深度合作不够,除重庆市职业技术院校外,大多普通高校与人力资源服务机构缺乏应有的深度合作,尚未建立深度服务高校毕业生的长效机制,使人力资源服务机构对高校毕业生的市场化就业服务成效低下。

(三)在服务进城务工人员就业方面

进城务工人员是人力资源机构招聘服务的重要群体,也是市场化就业的相对弱势群体。然而,人力资源服务业在服务进城务工人员市场化就业方面仍存在以下四个问题:一是对进城务工人员市场化就业的服务深度不够,大多机构更多依托本土服务网络,开展岗位需求线下推介服务,而深度的岗位需求分析、进城务工人员职业技能评价等服务项目严重不足;二是针对进城务工人员的职业技能培训及认定的服务开展不足,虽有部分机构开展了进城务工人员的职业技能培训及认定服务,但对职业技能的要求把握不准,培训项目及课程的适应性较差,进城务工人员培训服务的满意度整体较低,技能培训、认定及职业推介的整个链条尚未有效贯通;三是疫情防控也使整个社会对进城务工人员的就业需求极度萎缩,相关进城务工人员的外包服务经营较为困难,低水平的外包价格竞争,也降低了用人单位和进城务工人员的服务满意度,外部服务的持续经营性及进城务工人员就业稳定性较低;四是劳务品牌建设滞后,品牌知名度、美誉度在用人单位及进城务工人员方面相对较低,劳务品牌对进城务工人员市场化就业的带动性不足。

(四)在市场化就业创业的指导服务方面

加强对市场化就业创业的指导服务,提升服务品质,是最终实现市场化就业的重要保障。人力资源服务机构在推动市场化就业创业指导服务方面仍存在如下问题。一是就业创业指导服务的水平低下,机构普遍规模偏小,专业性高素质人力资源从业人员缺乏,使大多人力资源服务机构尚未对就业人群开展职业规划、职业技能提升、职业观念引导、职业技能测评等相关指导服务,且服务质量整体偏低。二是人力资源服务机构与创新创业孵化基地、创新创业投资机构、就业实训基地等相关市场主体的联动性较差,导致相关要素资源难以得到有效整合,协同性整体偏低。三是就业创业技能大赛参与度不高、覆盖度低。重庆市及各区县开展的就业创业技能大赛对市场化就业的带动性不高,大赛品牌知名度较低,参与人员大多局限在已经就业人员,对高校毕业生、尚未就业的进城务工人员、熟练技术工人等人群的渗透性较差。

(五)在灵活用工市场建设方面

数字经济及其向传统产业的渗透推动了灵活用工市场的兴起及蓬勃发展,灵活用工是缓解大学生、进城务工人员等市场化就业群体就业困难及解决就业问题的重要渠道。人力资源服务机构在推动灵活用工市场建设方面,主要存在如下问题:一是大多数人力资源服务机构虽表示积极参与灵活用工市场开发,但经营的层次和水平较低,对灵活从业人员的服务定位不够清晰,各个机构之间的同质化竞争较为激烈,在特定行业、特定领域、特定岗位上缺乏持久竞争优势;二是各区县人社系统虽积极倡导灵活用工市场建设,但当地及外来人力资源服务机构之间的恶性竞争,使相对统一、信息共享的区域性灵活用工市场难以形成;三是灵活用工市场的数字化服务平台支撑水平较低,部分中大型人力资源服务机构积极推动线上灵活用工市场建设,但数字化的深度服务严重不足,信息流量极为有限,辐射人群及用人单位的范围极为有限。

(六)在人力资源服务机构自身发展方面

经济下滑等外部环境预期恶化,以及重庆市人力资源服务行业的内生性、结构性矛盾,使近年来行业发展粗放、整体质量不高、发展预期减弱、经营效益下滑。一是绝大部分人力资源服务机构业务萎缩、经营绩效下滑,并叠加企事业单位的用人需求不足,使推动市场化就业的困难增加。二是行业服务低水平、重复建设较为严重,外包或派遣等低层次服务恶性竞争,职业培训、人才素质测评、职业生涯规划、人力资源管理咨询等高附加值服务供给不足,行业的市场化集中度较低,也使整个行业对市场化就业的服务效能低下。三是绝大多数人力资源服务机构虽入驻了当地的人力资源服务产业园,但集聚而不经济、邻近而不合作的问题较为突出,园区的集聚优势没有得到有效凸显。同时,人力资源服务产业园与高等院校、工业或高新技术产业园区、创新创业孵化基地、投资机构、其他就业服务类市场主体的联动性较差,促进市场化就业或创业的多元主体协同优势尚未凸显。

三、人力资源服务业促进市场化就业的典型经验借鉴

(一)典型案例

1.龙岩市:"人力资源网上超市"

助企纾困保民生,福建省龙岩市创新推出"人力资源网上超市"稳就业平台,选派专职"支企服务专员"和兼职"援企服务专班"两支服务队伍,实现从"企业找政策"到"政策找企业",从"群众找服务"到"服务找群众",从"求职者找岗位"到"岗位找求职者"三大模式转变,多渠道促进稳岗就业。一是创新就业"全链条"网办模式。"人力资源网上超市"将涉及稳就业的政策和服务全部纳入平台,实现"一站式"办理。整合人社、医保、税务等多部门30多项惠企政策,提供就业创业、技能培训等80多项智慧服务。二是创新政企"精细化"对接服务。平台充分运用大数据、信息技术等手段,选派专职、兼职人员下沉一线,推动惠企政策精准对接。三是建设援企"专兼职"工作队伍,并面向全市重点企业、重点项目组建"服务专班",帮助企业解决补贴申领、员工招聘、技能提升等问题。

2.靖西市:建设创就业综合服务体系

"靖西市创就业综合服务体系建设"项目,依托广西南宁远哲信息咨询有限公司原有人力资源综合服务平台资源,面向零工人员、建档立卡人员、返乡回乡人员(包括大学生)等群体,提供专业且有针对性的创就业综合服务。一是建设"靖西市零工市场、靖西市农民工创就业服务中心",采用"前厅后店"模式进行布局,集求职、招工、创孵、培训、政策宣传、补贴申领等服务于一体。二是建设大学生儿童早教主题创业园,采用创业大赛的形式,发起"2020年靖西市青年大学生教培行业创新创业大赛",帮助大学生团队实现成功创业。此外,企业还自主研发了两款专门针对求职者与小微企业的信息化工具——小程序"帮扶保"和"桂优企扶"。通过这两个小程序,不仅可以为企业和就业困难人群实现无缝链接,还可以实现对已签约

贫困人员的岗位调配。

3."好工聚":县域人力资源经济服务平台

"好工聚"县域人力资源经济服务平台(以下简称"好工聚"),创新采用"线上互动＋中台数据＋线下服务"深度服务模式,专注于县域就业者的互联网一体化就业服务。通过打造县域人力资源服务产业生态链,优化县域人力资源配置,促进县域就业脱贫。"好工聚"以就业者专属服务为目标,以职业技能培训为提升,校企合作,并提供专业职业定位及职教培训,为县域就业者提供精准的定向培训与订单式就业指导安置。"好工聚"融合五大创新服务优势,让县域就业者有保障、有选择、有发展,带动县域规模就业。五大优势包括工资先行垫付保障、工伤先行赔付保障、劳动维权法律支持、离职调配再就业、一对一专属就业客服关怀。

4.FESCO创新就业模式,助力多元就业

2016年,FESCO(北京外企人力资源服务有限公司)成立多元就业促进事业部,帮助残障群体、退役军人、失业人员等群体提升技能、就业增收。一是在助残就业领域,FESCO在政府、企业和残障群体之间搭建起了集培训、就业、咨询、生活、政务服务于一体的全国助残综合服务平台。截至目前,FESCO在全国累计建成129个残疾人帮扶性就业基地,帮助1500多家企业成功安置残疾人就业,帮扶残疾人就业15000人次。二是在帮军就业领域,FESCO在北京市及各区退役军人事务局的指导下,通过开展退役军人企业导师指导、就业创业活动等,帮助退役军人提升行业认知、工作技能和创业能力。

5.凌佳佳职场帮:助力大学生求职

疫情期间,上海外服启动"求职赋能硬核行动"。通过"线上新媒体平台＋线下导师进校园",帮助大学生提升简历撰写、面试准备、心态调整等各方面的能力,积极应对求职就业与职场发展的种种挑战。上海外服深入分析大学生就业痛点与求职需求,打造"凌佳佳职场帮"小程序,内设视频小课堂、简历辅导、职位等核心栏目,通过知识赋能、实践辅导和职位发布"三位一体"的闭环设计助力大学生成功就业。上海外服在上海第二工业大学举行线下活动。"凌佳佳职场帮"的22位导师与400余名大学生面对面交流,针对大学生最头痛的9道面试题展开讨论,并指导大学生如何给出专业得体的回答。学生纷纷表示,这样的就业辅导接地气、务实效。

6.产业生态创新:科瑞国际的布局与实践

一是招考一体化。科锐国际事业单位人才招考一体化,是在疫情特殊背景下创新推出的技术产品。通过报名信息智能解析、人岗匹配、AI面试、在线面试、在线笔试等智能化技术,打破传统招聘操作及空间等限制,助力事业单位安全有序地开展人才公开招聘工作。二是人才云招聘管理系统。"就业云超市—津南区人才云招聘管理系统"由政府管理平台和企业管理平台、求职者投递平台构成,通过大数据、云计算等技术,全面掌握区域人才需求情况,为政府制定区域产业及人才就业政策提供科学依据,同时为求职者和用人单位提供精准匹配。三是禾蛙平台。禾蛙是猎头企业之间智能化协作的互联网平台,通过智能匹配猎头企业间的供需,打造人力资源供应链的生态圈,连接人力资源行业内的各服务商。四是即派盒子。即派盒子是一站式人力资源服务平台,利用大数据和算法技术,搭建高效的人力资源供应链平台。

7.58同城:普工直播狂欢日

人才是工业生产恢复的基石,为了给制造业企业提供人才支撑,助力产业优化升级,同时满足企业降本增效需求,58同城核心时段推出普工直播狂欢日,积极进行App Push引流,推出微聊线索免费送活动降低成本,并派出官方人员实勘企业,通过大曝光率、广覆盖率、高转化率的直播招聘服务,积极发挥流量保障、用户关注、效果保障三大平台优势,全面保障人才转化效果,助力企业招募贤才,夯实制造业发展根基。通过58同城直播招聘赋能,流量曝光达5.1万,收取简历量超过2000份,到面转化率45%,入职转化率达38%。

直播带岗的呈现方式更丰富、更立体,让企业端岗位更加直接、真实,求职者端更清晰了解岗位内容,促成人才供需两端更高效地链接,助力求职者解决就业问题,同时企业缓解用工难,并为中介解决了岗位真实性及品牌传播障碍,直播带岗以"一举三得"的优势,成为中介、企业和求职者之间新的桥梁。

8.BOSS直聘:灭蟑行动——打击招聘性骚扰专项

随着互联网的逐渐普及,线上招聘成为主流招聘形式。BOSS直聘明确是一个纯粹的求职招聘平台——求职者与招聘者在线上平等交流,高效沟通,成为伙伴。平台对于危害招聘求职氛围的行为不留余力地打击和处置,对求职者不够尊重,甚至进行骚扰的行为,经查实后,采取"零容忍"的态度,立刻封禁涉事招聘者的账号,终生不再为其提供服务。

招聘是一个职务行为,作为信息发布和管理的主体,公司有权利与义务对招聘者进行监管,在发现、甄别、打击不良内容上更加积极作为。加强事前审核,通过"人工智能+人工"的方式,严格把关内部信息,堵住平台审核漏洞。完善事后处置机制,畅通投诉举报通道,对涉事账号采取禁言、封号等举措,将相关主体纳入"黑名单"管理,探索对"黑名单"主体的曝光机制,避免其改头换面、死灰复燃。

对涉事企业曝光,打击不良行为和涉事市场主体,不仅提醒了求职者,更对广大招聘企业发出警示——在招聘尤其是线上招聘过程中,更好地履行主体责任,保证企业招聘行为合法合规。这有利于平台与招聘企业形成合力,有利于广大的求职者避坑,也有利于整个招聘环境的改善。

9.摆渡人:就业赋能,专业指导

疫情期间,应届毕业生就业问题越发突出,上海劳林人力资源管理咨询服务中心启动"摆渡人劳林说吧"专项计划,刻画求职者人物画像,明确自身状况,并对其多次进行一对一乐业辅导,对求职方向和职业定位进行针对性的指导,分析今后的职业发展前景、发展机遇等。同时制订职业规划,通过人岗匹配,推荐合适职位。学生们纷纷表示,这样的就业辅导接地气、务实效,真真切切地提供了就业帮助。

摆渡人在"五步工作法"的基础上,针对应届毕业生初入职场的群体,进行提炼和升华,建立应届毕业生个性档案,提供个性化的就业服务,加强心理帮扶与支撑,切实落实优化政策,充分利用政策资源,定制一套特别的乐业服务流程,缓解应届大学生就业压力,打好就业组合拳。

10.南都物业:走进校园,前置校招

南都物业持续优化校招项目,随着学生的需求而变、随着环境而变、随着渠道而变。南都梦之生项目走进校园,前置校招,从学生的角度出发增强面试能力,采用线上与线下相结合的途径和活动,持续加强企业与学生连接。线上云招逐渐步入正轨,校招工作的效率快速提升,线下招聘会开始"转型"为其他形式的雇主品牌活动。

就业辅导、面试辅导、面试官大赛等雇主品牌活动在各大高校开展,目前开始逐渐向大一或大二的学生开放,让学生的意识和行动更早发生转变。企业尽可能地让新同学走进企业,增强他们的归属感。安排他们在居住所在地就近入职实习,同时企业也会建立线上的社群,通过社群的活动与学生互动,发布企业日常的资讯和相关活动,让候选人能够提前了解组织每年都在做什么事情,发布与企业和行业相关的信息。走进企业后,HR会制定详细的带教表,制定与企业发展适配的人才标准。企业通过校招培养的人才正在帮助企业培养下一代的年轻人,年轻人的加入也会反向推动管理者自身的成长,保持年轻的心态,是保持组织活力的关键。

11.科锐国际:助力"金凤凰人才码",提供人才促就业

2022年2月,科锐国际助力重庆科学城"金凤凰人才码"的上线,第一期系统的上线整合了全市人力资源的信息、身份、诉求以及相关政策,形成了重庆市内完整、便利的人才服务系统。

一站式全流程服务。"金凤凰人才码"运行所支撑的人才服务系统,依靠大数据进行信息整合的同时加强了与有关部门的对接联系,为企业和求职者双方都提供了便利。

"一对一,代理办,陪同办"服务模式。人才服务专员与联络员共同服务,线下上门服务以及线上答疑指导服务更好地推进人才码的广泛使用和运行。

CCB建融家园。人才公寓的增量建设,为人才家庭提供贴心服务,更好地招才引智,吸纳优秀人才对岗就业。

12.七分网:"OMO"和"SAAS"双平台促就业

OMO(Online Merge Offline)在线学习平台。线上线下相融合的生态系统,为企业及员工提供了学习平台,线上直播教学授课以及相关学习软件的推出与线下教学管理相辅,帮助企业学生更好地、随时随地地进行学习。课程设置分为初级、中级、高级,覆盖了所有顾客需求,适配的课程更加有利于企业与客户的选择。

在线学习SAAS(Software as a Service)平台。这是通过网络提供的线上服务。该网站不仅提供各层级适配课程,也定制了相对完整的学习管理系统,其课程体系丰富完善,课程内容生动充实。社群运营的有序及时也是该平台的亮点之一,导师经验丰富,数字化内容针对业务痛点及各分类场景,依靠大数据拟定解决方法。线上服务平台的诸多优点促进了市场化就业。

13.领航人才:赋能新时代求职者就业

领航人才服务公益行公开课。目前90后就业人群占据主要地位,已大致成为企业的中坚力量,企业领导者需转变领导思维,突破代际差异,以更年轻化、开放化的思维,领导、管理90后员工。领导者思维的转变能更好地贴合员工思想,提升企业凝聚力,从而提升工作效率,能更好地促进企业与人才之间的沟通和联系。

大学生见习。领航人才为在校生以及应届毕业生提供兼职和就业平台,在此

平台,政府、高校、学生三方资源和企业紧密联系,前者为后者输送丰富的人才资源,后者为前者提供大量的对接岗位,解决了企业人才缺乏和人岗不适问题的同时极大地促进了就业。

14.北森:赋能求职供需精准匹配

北森PaaS平台。数字化平台针对业务痛点进行产品功能细分,满足企业个性化服务,并适用于企业后续需求,能紧跟企业发展方向,满足企业最新需求,为企业传送新人才、开发新应用。

人力分析(People Analytics)。应用北森Ocean数据平台分析,使个人或团队对企业的价值、人力资源配置的有效性、组织管理与人才管理的能力、人力资源运行的效益、组织整体绩效和运营成果等方面进行衡量,并通过数据分析使这些方面得到优化。人力资源分析一定程度上能调整企业对人才资源的规划以及人才的自我调整。

一体化HRSaaS。对企业人力资源进行全链条的管理规划,使人力资源所涉及的相关业务流程更完整,活动更规范,行事更高效。一体化的集成平台更加安全、高效,能够助力管理者智慧决策,也能促进人才自身发展,在此基础之上,人才发展将更好助力企业发展,解决企业招聘问题和人才就业问题。

15.汇博:一站式为高校解决学生就业

提高学生就业机会。依托汇博招聘平台资源及专业研发团队,按高校专业特性、市场供需为岗位进行打标,以专业、学科为基准建立企业/职位传输载体或通道,同时梳理就业率偏低的高校/专业,针对学生专业/求职意向进行精准匹配,针对性邀约企业供岗;并服务追踪,时刻关注学生投递情况,及时督促企业快速反馈。同时,长期、稳定、持续地向高校的官网、公众号、班级群等渠道输送专业对口的企业和职位信息,为学生提供更多就业机会。

加强学生就业能力。一是汇博招聘以就业市场为导向,协助高校老师、带领学生了解就业形势,开展以简历制作公开课、求职方向规划、求职陷阱识别、面试技能学习、合同签约违约、职业道德与法规、职业未来发展等为主要内容的就业指导课程,通过现场、直播、录播等形式全面、详细地为学生做出讲解和指导,为学生引航。二是联合高校与政府职能部门共同举办简历大赛,提供简历指导或职业规划;为高校学子搭建模拟面试场景,引导学生了解企业的需求和标准,提前感知职场的竞争压力,了解市场就业状况,从而发现自身问题,端正求职动机,塑造良好的求职心态和职业价值观,提升求职能力。

(二)经验启示

1.注重与当地政府、产业部门的深度合作

人力资源服务业促进市场化就业,不仅是人力资源服务行业发展所面临的瓶颈,更是不同劳动力群体生存与发展重点关心的问题。为了让人力资源服务业更好地促进市场化就业,在进一步发展人力资源服务业自身的同时又能盘活人才市场、劳动力市场,助力更多劳动群体实现就业,需要人力资源服务业与当地政府、产业部门深度合作。在前文的典型案例中可以发现,不管是部分城市的人力资源服务举措,还是其他人力资源服务机构,在实际服务过程中,政府、产业、人力资源服务业等部门之间都或多或少有一定的合作。比如龙岩市政府注重与企业的人力资源需求对接,为企业提供了多项惠企政策;北京外企人力资源服务有限公司借助网络化平台,在政府、企业、残障群体、退役军人之间搭建起了桥梁,为人力资源供需双方适配提供了助力。但是这种合作关系还需要进一步深入下去,形成一种常态化协同关联网,强化和延伸就业主体间的合作关系,辐射带动更多的就业主体参与进来,打破就业供需双方的信息壁垒,助力促进市场化就业。

2.注重对市场化就业服务能力建设

人力资源服务业促进市场化就业,其服务能力是至关重要的一环,直接影响到人力资源需求方的重视程度以及人力资源供给方的信任。而市场化就业服务能力的建设不仅仅局限于人力资源服务公司服务水平,还对市场化就业的市场环境有要求。比如典型案例中,科锐国际助力重庆科学城"金凤凰人才码"上线,借助人才服务系统,开展"一对一,代理办,陪同办"服务模式,致力于提升市场化就业的服务水平;BOSS直聘开展了灭蟑行动(打击招聘性骚扰专项),致力于改善整个BOSS直聘的招聘环境。这对于服务水平的提升以及招聘市场环境改善的重视已经初步显现,但是市场化就业服务能力建设还需要各方面统筹、系统发展,在注重服务水平提升的同时还要同步进行市场化就业环境的改善,而不是仅仅局限于其中一面的建设,忽略另一面的建设。市场化就业服务能力建设好以后,市场化就业人岗适配度更高,劳动关系能得到实质性的保护和规范,人力资源供需双方重视且相互信任,在这种情况下,人力资源服务业促进市场化就业的效率会得到很大程度的提升。

3.注重产品或服务的数字化转型

人力资源服务业的数字化是指运用先进的算法技术以及完善的底层逻辑设计出人力资源数据库,并根据人力资源数据库为企事业单位与求职者等主体提供精准化服务。随着我国5G、云计算、大数据、人工智能、区块链等技术的革新式发展,技术间的交叉融合对人力资源服务行业的赋能作用日益凸显。一方面,新技术助推了传统人力资源服务的升级和创新;另一方面,新技术扩展了人力资源服务创新的领域,助推了整个人力资源服务业产业的发展。上文典型案例无一不体现出人力资源服务业向数字化道路转型的发展趋势,例如科锐国际创新性推出人才招考一体化的技术产品,打破了传统招聘的操作和空间等限制;北森基于Ocean互联网数据平台推动的"精准引才",优化了人才招聘效率。由此可见,在全球经济下行压力下,数字化转型已经成为人力资源服务业搭建好促进市场化就业"桥梁"的必经之路。这不仅需要人力资源服务企业强化对数字化转型的认识,通过大数据和区块链技术加强人力资源服务业数据应用的精细化转变,还要引进数字化转型配套设备,同时搭建一体化人力资源服务业信息平台,实现人力资源服务业之间,人力资源服务业与企事业单位、政府和求职者之间的信息充分整合与共享,进而提高人力资源市场化配置效率。

4.注重产品或服务的差异化市场定位

面对各行业市场竞争水平加剧与人们物质生活水平提高带来的人力资源服务市场细化与人力资源需求方和供给方多元化诉求增加,人力资源服务业在促进市场化就业进程中,不仅需要提供通用性的服务内容或项目,也要明确定位自身优势和细分市场,逐步提高服务专注度,为生态主体提供更多高附加值和差异化服务的解决方案。例如在上述典型案例中,靖西市借助创就业综合服务体系,有针对性地为零工人员、建档立卡人员、返乡回乡人员(包括大学生)等群体提供创就业服务;"摆渡人劳林说吧"专项计划针对疫情期间应届毕业生就业难等问题,提供针对初入职场群体的个性化就业服务。通过差异化市场定位,细分人力资本群体的市场化配置效率得到显著提升,因此人力资源服务企业要进一步提高产品的细分程度,尽可能创造差异化服务来满足不同生态主体的多元化需求。产品或服务的差异化市场定位找准后,人力资源服务企业通过提供"专、精、深"的个性化服务能够促使人岗适配度更高,进一步推动人力资源服务业市场化,促进就业效率的提升。

2023 重庆人力资源蓝皮书
重庆人力资源服务业

四、重庆市人力资源服务业促进市场化就业的对策思考

（一）构建多元主体协同机制，打造市场化就业服务生态系统

尽管人力资源服务机构在推动市场化就业方面具有行业优势，但真正落实市场化就业的相关顶层设计，走深、走实地实现相关人群的市场化就业，则需要政府引导高校、人力资源服务机构、产业园区（含人力资源服务园区）、创新创业孵化机构、金融投资机构及其他相关利益主体，构建信息共享、链条融合、利益均沾的合作机制，立足于重庆市产业链、创新创业链、人才链、资金链、政策链建设的整体布局，瞄准全市人力资源优化配置的关键环节，打通堵点，建立链接，才能真正推动市场化就业。建议重庆市政府及人社部门从保就业、稳就业及推动后疫情时代经济复苏的战略高度，完善相关人力资源服务促进市场化就业的顶层设计及行动方案，调动科技部门、教育部门、经信部门、金融部门等相关主管部门的政策优势，形成政策合力，打造重庆市市场化就业服务生态系统。

（二）加强人力资源服务行业治理，提升行业服务市场化就业的整体质量

人力资源服务机构的地域分割、行政壁垒，制约了人力资源服务的市场化、产业化水平，行业企业之间低水平、同质化恶性竞争，使行业服务市场化就业的整体水平低下、质量不高，也导致求职人员及用人单位对服务的满意度较低、参与度不强。由此，各区县人社相关部门应打破对当地低品质人力资源服务机构的地方保护，在政府采购、公共服务等方面营造公开、公平、公正的市场环境，积极引入外来优质人力资源服务机构入驻，推动人力资源服务机构的兼并、重组及多种合作，提高行业的市场集中度；人力资源服务机构之间应积极推动市场化就业服务领域的深度合作，尤其是打破信息壁垒，建立合作机制及共享平台，提升市场化就业的整体服务质量。

（三）加强人力资源服务园区与相关工业或创新创业园区的协同，推动人力资源服务链与产业链、创新链、人才链的融合发展

人力资源服务园区积极协同其他产业或创新创业园区，在产业发展及人才服务需求强化对接，建立人才供给与产业发展、创新驱动等各环节的深度合作，主要聚焦在人才服务信息共享、市场化引才、职业技能培训及鉴定、产教融合基地打造

等领域建立长效合作机制。围绕特定产业或创新创业园区的人才需求,共同编制行业性人才需求目录,协同制作行业性、专业性、全国性人才地图,为人才供需匹配及人力资源优化配置提供重要支持;围绕产业园区的大学生、进城务工人员等市场化就业需求,共同打造区域性或行业性数字化人才综合服务平台,并通过多渠道向高校、职业院校、职业培训机构、社区推广,为更多的就业需求单位和劳动者提供人力资源供需平台服务。

(四)创新市场化就业服务内容,进一步丰富产业及服务业态

一是开展联合招聘服务。通过线上线下结合、跨区域协同、各类机构联动等方式,开展联合招聘服务活动,拓展各类线上求职招聘服务模式,安全有序开展线下招聘活动,激发促就业的倍增效应。二是开展重点行业企业就业服务。聚焦重点行业企业,提供用工招聘、人才寻访、劳务派遣、员工培训、人力资源服务外包等服务;为存在较大经营困难的行业企业,提供劳动用工管理、薪酬管理、社保代理、发展规划等实用型服务。三是开展重点群体就业服务。通过组织进校园开展专场招聘、进乡村摸清实际需求、进企业实施精准对接等方式,有针对性地开展精准招聘、创业扶持、技能培训等多样化人力资源服务,有效促进高校毕业生、进城务工人员等重点群体就业。四是开展促进灵活就业服务。进一步拓展和优化人力资源服务外包等业务,为各类企业特别是餐饮、快递、家政、制造业等用工密集型企业,提供招聘、培训、人事代理等精细化服务;建立用工余缺调剂平台,为阶段性缺工企业提供供需对接服务;广泛发布短工、零工、兼职及自由职业等各类需求信息,支持多渠道灵活就业。五是开展就业创业指导服务。对有创业意愿的劳动者,提供职业规划、创业指导、招聘用工、经营管理、投融资对接等一体化服务,通过服务创业有效带动、促进就业。六是开展优质培训服务。大力开展线上培训,积极开发和升级在线学习、直播课堂等服务项目;积极开发优化技能培训项目,按规定参与职业技能提升行动、稳岗扩岗、以训稳岗、重点群体专项培训等工作。七是开展劳务协作服务。积极组织开展跨地区劳务对接活动,努力扩大劳务输出规模,提高劳务组织水平,积极促进劳动力转移就业。八是开展欠发达地区或区县就业服务。聚焦相对贫困地区人力资源市场建设,深入开展人力资源服务机构助力乡村振兴行动,加强欠发达区县人力资源服务机构与发达地区的对口交流合作。九是开展供求信息监测服务。通过发布监测信息、开展预测分析、编制需求目录等方法,及时掌握人力资源市场供求状况,为研判就业形势、完善就业政策提供参考依据。十是开展人力

资源服务产业园区促就业综合服务。

(五)加强人力资源服务机构自身市场化就业服务能力建设,提升服务品质

人力资源服务机构应统筹推进自身能力建设与提供市场化就业服务,明确自身的主营业务范围、主打产品或优势项目,明确自身发展定位,聚焦特定服务领域,推动市场建设、流程再造、模式创新、数字化平台建设。对于中小型人力资源服务机构,切忌大而全,力争打造"专精特新"的人力资源服务机构;对于人力资源服务头部企业,应借助自身市场及管理优势,协同中小服务机构及其他相关创业就业服务主体、当地政府、大型主导产业,打造线下和线上相结合的市场化就业服务生态圈,并牵头建设行业性、区域性乃至全国性灵活用工数字化平台。

(六)推动人力资源服务业数字化转型,加强人力资源服务业信息化基础设施建设,构建智慧型人力资源服务生态

一是政府加快提升公共服务数字化水平,以"数字"为核心生产要素,以"数字经济"为引擎,以"数字思维"为引领,系统性配置资源、重塑价值。一方面应构建全面覆盖、统一规范的人力资源公共管理服务信息系统,实现数据互通共享,不断在人力资源和人力资本服务领域培育新增长点、形成新动能。另一方面,政府应该帮助和支持人力资源服务业中实力不足、转型困难的传统企业和中小企业实现数字化转型。可借鉴当前"双创"载体和平台建设的经验,以人力资源服务业中的中小企业和民营企业为主要服务对象,搭建人力资源服务产品和基础创新的共性平台,通过税收、财政和科技政策,鼓励它们进行技术创新和产品创新。

二是推进人力资源市场数字化。一方面,应用大数据、人工智能、区块链等新兴信息技术和数字化手段,打造人力资源大数据平台、人力资本金融创新平台,提高人力资源配置服务中的数字化水平与技术含量,优化再造人力资源服务模式、服务流程、服务方法、服务能力;另一方面,鼓励人力资源服务机构通过建立网络服务平台或与互联网平台合作、进行技术资金融合等方式,推动人力资源服务业向互联网领域延伸发展,推动数字化高端业态发展。

三是抓协同服务,实现产才融合新路径。一方面,培养和引进数字化转型急需的数字专业人才,在引进IT精英加盟人力资源服务行业的同时,从行业内部培养相关人才,突破行业发展瓶颈;另一方面,围绕服务就业优先战略、人才强国战略和乡村振兴战略,充分发挥中国重庆人力资源服务产业发展研究院作用,打造"一库

四中心两平台",以理论创新推动产业创新,更好地促进就业,扩大和优化人力资源配置。

课题研究单位:重庆师范大学

课题负责人:王亚飞

课题主研人员:刘　静　石　铭　黄欢欢　赵子涵　苏彦文　余金鑫

　　　　　　　　王　玺　刘　丽

产业篇

促进川渝地区人才协同发展研究

摘　要:川渝地区作为中国西部重要的经济增长极,其人才协同发展问题备受关注。本研究旨在探讨如何促进川渝地区人才协同发展,以实现地区经济的可持续发展和竞争优势的提升。研究发现,人才协同发展需要建立跨部门、跨地区的合作机制,加强政策协调和资源共享。同时,需要加大对人才的培养和引进力度,提高人才的综合素质和创新能力。此外,教育培训和创新合作也是促进人才协同发展的重要途径。基于研究结果,本研究提出了一系列促进川渝地区人才协同发展的建议。本研究的结果对于促进川渝地区人才协同发展具有一定的指导意义。

关键词:协同效应　发展战略　政策支持　跨区域合作

一、推动川渝地区人才协同发展的战略意义

川渝地区是我国经济最具活力、人才资源集聚力最强的地区之一,是全国创新资源最为密集、最具发展潜力的地区之一。川渝两地历史同脉、文化同源、地理同域、经济同体,推动人才协同发展,不仅具有良好的经济、社会、文化和工作基础,更是落实双城经济圈建设战略部署、优化区域人才发展布局的迫切需要。

(一)推进川渝地区人才协同发展,是实现区域发展战略目标的重要保障

人才资源是第一资源。成渝地区双城经济圈建设上升为国家战略,意味着将作为我国西部高质量发展的重要增长极,参与新一轮全球合作与竞争。2021年,

川渝两地经济总量为8.17万亿元,与国内长三角、京津冀、粤港澳大湾区相比,经济规模还有较大差距。川渝地区要成为国内领先城市群、世界级城市群,必须发挥人才引领发展的决定性作用,以一流人才资源特别是高层次创新型科技人才的高度聚集,加快提升供给体系质量,推动区域经济发展迈入高端。

(二)推进川渝地区人才协同发展,是赢得区域人才竞争战略主动的必由之路

2019年,川渝电子信息、装备制造(含汽摩)产业规模分别达到1.5万亿元、1.4万亿元,食品饮料、能源化工、先进材料产业规模接近1万亿元,数字经济、军民融合等产业发展迅速、潜力巨大,基本形成了以电子信息和装备制造为主导、又各有擅长领域的产业体系。两地拥有唯一的国家科技城,现有普通高校197所、政府部门所属科研院所185家,国家重点实验室、国家企业技术中心等具备一定数量规模,科教资源丰富、互补性强。加强川渝合作形成整体优势,有利于共同争取国家投入支持,推动更多国家重大项目、平台、政策落地川渝,促进人才、项目、资金等要素加快融入,成为科技创新策源地、新兴产业聚集地。

(三)推进川渝地区人才协同发展,是提升区域人才发展治理水平的现实需要

1997年川渝分治之后,两地深度合作不够甚至竞争大于合作的现象比较明显。如成都、重庆均以电子信息和汽车制造为支柱产业,能够形成上下游较为完备的产业链,但在产业协同上还缺乏有效布局,人才需求存在竞争关系,人才政策相互博弈甚至恶性竞争。受市场驱动的川渝地区区域间人才流动已趋常态化,但由于体制障碍、服务分割等问题,区域内人才流动的制度性成本较高,影响了人才资源的配置效率和发展绩效。在成渝地区双城经济圈建设上升为国家战略的背景下,需要借鉴世界级城市群协同发展机制,完善区域人才发展治理体系,促进人才资源在区域内高效配置,以人才合作促进区域协调发展。

二、推动成渝地区双城经济圈人才协同发展的主要挑战

近年来,川渝地区各级党委政府高度重视人才工作,抢抓共建"一带一路"、长江经济带发展、新时代西部大开发等战略机遇,发展势头强劲,对各方人才形成较强吸引力。但对标国家战略和高质量发展要求,对标"两中心两地"建设目标,仍有较大提升空间。

（一）人才发展基础有待夯实

"两中心"理应是人才集聚中心，"两地"理应是人才高地。当前川渝地区在人才总量、高层次人才数量、人才国际化水平等方面还存在差距。一是人才总量偏少。按照可比数据，截至2019年底，川渝人才总量1267.6万人，仅为京津冀的56.6%、长三角的32.6%，科技创新人才数量不足京津冀的60%。对照双城经济圈建设战略任务，交通、金融、生态环保等领域人才尤为短缺。据四川人社厅发布的《2019年急需紧缺专业人才目录》，云计算工程技术人员等93个职业重度紧缺。二是高端人才不多。川渝两地现有两院院士等高层次人才仅为京津冀的16.9%、长三角的17.3%，高层次创新型科技人才缺口较大。三是国际化水平不高。川渝两地具有海外留学工作背景的人才不多，熟悉国际惯例、市场交易规则和市场规律的人才较少。川渝两地2019年应届海归人才数量仅为北京、上海的1/4，川渝两地持A类长期工作证的外国高端人才数量（1293名）仅为京津冀的25.5%、长三角的4.5%。

（二）人才集聚能力有待增强

"经济圈"集聚融合各种发展要素，其核心是"聚"，第一要素是"人才"。对标国内主要城市群水平，川渝地区聚才能力还需加强。一是聚才政策竞争力不够。新一轮"抢人大战"日趋激烈，各地纷纷出台更具含金量的人才政策，仅针对"双一流"建设，广东省3年投入200亿元，湖北省5年投入150亿元，川渝2019年分别仅为5亿元、14.76亿元，吸引力相对较弱。川大、电子科大近3年流失省级以上称号人才44名，西南财大1名年薪17.5万元的青年骨干教师被广州大学以100万元年薪挖走。二是创新载体能级不高。高端科研平台稀缺，"双一流"高校不及京津冀、长三角的1/3，中国500强企业、独角兽企业数量均远低于京津冀、长三角。三是引才活动影响力不强。川渝两地近年积极举办海科会、知名高校四川人才活动周、重庆英才大会等活动，但与深圳中国国际人才交流大会、北京"一带一路"全球青年领袖荟萃活动、上海全球人才高峰会等国际性人才盛会相比，人才活动的影响力、引才成效还存在较大差距。

（三）人才协同机制有待完善

对标中央提出的双城经济圈建设要"统一谋划、一体部署、相互协作、共同实施"要求,当前两地人才合作机制还不够健全。一是统筹协调机制不够健全。受行政壁垒和区划调整影响,两地在制定人才政策上倾向于"抢跑""加码",缺乏统一的区域人才发展规划和政策衔接。成都、重庆主城都市区集聚了各自区域70%以上的人才资源,在区域协同上存在"先做大自己再说"的思想;部分市(州)、区县存在"协同等于人才流失"的担忧,协同积极性不高。人才计划、职称资格、技能等级等相互独立。二是双向流动机制不够健全。川渝两地人才评价标准存在差异,缺乏统一共享的人才信息数据库,尚未建立人才柔性流动合作机制,导致两地人才流动不畅,人才共享程度较低。2019年重庆人才流入成都占比不足14%,成都人才流入重庆占比不足18%。三是项目合作机制不够健全。高校、医院、科研院所、企业等领域内部和跨领域交叉合作不够,联合申报重大课题、科技攻关不多,2019年四川25个项目获国家科学技术奖励,其中与重庆单位合作的仅1个。跨区域合作不足导致大量科技成果"外溢",2019年两地输出技术活动成交额为1268.6亿元。

(四)人才服务保障有待提升

对标人才对创新创业便利度、高品质生活的现实期盼,两地人才服务保障还存在较大差距。一是创新创业服务供给不足。两地缺乏多元的投融资平台,对创新创业金融支持不够,各类基金数量不足、规模不大,近三年成都高新区企业获得的首笔投资90%来自省外。2018年川渝两地R&D经费支出占GDP的1.8%,远低于京津冀(3.3%)、长三角(2.8%),国家技术转移示范机构数量不到京津冀的2/5。二是市场化服务渗透不足。两地仅有国家级人力资源服务产业园2家、省级3家,高端猎头机构较少,人才市场、信息和网络建设滞后,在引进国际化人才方面作用甚微。调查表明,两地人才寻访、测评、培训等高端业态占比不到10%。三是公共服务发展不平衡。两地公共服务水平与东部发达地区差距较大,教育、医疗等优质资源高度集中在成都、重庆主城都市区,国际化社区、学校、医院等尚处于起步阶段,人才公寓建设与京津冀全覆盖推行"人才安居工程"存在较大差距。

三、加快川渝地区人才协同发展的总体思路

(一)指导思想

坚持以习近平新时代中国特色社会主义思想为指导,深入贯彻党的二十大精

神,全面落实习近平总书记关于人才工作的重要论述和关于川渝地区双城经济圈建设的重大战略部署,紧紧围绕"一极一源,两中心两地"战略目标,牢固树立"一盘棋"思维,强化一体化发展理念,以科学合理布局区域人才资源为基础,以建立健全人才协同发展机制为主动力,以实施区域人才协同发展重点任务为主抓手,加快培育集聚各方面优秀人才,最大限度激发人才创新创造创业活力,为川渝地区打造高质量发展重要增长极提供坚实的人才和智力支撑。

(二)基本原则

坚持尊重规律,市场导向。充分发挥市场配置人才资源的决定性作用,更好发挥政府作用。遵循人才成长的客观规律,激发各类人才能动性,让人才各尽其能、各展所长、各得其所。

坚持以聚为主,做大总量。立足川渝地区,拓宽国际视野,深化人才开放与合作,充分利用国际国内人才资源,持续提升区域人才竞争力、辐射力和影响力。

坚持以用为本,共建共享。把用好用活人才作为根本出发点和落脚点,共建人才队伍,共享智力资源,为人才干事创业创造机遇、搭建平台,让人才活力充分涌流,让人才价值更加彰显。

坚持政策创新,项目牵引。聚焦重点难点,深化人才发展体制机制改革,精准、系统、协调推进政策创新,加快形成具有竞争力的人才制度优势。加大人才项目实施力度,拓展政策创新载体。

(三)路径目标

按照"统一谋划、一体部署、相互协作、共同实施"的基本思路,着力构建全方位、多层次、宽领域的区域人才协同发展格局,加快建设高端人才集聚区、产才融合发展示范区、青年人才荟萃区、体制机制改革先行区,支持重庆、成都加快建设国家级创新人才高地,带动川渝地区建成具有全国影响力的人才高地。

1.建设高端人才集聚区

聚焦建设科技创新中心,以创建西部科学城为引擎,共建一批高能级创新创造平台,面向全球协同延揽一批基础科学、前沿技术领军人才。

2.建设产才融合发展示范区

聚焦建设经济中心,围绕重点产业人才需求,开放共享优质平台资源,实现人才链与创新链、产业链、资金链有机衔接。

3.建设青年人才荟萃区

聚焦建设高品质生活宜居地,贯通共享公共服务,打造多元化青年人才事业发展和交流合作平台,为川渝城市群建设培养储备一批具有明显创新潜力的青年人才。

4.建设体制机制改革先行区

聚焦建设改革开放新高地,共同争取国家人才政策改革试点,协同推进人才制度和政策创新先行先试,为新时代西部地区人才发展探索新路径。

到2025年,区域人才协同发展管理体制和运行机制基本确立,人才结构布局与川渝地区功能定位基本适应,人才协同发展的关键环节和重点任务取得积极进展,区域人才影响力和竞争力明显增强,人才合作交流成效明显,人才协同发展良性格局初步成型。到2035年,形成高效顺畅的区域人才协同发展体制机制,人才结构布局更为科学合理,人才协同协作效果突出,人才共建共享成果显著,人才创新创造创业活力竞相迸发,高层次创新型人才和各类优秀人才不断集聚,建成具有全国影响力的人才高地。

(四)区域布局

立足成渝地区双城经济圈建设总体战略,聚焦四川"一干多支"、重庆"一区两群"发展战略需要,以"双城""双圈""两翼"为重点,引导区域人才合理流动,促进区域人才高效配置,健全完善区域人才发展治理体系,加快打造人才协同发展共同体,有序有力推动川渝地区全地域、各领域人才协同发展。

"双城"。以推动高质量发展、创造高品质生活的示范标杆为目标,充分发挥成都、重庆中心城区核心引领和辐射带动作用,布局落地一批科研机构、创新平台,推进重大技术攻关,打造科技创新策源地,着力建设国际高端人才枢纽城市,形成具有全球竞争力的人才"强磁场"。

"双圈"。结合要素流动规律和产业分工布局,以培育现代化都市圈为方向,推动重庆中心城区、成都市与周边城市的人才同城化融合发展。提升重庆城市新区、德眉资等成都毗邻城市按照各区定位、功能、产业分工,吸引一批产业人才,推进重大成果转化和重点产业布局。

"两翼"。依托成渝科创走廊,促进成渝主轴沿线及周边城市积极融入,以廊道形式共育共享高端人才、产业人才,着力强化产业链、创新链和人才链协同,带动各类创新要素汇集叠加,共建川渝创新人才走廊,打造具有比较优势的人才创新策源共同体。聚焦川渝毗邻地区人才一体化发展,推动渝东北、川东北地区人才协同发展,共建特色人才统筹发展示范区。推动川南、渝西地区人才协同发展,共建各有特色的人才融合发展示范区。

加强"双城""双圈""两翼"联动互通、梯次推进,促进人才资源在川渝地区各级各类城市间合理配置、顺畅流动,统筹推进全域人才协同发展。

四、加快川渝地区人才协同发展的机制构建

(一)构建人才政策协同机制

开展政策改革试点,借鉴各地全面创新改革试验区、自贸试验区等创新举措,在人才引进、培养、使用、激励、保障等方面积极探索、先行先试,制定实施更加有吸引力的人才政策。开展川渝区域合作人才示范区建设,探索人才政策建立异地同享机制。破除体制机制障碍,鼓励人才在区域内自主流动、择业创业。建立区域一体化的人才评价制度,分级分类推动双城经济圈人才评价、职称、技能、外籍人才居留准入等互认。推动"重庆英才卡"与四川"天府英才卡"对等互认,在户籍迁徙、安居置业、创业扶持、市场开放服务等方面对等共享,推进社会保险服务协同,教育医疗资源合理共享。争取从全国范围选派优秀年轻干部到川渝地区挂职任职,选送干部人才到中央国家部委、高校、医疗机构、科研院所、大型企业和东部发达地区锻炼。探索博士服务团"项目制"管理、"订单化"实施。

(二)构建人才资源互享机制

共建共享人才招引联络、信息网络、人才数据库等资源资料,开发开放科技、教育、产业等优质资源。编制发布双城经济圈急需紧缺人才目录,共建川渝籍在外高端人才数据库。打通人才政务信息网络,共享共用高端人才智库,开放高端人才重要信息跨地区查询,推动川渝人才诚信体系建设。推行院士专家产业园、工作站和周末工程师等柔性引才用才模式,按规定兼职兼薪、按劳取酬,促进区域优秀人才资源高效利用。实施"万名专家进千企"行动,省市联合组建专家服务团,开展技术攻关、人才培养、咨询服务,促进专家人才与企业的有效对接。组织"川渝人才进基

层"行动,互派专家到艰苦边远地区开展技术指导、示范培育等,助力乡村振兴、服务基层治理。鼓励区市州县结对促进人才发展。鼓励川渝地区高校面向全球招生,引进更多优秀博士后和青年学者。

(三)构建人才平台共建机制

合力建设区域性重点实验室、工程技术中心、科研基地等重大平台,共建一批新型科研机构,搭建一批成果转移转化平台。打造省(市)校、地区、校校、企企、校企等立体化人才合作网络,鼓励组建高校、科研院所、行业产业等各类人才发展联盟或联合体。发挥科协、侨联、智库等组织作用,鼓励开展多领域、多层次、项目化人才合作。支持两地高校、科研院所、园区、企业等共享共用产学研平台。共同构建海外人才联合创新创业基地,通过"圈内注册、海外孵化、全球运营",聚海外优秀人才以用之。共享专家服务基地、国情研修基地和干部人才培训平台,联合组织专家人才研学研修,促进跨区域合作和跨界交流。

(四)构建人才市场连通机制

建设规范、统一、灵活的人力资源市场体系,大力发展专业性、行业性人才市场,建立协调一致的区域人才市场准入制度,促进人才合理流动。探索推进技术交易和要素流动市场一体化改革。建立人才培养的市场调节机制,结合产业发展和企业需要,灵活调整人才培养方向。积极培育各类人才服务机构,鼓励发展人才测评、猎头等高端服务机构。支持用人主体通过招聘中介、高端猎头等市场化渠道,延揽高层次人才和急需紧缺人才。大力发展人力资源服务产业园联盟,支持组建跨区域人才发展集团,共建市场化引才载体。支持两地人才中介机构竞标承接人才相关政府采购项目。建立区域人才交流合作的利益分配机制和激励机制。

(五)构建人才活动联办机制

常态开展"院士专家川渝行"等活动。协同举办重庆英才大会、中国西部海外高新科技人才洽谈会、蓉漂人才日等重大引才活动,定期组团赴外招才引智,共同策划引才引智活动及宣传推介。加大海外特别是"一带一路"共建国家和地区人才招引力度,协同开展全球高端人才招揽。通过联合主办方式,推动重庆英才大会、中国西部海外高新科技人才洽谈会等活动规格升级。联合打造具有影响力的引才活动品牌。参照"西部之光""博士服务团"做法,开展百名优秀年轻干部互派挂职计划,实施教育、医疗等领域专技人才、高技能人才互派交流。引导人才向艰苦边远地区和基层一线流动。

五、加快川渝地区人才协同发展的主要任务

(一)加快集聚科技创新型人才

着力强化川渝综合性科学中心对顶尖科学家和高端研究人才的集聚功能。以形成具有世界领先水平的综合性科学研究基地为方向,联合打造一批重大科技创新平台和新型研发机构,推动重大原始创新和颠覆性创新,加快汇集国内外战略科学家、一流科技领军人才和创新团队。针对生命、材料、电子信息、航空航天、智能制造等重点科学领域,瞄准突破共性关键技术尤其是"卡脖子"技术,强化战略科技力量,打造原始创新集群,夯实基础研究人才支撑,加大卓越工程师培养力度。围绕重大科研项目、前沿学科研究计划等重点任务的组织实施,在全球范围联合延揽基础科学研究、应用基础研究、关键技术研发等人才资源。吸引高水平大学、科研机构和创新型企业入驻,推动人才开放共享。

优化重点区域科技创新人才布局。高水平推进西部(重庆)科学城建设,打造"科学家的家、创业者的城"。推广实施"金凤凰"人才政策,着力引进诺贝尔奖获得者、图灵奖获得者、"两院"院士等国内外顶尖科研人才,鼓励青年科学家开展科学研究,对高校科研人员兼职创新的工作量和相应绩效给予同等认可,对在职离岗创业的科研人员连续计算工龄、正常晋升职称。建立首席科学家办公室、科学家小镇,支持高校建设创新创业学院。壮大科技企业,建设一批产业技术联盟,发展科技产业和科技服务人才队伍。推动两江新区加快建设科技创新中心核心承载区,彰显"科创+产业"内涵,瞄准新兴产业设立开放式、国际化高端研发机构,重点培育聚集一批研发型、创新型科技人才,强化人才与产业、生活、生态协同融合发展,构建全要素全链条创新生态系统,建设具有重要影响力的全球创新要素集聚高地、科技创新及产业创新重要策源地。

提升科技人才协同创新能力。着眼共性基础技术、前沿引领技术开发,充分汇聚科技创新人才合力,促进产学研用深度融合。支持两地高校、科研院所、企业联合建设研发机构、组建创新联合体,共引共用行业专家、高端研究人才和技术研发人才。加强产业创新中心、技术创新中心、制造业创新中心、工程研发中心等平台

技术合作与人才交流。围绕共同争取重大创新平台、共担国家重大科技任务、联合开展技术攻关、共同申报科技创新重大项目、共用大科学仪器设备、参与国际大科学计划和大科学工程等,深化川渝地区高端科技人才协同协作。探索推动技术经纪人队伍建设。完善知识产权快速协同保护机制。

加大科技创新人才政策扶持。支持引进国内外顶尖高校和科研机构在川渝地区合作建设研究院、研发中心,设立长期、灵活、有吸引力的科研岗位。深化"放管服"改革,创新科研资金管理,探索实施项目"包干制"等改革举措。积极推进职务科技成果所有权或长期使用权改革试点。建立健全科技人才信用管理机制,实施科技人员澄清保护制度。推动科研资金跨区域使用、科技创新券通用通兑。加大对科技创新人才先进成果的支持,为创办企业提供财政、金融、融资上市等综合"政策包"。加大青年科技人才支持。

(二)推动交通能源水利人才队伍建设

推动交通人才队伍建设。加大航空、轨道、公路、航运、客货运输等专业人才培养力度。围绕机场、港口、客货运站等运行建设,加强交通枢纽运营管理、设施建设、综合服务等方面人才的交流合作。开展川渝两地交通干部人才互派挂职任职、研修研学,共同组织赴东部地区访学。推动船舶专技人才职称制度落地。组建由多方参与的船舶专家智库。支持两地有条件的高校、职业院校开设邮政快递业类专业,系统化培养专业人才。共同组织或参与邮政职业技能竞赛,推动快递行业工程技术职称互认政策制定实施。开展川渝交通执法人才培训和业务交流,探索建立交通执法专业人才库。

推动能源人才队伍建设。围绕川渝优势能源资源,培育石油、天然气、水电等传统能源和太阳能、氢能、风能等新能源领域专业人才。大力培养引进能源新技术、新工艺等方面的高端研发人才和团队,加强汽车新能源等应用研发人才培养。共推川渝天然气千亿立方米产能基地建设,培引一批油气专技人才和能源科研机构。加强川渝地区在电力、天然气、石油等重点领域的人才交流。轮流举办川渝电力交易行业技能竞赛。依托高校和行业职业院校,开展新能源和能源新技术、新工艺等培训,建设川渝能源行业高素质人才培养培训基地。

推动水利人才队伍建设。围绕规划计划、勘察设计、施工建设、运行管理、水生态建设、水文检测等细分领域,科学搭建领军人才、青年拔尖人才、基层人才等构成的水利人才梯队。支持长征渠、长江沿岸廊道等重大工程建设,重点培养水利工程建设管理、水资源与水生态环境保护、流域综合管理等方面人才。根据川渝防洪减灾、水文测报需要,加强防洪减灾联合调度和综合管理人才培养,建立水文首席预报员制度。促进水利人才互派交流、培训研修、专家互享,探索建立水利人才共育共享常态机制。深化两地水利高职院校等人才培养基地建设与合作,共同培养水利事业发展所需专业人才。

(三)协力推进现代产业人才培养

壮大制造业人才队伍。以推动川渝地区制造业高质量协同发展为方向,聚焦汽车、电子信息、高端装备、特色消费品、先进材料、大健康等具有国际竞争力的先进制造业集群,培养造就一支规模宏大、素质精良的战略性新兴产业人才队伍。建设高素质创新型经营管理人才队伍,培养和汇聚一批技术精湛、技能熟练的产业人才,助力承接产业转移示范区重点园区建设。以制约重点产业链和未来产业发展的关键技术瓶颈为靶向,联合推进产业创新平台建设,支持设立智能网联汽车、人工智能、传感器、智能制造装备、轻量化材料、生物医药等领域研发机构,加大研发人才引育。鼓励川渝地区制造业企业与职业院校的合作,共建技能人才培训基地,开展定制化、订单式等多形式人才培养。对以"一区多园""飞地经济"方式建设的开发区、产业集聚区,支持实施柔性引才,共享共用人才。

加快集聚数字产业人才。适应"云联数算用"要素集群和"芯屏器核网"全产业链建设需要,着力打造数字产业人才队伍。共同推进国家数字经济创新发展试验区建设,探索数字产业人才育用新机制。深化成都天府软件园、重庆两江数字经济产业园等园区合作,大力培养集成电路、新型显示、智能终端、大数据、人工智能等专业人才。共建数字经济交流平台,促进研发创新、产业培育、标准研制等人才合作。编制川渝数字产业人才需求目录,精准引进急需紧缺人才。支持高校开设人工智能、智能网联汽车、网络安全等数字经济专业,结对共建数字经济专业"双一流"学科。鼓励高校与企业联合办学。加快建设工业互联网一体化示范区,吸引工业互联网领域人才创新创业。

大力发展现代服务业人才队伍。积极培育研发设计、科技服务、商务咨询、人力资源服务等领域专业性和生产性服务人才,推动先进制造业与服务业融合发展。支持川渝毗邻地区建立人力资源服务产业园,加大引才育才市场化专业支持力度。举办"川渝十大工业设计师"评选,培养发掘工业设计人才。支持重庆高新区大力发展研发孵化、软件信息、检验检测、数字文创、科技金融等高技术服务人才。联合举办中国(西部)物流产业博览会,加强物流人才交流合作。围绕跨境电子商务综合试验区建设,培养高水平、国际化电子商务人才。协作共建西部金融中心,加大银行、证券、保险、基金、债券、金融科技、普惠金融等金融人才培养力度。加强新型金融人才引育,培养国际化高端金融人才。支持高校开设互联网金融、国际金融、农业金融等学科专业,鼓励金融机构设立博士后科研工作站。共建金融研究机构,集聚一批金融研究和产品研发人才。开展专家讲座、专题培训、实地研学、论坛会议、公务互访等活动,促进金融人才交流研修。推动两地金融人才任职经历、专业职称互认,鼓励双向柔性引进金融人才,互享互通金融专家人才信息。

强化军民融合产业体系人才支撑。推动军地通用专业人才一体化培养。围绕航空航天、集成电路、软件开发、新材料、智能装备等方向,优化军地院校学科结构,提升军民融合人才培养质量。开展文职人员专业改训培训、退役士兵职业技能培训和鉴定,培养退役士兵硕士研究生。发挥川渝部队教育资源特色优势,为培养地方急需紧缺人才服务。支持军队院校、科研机构加强军民装备科研生产人才培养基地建设。依托陆军军医大学等军队院校,开展医疗人才军民融合培养。发挥物流、通信、医疗等高端军地通用人才作用,促进地方经济建设。鼓励和推荐川渝高校优秀毕业生报考军队文职人员。

培养川渝现代高效特色农业带建设人才。依托涉农科研院所、乡村建设学院、农广校等机构,分层分类构建现代高效特色农业人才培训体系。针对不同业态,联合举办专题培训班,开展种养、加工、销售全产业链培训。大力培育高素质农民和农村致富带头人,实施家庭农场农民合作社经营管理人才提升行动。建立农业农村科技人才联合培养机制。加大农业农村高科技领军人才、科技创新人才、科技推广人才培养力度。深入实施科技特派员制度,支持科技特派员开办农民合作社、专业技术协会和农业企业。依托农业园区、龙头农业企业,推进专家服务基地、专家大院、博士工作站等乡村人才平台建设。开展川渝涉农院校和科研院所人才互派挂职、互访交流。

(四)培育消费经济领域人才队伍

培育文旅产业人才队伍。共办或轮流举办中国西部旅游产业博览会、温泉产业博览会、文化旅游产业精品项目交流对接会等重大文旅活动,搭建川渝文旅人才交流协作优质平台。联合开展优质企业考察、文旅产业大讲坛等人才交流活动,推动文化产业示范园区和基地、夜间文旅消费集聚区、国家文旅消费试点和示范城市建设。加强高层次文旅人才、文化创意经营管理人才引育,合作培养创意设计、传媒影视、动漫游戏等方面文化人才。联手建设中国西部演艺产业示范园区,集聚一批高水平演艺人才。举办文旅产业创新人才工作训练营。组织开展川渝两地导游服务技能比赛,举办导游业务教学培训。聚焦巴蜀文化旅游走廊建设,共建共享文旅人才信息库。联合组织文旅专家资源,开展景区和旅游区评定,制定区域文旅标准,提升川渝文旅品牌质量。

培育商业贸易人才队伍。围绕打造休闲度假、自然遗迹、美酒美食、传统工艺产品、民俗节庆、商业街区等城市消费品牌需要,培育一批高水平技术技能人才和高端经营管理人才。支持建立餐饮人才培训基地,大力培养高水平美食产业链技能人才。加大直播电商师、互联网营销师等培训培育力度,加强培养夜间经济、场景消费等领域商贸人才。

培育家政、康养等消费服务人才队伍。大力培育家政、康养、托育、看护等家庭消费领域服务人才,开展职业资历、资质互认,共建职业培训和技能实训基地。加强水上运动、山地户外运动、汽车摩托车运动、航空运动等体育消费产业人才培养。

(五)推进生态环保人才队伍建设

加强对长江上游生态屏障建设的人才支撑。共同组织生态环保学术讲座、创新比赛等活动,互派人员考察访问、学术兼职、研修研学等,合作开展生态环保人才交流培养。共建生态环境损害鉴定实验基地等生态环保研发平台,建设川渝地区生态环境保护科研服务平台,共同培养环境保护科技人才。探索建立川渝生态环境标准专家库,整合两地科研力量,推进生态环境标准的制修订研究。共同申报国家生态环境标准研究课题,开展生态环境标准研究。建立专家和技术支持团队,合力推进水污染防治、"无废城市"生态环境科研攻关。突出夏秋季臭氧和冬春季PM2.5协同防治,联动开展重要区域大气污染防治督导帮扶,加强对口技术交流与人才合作。建立长江文明干部学院和长江生态环境学院,加强生态环保干部交流和人才培养。

大力发展绿色产业人才队伍。培育节能环保、清洁生产、清洁能源等生态环保产业人才,构建绿色产业体系。建设国家绿色产业示范基地,加大绿色发展技术研发人才引育,联合打造绿色技术创新中心和绿色工程研究中心。合作培养排污权、水权、用能权、碳排放权等跨省份绿色产品与技术贸易人才。加大绿色建筑、可再生能源、再生资源等领域研究人才和应用技术人才引育。加大"产业绿色转型"企业和项目招引力度,注重人才配备、科研创新扶持。围绕"项目+技术",推动"产业绿色转型"紧缺高端人才培育,建立绿色发展紧缺人才评价体系。建立川渝地区"产业绿色转型"人才库。汇集生态环保领域全球顶尖人才和团队、关键企业信息,绘制绿色产业人才分布地图。

(六)扩大人才对外交流与区域合作

拓展人才对外交流渠道。深化西部陆海新通道、欧亚通道、东向开放通道等国际大通道沿线人才交流合作,共推"一带一路"建设。加大对外贸易、物流运输、仓储代理、翻译等急需紧缺人才培养。依托中新互联互通项目,常态开展人才交流、培训等工作,搭建与东盟各国的人才链接。办好陆海新通道国际合作论坛,建好与共建国家的高层次人才交流平台。发挥重庆通道物流和运营组织中心、成都国家重要商贸物流中心的平台作用,加强口岸物流人才交流。加快"四中心一枢纽"展示厅建设,吸引会计、税务、金融、咨询、司法鉴定等高端服务人才聚集。联合中国欧洲中心(成都)定期举办论坛、展会等,加强优势项目人才交流。

筑强人才对外开放平台。加快川渝自由贸易试验区协同开放示范区建设,加大金融、科技、医疗、贸易和数字经济等领域政策创新,加强人才引育。以两江新区、天府新区为重点,探索川渝地区科技创新、高端商务、医疗健康等领域国际化人才发展机制。加强与中新金融科技联盟合作交流,推动设立中新金融科技人才培养基地。支持两江新区与天府新区互设"人才飞地",设立孵化器、研发机构和博士后工作站,互认人才政策,共引共享高端人才。重点围绕生物医药、人工智能、智能制造、金融科技、生态环保等领域,推进与新加坡优质教培机构在人才培养、访学研修、青年人才等方面合作互动,打造国际化产教融合实训基地。探索建设"陆海新通道职业教育国际合作联盟"。发挥行业协会、产业联盟等经济组织作用,高标准办好中国国际智能产业博览会、中国西部国际投资贸易洽谈会、中国西部国际博览会等重大活动,组织行业精品展会、技术研讨会、企业家座谈会等活动,拓展人才对外交流载体。推进"一带一路"科技创新合作区和国际技术转移中心建设,以东盟、中东欧、欧盟、上合组织为重点对象,发挥中新、中匈、中德等合作示范作用,扩大新一代信息技术、新能源及智能网联汽车、新材料、节能环保、大健康等科技领域人才开放交流。共同办好"一带一路"科技交流大会。持续推进文化、教育、医疗、体育等专业人才的国际交流合作,支持建立境外专业人才执业制度,放宽境外人员参加职业资格(不包括医疗卫生人员)考试限制,为外籍高层次人才来华投资就业提供入出境和停居留便利。

深化国内区域人才合作。全方位推动川渝地区与西部地区、长江经济带、东部沿海地区的人才交流合作。加强与关中平原、兰州—西宁城市群在能源、物流等领域的人才交流合作。加强与北部湾、滇中城市群在口岸物流、商业贸易等领域的人才交流合作。加强与长江中游、下游区域在绿色发展、生态环保、水利、铁路航运等领域的人才交流合作,开展重点领域关键核心技术协同攻关和推广应用,推动长江经济带绿色发展。对接京津冀协同发展、长三角一体化、粤港澳大湾区建设等重大战略,建立以科技创新中心建设为重点的紧密合作机制,加强人才互动、平台共建、资源共享和成果共用。探索建立科技创新政策异地共享机制,引导东部地区产业创新集群与川渝地区战略性新兴产业集群开展区域合作与联合技术攻关。深化与重点省份的科技人才交流,建立产业人才结对合作关系,共建跨区域产业园区,促进项目、技术、人才的高效配置。鼓励东部知名高校到川渝城市群联合办学或设立分支机构。加强三峡库区人才对口支援工作。

发挥市场主体引才育才主导作用。加强国有企业经理层成员任期制和契约化管理,共同探索推进国有企业职业经理人制度建设。联合开展国有企业经营管理人才和骨干人才培养交流。推进川渝商会组织联盟建设,加强两地民营企业和行业商会的人才交流与项目合作。推动四川民营企业家学院与重庆卢作孚民营经济学院合作,培养川渝地区高素质民营企业家队伍。联合举办"民营企业引才服务月"等活动。加强与海外工商联社团(川渝商会)联络合作,共设海外联络处,为川渝民营企业引进高层次人才提供服务。

为人才创新创业营造良好环境。统一两地商务行政审批服务标准,简化办事流程,扩大互认事项覆盖范围。探索建立川渝地区"市场准入异地同标"便利化准入机制。构建跨区域"同一标准办一件事"市场准入服务系统。协同推进"证照分离"改革。建立两地知识产权执法协作机制。探索市场监管等经济管理权限与行政范围适度分离,支持川渝高竹新区等合作园区内企业自由选择注册地,跨行政区域落户。围绕川渝地区产业园区合作共建,成立产业园区发展联盟,共建园区人才交流培养服务平台。

(七)携手推进城乡人才融合发展

推进城乡人才资源高效配置。加快健全完善人力资源市场体系,建立衔接协调的城乡人才流动配置机制。发挥市场化人力资源服务机构的积极作用,搭建人力资源服务城乡合作交流平台。促进城乡人才顺畅流动和高效配置。推动川渝都市圈实现户籍准入年限同城化累计互认、居住证互认,完善居民户籍迁移便利化政策,助力城乡人才自由择业创业。完善集体经济组织人力资源开发利用机制,探索建立农业职业经理人引育机制。加强城乡人才统计工作,为高效配置人才提供基础数据支撑。

促进城乡人才资源均衡配置。共同推进义务教育阶段教师"县管校聘"管理改革,推动中小学校长职级制、中等职业学校教师职称制度等改革。建立城乡教育联合体,开展结对互派教师挂职,共享优秀教师资源。鼓励招募优秀退休教师到乡村和基层学校支教讲学,动态调整乡村教师岗位生活补助标准,适当向农村薄弱学校倾斜职称评审和特级教师分配名额。建设区县域医共体,建立跨区域基本公共卫生人才和医务人员交流培训机制,深化川渝基层卫生人才协作。引导卫生人才向基层一线流动,加大对口帮扶。对在农村和基层工作的卫生技术人员给予职称晋升等政策倾斜。推动符合条件的全科医生实行"乡管村用"。开展基层卫生人才能力提升轮训。共同推动文化旅游体育人才下乡服务。鼓励首席规划师、乡村规划师等积极参与乡村规划设计。加强农村法律人才培养,推动公共法律服务力量下沉。协调推进县以下事业单位管理岗位职员等级晋升制度。加强社会工作专业人才交流,支持和引导社会工作专业人才向农村流动,力争在川渝地区实现乡镇(街道)都有社会工作站、村(社区)都有社会工作专业人才提供服务。

加强农村产业人才培育。加大高素质农民、家庭农场经营者、农民合作社带头人等农业生产经营人才培养力度。加快农村创业创新带头人、电商人才、乡村工匠等二、三产业人才培育。联合举办农村创新创业大赛。加大优秀农村双创项目资金支持和政策扶持。合力建设农村创新创业服务平台载体,创建全国农村创业创新示范园区(基地)。围绕各类农业园区发展优势主导特色产业的需要,进行针对性农业产业化经营人才培训,提升农业产业经营管理人才综合素养和业务素质。加大乡村休闲旅游经营管理和服务人才培训。

(八)提升公共事业人才发展水平

强化人才基本公共服务供给。推进人才服务标准化、便利化,加强在资格互认、市场准入、统计标准、服务保障等方面贯通。建立事业单位专业技术二级岗位聘用绿色通道,川渝两地二级岗位专家在对方属地事业单位经申报和确认为二级岗位的,不再进行资格审核和批准,不受流入地事业单位高级岗位数量限制。推行职称电子证书,实现职称网上互查互认和证书通用。逐步取消跨区域流动专业技术人才职称确认手续办理。落实川渝人才通办事项,共享人才公共服务窗口,统一服务项目、流程、标准,推进人才跨区域流动就业、档案查询、人事代理等异地办理,加快实现社保关系无障碍转移接续、跨省份异地就医门诊医疗直接结算,推进工伤认定和保险待遇政策统一。强化川渝人才服务平台和品牌建设,打造"智慧巴蜀""才兴川渝"等特色品牌活动,经常联合举办人才招聘会,搭建人才、创新创业项目的供需对接平台。逐步实现住房公积金转移接续和异地贷款信息共享、政策协同,推进无纸化证明和贷款申请"一地办"。

提升教育事业人才发展水平。强化川渝职教合作,探索建立一批"巴蜀工匠"川渝合作示范区。鼓励职业院校开设好大数据、智能化、健康养老等紧缺专业,强化职业院校师资交流。联合举办火锅、小面等全国性技能竞赛,举办"巴蜀工匠"杯新职业技能大赛,组织川菜、汽车、物联网等行业竞赛,开展技能大师"互访互学互促"活动。成立成渝地区双城经济圈高校联盟,开展科研教学、人才培养等全方位合作。建立川渝地区双城经济圈产教融合发展联盟、职业教育(培训)联盟,深化校地、校企合作。建立区域性教师协同发展共同体,在川渝毗邻区县建设国培示范区县、示范基地学校。定向互派高校访问学者,推动中小学、幼儿园教师、校(园)长互派挂职交流。实施博士后联合培养计划。加大两地中职"双师型"教师培养培训。鼓励两地高校联报联建国家级科研平台,组建川渝地区大学科技园联盟。聚焦世界一流大学和一流学科建设,加大高校在川渝区域性中心城市布局,引进境外高水平大学开展中外合作办学。联合组建高水平教学专家团队,共建教育系统专家智库。

提升文化事业人才发展水平。共办川剧节、川渝杂技魔术展演等文化艺术活动,挖掘和培育传统剧种后备人才,加强人才队伍建设。共建共享文博人才队伍,大力推进广播电视人才共同培养。依托川渝两地融媒体中心、高等院校、科研机构等,搭建媒体融合智库。注重培育保护非物质文化遗产传承人、传统文化艺人,组织参加中国非遗传承人研培计划。共建一批巴蜀优秀传统文化专门研究机构。加强出版、影视、舞台艺术领域人才交流合作。

提升体育事业人才发展水平。用好两地体育师资和训练场地优势,联合举办教练员、裁判员培训班,互邀优秀教练员、裁判员执教讲学,加强体育专技人员培养。互派运动员代培代训,选派体育项目教练员开展交流学习。相互开放体育培养训练平台资源,促进运动员能力、素质提升。共办单项后备人才夏令营,加强双方体育后备人才之间交流互动。

提升卫生医疗事业人才发展水平。联合举办西部医药卫生人才交流会。实施川渝地区卫生专业技术人才"双百"项目,互派卫生医疗骨干人才、青年医学人才挂职交流。共享卫生专家资源,建立重大人才项目、高级职称评审等互派专家支持机制。合力推进医学研究中心和创新基地建设,联合加强多中心临床研究,协同开展医疗卫生前沿核心技术攻关。推进中医药科技平台建设。共建一批公共卫生规范化培训及检验检测教学培训基地,开展公共卫生医师规范化培训。加大首席公共卫生专家、公共卫生骨干人才培养,联合建设一批公共卫生重点专科。推进国家医学中心建设,加强医疗资源规划布局、服务能力提升、人才培养、科研平台建设及国际交流合作。赋能"互联网+医疗健康"服务发展,加强医学信息和标准化人才队伍建设。

提升养老服务事业人才发展水平。推动川渝地区大中专院校与养老服务机构建立合作关系,鼓励养老服务相关专业学生跨区域交流实习、就业。探索建立川渝地区养老护理员职业技能等级评定制度,推进等级互评互认。共同建设西部养老服务人才培养基地,建立川渝地区养老人才培训师资信息库。联合开展养老服务机构负责人、老年人能力评估师、社会工作师、标准化工程师、养老护理员等养老服务人才职业能力提升培训,鼓励养老服务机构互派业务骨干顶岗锻炼。

加强应急救援人才队伍建设。联合搭建应急人才协作培养平台,加强安全工程、消防工程、救援技术等应急管理学科建设与交流,互派专业师资访学研修。研究制定注册安全工程师、特种作业人员等应急人才互认办法。加强应急救援专业人才队伍交流,实施应急救援联合演练,提升应急救援能力。联合开展川渝卫生应急人才队伍训练,加强鼠疫等重大公共卫生事业联防联控。

六、促进川渝地区人才协同发展的工作保障

(一)加强组织领导

坚持党管人才原则,依托两地组织部门积极对接,争取中央和国家部委支持。优化完善人才协同发展领导体系,定期召开成渝地区双城经济圈人才协同发展联席会议,研究决定重大事项,协调解决重大问题,调度落实重点工作。明确川渝各地各相关部门的主体责任,搭建专班,建立决策和协调机制,为推动人才协同发展

提供坚实的组织保障。

(二)加大政策支持

建立健全促进区域人才协同发展的政策体系,切实落实国家和川渝各地各部门推动人才发展的政策措施,用好用活政策资源,强化政策系统集成,形成政策支持合力。鼓励川渝各地各部门围绕人才协同发展制定专项政策,探索创新人才管理、联系服务、队伍建设的新制度、新机制、新模式。

(三)强化任务落实

将人才协同发展规划和相关计划纳入经济社会发展总体安排,统筹部署、同步落实。川渝各地各部门要结合实际制订本地区、本系统、本行业人才协同发展规划、计划和实施方案。坚持清单化、项目化落实人才协同发展的各项任务,分年度制订实施要点,加强督促检查,将任务完成情况作为工作部门和领导干部年度考核的重要依据,确保工作落到实处。建立第三方跟踪评估机制,定期开展评估,及时调整、优化工作。

课题研究单位:重庆师范大学
课题负责人:吴潇航
课题主研人员:刘　静　石　铭　余金鑫　赵子涵

川渝人力资源服务创新发展特区制度建设研究

摘　要: 研究通过对川渝地区人力资源服务创新发展的现状进行分析,发现在当前的经济发展和社会变革的背景下,人力资源服务产业面临着一系列新的挑战和机遇。为了应对这些挑战和机遇,研究提出了建设人力资源服务创新发展的思路和举措。

关键词: 人力资源服务　创新发展特区　制度建设

一、研究背景与意义

(一)研究背景

1.建设川渝人力资源服务创新发展特区是主动融入国家区域发展战略的应有之义

党中央、国务院高度重视成渝地区双城经济圈的建设,2021年10月20日,中共中央、国务院印发了《成渝地区双城经济圈建设规划纲要》,明确支持在重庆都市圈、成都都市圈以及川渝统筹发展示范区、川南渝西融合发展试验区等地率先探索建立统一编制、联合报批、共同实施的规划管理体制。这为川渝两地在更多细分行业领域建设创新发展特区奠定了坚实政策基础。2021年8月,三方协议的签订,更进一步明确了川渝两地建设统一的人力资源服务市场体系,推动人力资源服务业创新发展的主要方向,建设川渝人力资源服务创新发展特区无疑是主动融入国家对成渝地区双城经济圈高质量建设发展战略的必然选择。

2.建设川渝人力资源服务创新发展特区是新时代推动人力资源服务产业高质量发展的必由之路

2021年11月8日,人力资源社会保障部等5部门联合印发《关于推进新时代人力资源服务业高质量发展的意见》,川渝两地也先后制定出台了新时期促进人力资源服务业高质量发展的实施意见,人力资源服务业已然成为国民经济发展中不可或缺的重要组成部分。截至2021年底,全国共有各类人力资源服务机构5.91万家,从业人员103.15万人,年营业收入2.46万亿元,比2020年分别增长29.08%、22.31%、20.89%。2021年,全行业为3.04亿人次劳动者提供了各类就业服务,为5099万家次用人单位提供了专业支持。2021年7月28日、29日,第一届全国人力资源服务业发展大会在重庆举行,本届大会参会企业数超过1000家,成交金额166亿元,对人力资源服务产业发展具有里程碑式的重大意义。国内目前已建立了24家国家级人力资源服务产业园,省市级产业园数量超过300家。川渝两地国家级产业园2家,省市级人力资源服务产业园的建设数量达到15家,产业的发展迫切需要突破行业天花板,在实现产业的创新发展层面有更大作为。

3.建设川渝人力资源服务创新发展特区是服务成渝人社事业协同发展的内在要求

2022年5月5日,四川省人力资源和社会保障厅、重庆市人力资源和社会保障局联合印发《2022年度川渝人社合作重点工作任务清单》(以下简称《清单》)。《清单》全面聚焦"健全有利于更加充分更高质量就业的促进机制、建立普惠共享的社会保障体系、推动人力资源高效配置、打造技能巴蜀高地、构建和谐劳动关系、提升便捷公共服务能力",明确84项任务,为两地2022年人社合作明确了重点和方向,为持续提升川渝人社协同发展提供了有力依循。截至目前,已启动实施68项工作并取得阶段性成效,重庆、成都两地人社部门签署《成渝双核人社事业协同发展合作协议》,在12个方面深化合作,合力构建"双核"人社公共服务"四大体系",以15条硬核举措聚力打造川渝人社合作高水平样板助力区域联动。除此之外,川渝两地已成立了"成渝地区双城经济圈人力资源服务产业园联盟",双方联合开展了"西部HR能力大赛暨全国人力资源服务大赛川渝地区选拔赛""智汇巴蜀"人力资源论坛等品牌活动十余项。除此之外,还积极承办、开展了寻找川南渝西"最美创业者""平湖工匠"技能大赛等系列品牌活动,累计为川渝两地500余万人次提供了就业服务,为210万人提供了技能培训服务,取得了一系列丰硕的成果。通过上述一系列合作,全面深化了两地人力资源服务业协调发展步伐,为川渝人力资源服务创新发展特区的制度建设奠定了坚实的实践基础。

(二)研究意义

本研究具有探索"人力资源服务创新发展特区"概念及定义的重要理论意义,同时还具有贯彻落实国家重大战略部署,促进川渝地区人力资源服务业协同发展的现实意义,以及指导川渝人力资源服务创新发展特区建设的实践意义。

1.为川渝人力资源服务创新发展特区制度的建设提供理论支撑

人力资源服务业创新发展特区是一个崭新的概念和提法,文献检索还未发现类似的概念。本研究将通过对政策文件的全面梳理以及相似概念的提炼归纳,提出科学合理的"人力资源服务创新发展特区"的概念及定义,对比分析京津冀、长三角、粤港澳地区的先进经验与做法,为川渝人力资源服务创新发展特区制度建设提供有力的理论支撑。

2.为打造川渝人力资源服务产业新"增长极"提供制度支持

川渝地区总面积18.5万平方千米,2021年常住人口11573万人,地区生产总值6.3万亿元,劳动力资源达到6700万人,人力资源富集。从产业的角度来看,川渝两地人力资源服务业均已驶入发展快车道,迎来了高速发展的良好契机,实现两地人力资源服务业协同发展,共同建设西部人力资源服务产业集聚高地,推动成渝地区双城经济圈建设,培育成渝地区双城经济圈新的产业"增长极",为实现川渝高质量发展注入强劲持久动力,已然成为两地人力资源服务业发展过程中的必然选择。

3.为推动川渝人力资源服务创新发展,打造国家级产业创新平台提供实践样板

特区建设,制度先行。制度的建设离不开理论的研究和实践的探索。本研究将通过对人力资源服务创新发展特区的基本概念、发展目标进行阐述,总结概括出人力资源服务业建设创新发展特区区别于其他各类型"发展特区"的主要特征。剖析问题,总结有益经验,借鉴其他省份先进做法,为川渝人力资源服务创新发展特区的制度建设提供针对性、可操作性强的对策建议。在此基础上,提出川渝两地能向国家层面争取的制度条款,完善川渝两地现有政策和举措,研究川渝两地建设人力资源服务创新发展特区的基本载体,最后形成川渝人力资源服务创新发展特区建设的制度体系,力争形成能向全国其他城市群、示范区进行推广的理论和实践成果。

二、川渝人力资源服务创新发展特区制度建设的相关概念及理论基础

(一)相关概念

1.人力资源服务创新发展特区

目前,对该定义尚无官方说法,本研究参照相近概念进行内涵解读。一方面,以经济特区为例,通常指一个国家或地区划出的实行特殊经济政策和经济体制的地区,通过实行优惠税率、提供良好的投资环境等促进区域经济发展;另一方面,以产业创新发展特区为例,一般指的是那些具有国际竞争力的产业创新高地,旨在培育创新型业态,促进创新成果产业化,提高创新整体效能的区域。综合上述定义,充分考虑人力资源服务创新发展特区的基本特点、基本要素、主要目标,本研究将川渝人力资源服务创新发展特区界定为:构造一个服务于川渝两地人力资源服务业创新发展的政策联合体,通过实行优惠政策和创造便利的制度体系,打造具有全国竞争力的区域产业创新高地,推动川渝人力资源服务业高质量发展。

2.制度及制度建设

"制度"就其广义内涵而言,是一系列行政法规、章程、公约的总称,旨在保障政府机关、社会团体、企事业单位的各项政策得以顺利执行;而从狭义上来看,制度是一个系统或单位制定的要求下属成员共同遵守的办事规程或行动准则,常指代具有指导性和约束力的公务文书。通常来说,制度既包括经济制度、政治制度、文化制度等宏观根本制度,也包括政治体制、经济体制、文化体制等中观体制制度,还包括劳动制度、产业制度、社会保障制度等微观具体制度。本研究中所指的川渝人力资源服务创新发展特区制度建设是从广义角度来讲的,主要是指针对川渝两地人力资源服务业在产业发展特区的总体框架下构建具体的制度体系,涉及人力资源服务业的相关政策、规范、标准等。

(二)理论基础

1.制度变迁理论

制度变迁理论认为制度再安排目的在于使显露在现存制度安排结构外面的利润内部化,以求达到帕累托最佳状态。制度再安排的诱致因素在于主体期望获取最大的外部利润,只要外部利润存在就表明社会资源配置还未达到帕累托最优状态,资源配置就有改进的空间,就有进行帕累托改进的可能和意愿。由于外部利润

不能在既有制度结构中获取,因此要获取外部利润,实现帕累托改进,就必须进行制度再安排。人力资源服务创新发展特区作为推进全面深化改革的试验田,以变革制度性安排为核心的创新实践,也存在帕累托改进的可能和意愿,这有助于推动市场经济制度框架进一步朝着效率与公平有机统一的方向演进,推进人力资源服务高质量发展。

2.制度安排交易成本理论

制度安排交易成本理论认为制度安排是为降低由信息不完全和投机行为而带来的交易成本,制度自身作为稳定预期使双方达成合意的秩序规定,同时也会因框架内的制度运行、监管和维护而产生相关制度性交易成本。若该成本过高,则在某种程度上反而会削弱甚至扭曲市场的资源配置效率。人力资源服务创新发展特区制度建设的目的就是通过改革和完善市场经济制度体系,优化资源配置结构与提升制度运行效率,降低非必要制度性交易成本,最终形成同市场交易需求相匹配的合理制度安排。

3.制度安排供求理论

在变化情景下创新主体安排具体制度的创新供给与需求,形成需求诱致型与供给主导型两类具体制度安排创新。需求诱致型创新是由个人或团体,在响应获利机会时自发倡导、组织和实行的具体制度安排的创新。供给主导型创新是以政府命令和法律引入和实行为主的具体制度安排创新。选择何种具体制度安排创新受制于有着特定偏好和利益的制度创新主体之间的力量对比关系。人力资源服务创新发展特区制度建设同时具备需求诱致型与供给主导型的特征,在具体制度安排过程中要同时发挥需求和供给的作用。

4.新公共管理理论

奥斯本和盖布勒对新公共管理理论均认为需要对政府进行重塑,针对政府在社会治理中的高成本、低效率问题,提出有效的政府改革;政府是"掌舵"的政府不是"划桨"的政府,政府应做到"授权"而不是"服务",强调向社会放权;在政府管理中要引入市场机制,让有资格、有能力的社会力量承担一部分政府职能,在这个过程中要引入竞争机制,以保障绩效目标的实现;政府治理要从公众整体的需求出发,保证服务的有效性。新公共管理理论是人力资源服务创新发展特区制度建设的基础理论,在制度建设过程中,政府应做到适当放权,要引入竞争机制,强调公民的作用,重视公民需求,保证绩效目标的实现。

三、川渝人力资源服务创新发展特区制度建设的现状

(一)川渝人力资源服务业制度建设基本情况

当前,川渝地区人力资源服务创新发展特区建设正从顶层设计层面逐渐走向实质性协作阶段,两省市不断强化合作对接,推动人力资源服务领域相关工作乘势而上,发展差异持续弥合,整体呈现出持续向好的发展势头。目前,川渝两地已成立了"成渝地区双城经济圈人力资源服务产业园联盟",双方联合开展了"西部HR能力大赛""智汇巴蜀"人力资源论坛等品牌活动十余项,通过一系列合作,全面深化了两地人力资源服务业协调发展步伐,为川渝人力资源服务创新发展特区的制度建设奠定了坚实基础。

1. 重庆市基本情况

2021年12月,重庆市人力资源和社会保障局印发《重庆市人力资源服务业"十四五"规划(2021—2025年)》(渝人社发〔2021〕66号),为"十四五"期间人力资源服务业的发展描绘了新蓝图。2022年8月,重庆市人力资源和社会保障局等12个部门出台《关于推进新时代人力资源服务业高质量发展的实施意见》(渝人社发〔2022〕41号),提出将推动实施全市人力资源服务业"千亿跃升"行动计划,进一步为新时代人力资源服务业的高质量发展指明了方向。此前,重庆市还先后制定了地方性法规《重庆市人力资源市场条例》,旨在培育和规范人力资源市场活动,推动人力资源合理流动和优化配置,促进人力资源服务业健康可持续发展;印发了《关于加快人力资源服务业发展的实施意见》(渝人社发〔2018〕171号),深化"放管服"改革,全面实施职业中介许可和其他人力资源服务备案制度,进一步降低市场准入门槛,压缩许可备案时限,激发市场主体活力,并将外资性质人力资源服务机构审批权限下放至自贸区相关职能部门,在自贸区实行职业中介活动许可改为告知承诺制。将建立人力资源服务产业发展资金、加快人力资源服务业发展写入《中共重庆市委办公厅 重庆市人民政府办公厅印发〈关于深化人才发展体制机制改革促进人才创新创业的实施意见〉的通知》(渝委办发〔2017〕4号)。同时,又联合市财政局在印发"渝人社发〔2018〕171号"的基础上,又印发了《重庆市人力资源服务产业发展资金管理办法》(渝财社〔2018〕224号),设立了1.5亿元的人力资源服务产业发展专项资金。与此同时,为促进人力资源服务业规模化、集约化发展,规范市级人力资源服务产业园建设管理工作,制定了《重庆市市级人力资源服务产业园管理

办法(试行)》(渝人社发〔2021〕57号)。目前已形成了较为完善的人力资源服务市场发展体系。

2.四川省基本情况

四川省全面构建高标准人力资源市场体系,相继出台了《四川省人力资源市场条例》和《人力资源市场场所和服务规范》,加强四川省人力资源服务业的管理和监督,运用市场机制对人才资源进行优化配置,促进人力资源服务业健康发展。2022年3月,四川省人社厅等六部门联合印发《关于进一步推进新时代四川人力资源服务业高质量发展的实施意见》(川人社规〔2022〕1号),围绕四川省委省政府关于"加快建设中西部人力资源服务高地"的总目标,从多个方面确定了一批有利于人力资源服务业发展的重要举措和关键制度,例如,为强化人力资源市场监管规范,持续推动诚信示范体系建设,创新建立"红黑名单"机制;结合深化"放管服"和"一网通办"改革,开展人力资源市场营商环境提升行动,推行行政许可电子证照,全面实行成渝地区统一市场准入监管,逐步实现"一次办、网上办、跨省办";加大政府购买人力资源服务力度,支持有条件的人力资源服务企业承接或参与政府组织的公共就业、人才服务、劳务组织化输出、乡村振兴就业帮扶以及相关人力资源服务论坛、展会等活动,参与公共校园招聘会;建立了四川省人力资源服务产业全口径统计调查制度,常态实施产业全口径调查统计,全面掌握产业发展底数和形势,支撑建立产业发展目标体系、责任体系,为政府相关部门决策指导和市场主体经营发展提供信息服务和有效支持,高效有序推进人力资源服务提升行动。

(二)川渝人力资源服务业发展制度比较

1.市场准入制度

市场准入制度,指的是关于货物、劳务与资本进入市场程度许可的相关制度。此处,本研究特指针对市场相关主体提供人力资源服务的实体条件和取得主体资格的程序条件。经政策文本梳理,川渝两地现行市场准入制度见表1。

基于表1可以发现,在市场准入制度方面,四川更强调从行政许可、社会资本进入等方面加强准入资格审查和市场规范化引导;而重庆更强调从人力资源服务企业培育方面进行简化和改革。这反映出两地在市场准入相关制度建设方面,还需要进一步相互借鉴和统一。

表1　川渝人力资源服务市场准入制度对比

体系内容	四川	重庆	基本评判
市场准入制度	1.推行行政许可电子证照,全面实行成渝地区统一市场准入监管,逐步实现"一次办、网上办、跨省办"。 2.做好经营性人力资源服务机构从事职业中介活动行政许可、备案、业务书面报告、年度报告公示工作。 3.稳步推进人力资源市场对外开放,进一步放宽市场准入,落实"先照后证"、取消注册资本金最低限额、注册资本实缴改认缴等要求,鼓励社会资本进入人力资源服务领域。	实施"名优企业培育计划": 1.实施优质人力资源服务机构上市培育工程。例如,鼓励人力资源服务机构境内外上市等具体举措。 2.实施人力资源服务"领军"企业培育工程。例如,鼓励人力资源服务机构注册和使用自主商标,开展自主品牌建设。 3.实施人力资源服务骨干企业培育工程。例如,鼓励和支持人力资源服务机构通过并购重组集聚优势资源,打造一批有核心产品、成长性好、竞争力强的人力资源服务骨干企业。	基本实现川渝两地人力资源服务统一市场准入监管,政策举措方面具有较高的融通性

(资料来源:根据政策文本整理所得)

代表性文件:《四川省人力资源和社会保障厅关于做好人力资源服务行政许可及备案管理有关工作的通知》(川人社发〔2019〕2号)、重庆市人力资源和社会保障局等12个部门《关于推进新时代人力资源服务业高质量发展的实施意见》(渝人社发〔2022〕41号)。

2.产业发展政策

产业政策原指政府为了实现一定的经济和社会目标而对产业的形成和发展进行干预的各种政策的总和。此处,侧重强调川渝两地政府针对区域内人力资源服务行业出台的,涉及税收、补贴、机构建设以及统计测算在内的多项支持和规范政策。经政策文本梳理,川渝两地现行人力资源服务业发展政策见表2。

表2　川渝人力资源服务业发展政策对比

体系内容	四川	重庆	基本评判
产业发展政策	1. 支持经营性人力资源服务机构开展企业新型学徒制培训,给予机构职业培训补贴。 2. 鼓励人力资源服务机构参与服务业"三百工程"建设,按规定享受相关优惠政策。 3. 鼓励有条件的科技创新型人力资源服务企业申报高价值专利育成中心,获取"新一代电子信息"等产业专利快速审查通道。 4. 对创办经营性人力资源服务机构的创业者,按规定给予创业补贴。 5. 对经营性人力资源服务机构招用就业困难人员、贫困劳动力,按规定给予社会保险补贴和岗位补贴。 6. 小微经营性人力资源服务机构,按规定给予贴息。 7. 对经营性人力资源服务机构提供就业创业补贴、就业见习补贴、社保减免。 8. 鼓励经营性人力资源服务机构承接公共服务项目,参与公共服务设施建设运营。 9. 结合实施"强主体"行动计划,对"个转企、小升规"的,按规定享受有关优惠政策及财政支持。 10. 落实支持人力资源服务业发展的税收优惠政策,建立人力资源服务领域"政企银保"合作共担机制。	实施"产业创新发展计划": 1. 实施人力资源数字化转型行动,支持人力资源服务机构创新应用大数据、人工智能、区块链等新兴信息技术。 2. 实施人力资源服务业态优化行动,开展全市人力资源服务创新创业大赛活动,大力支持人力资源服务领域创新创业项目。 3. 实施人力资源服务高新技术发展行动。例如,对符合西部大开发企业所得税优惠政策的人力资源服务机构,减按15%的税率征收企业所得税。 4. 实施人力资源服务助力乡村振兴行动。统筹城乡人力资源流动配置,促进乡村人才振兴。 5. 实施人力资源服务机构助推劳务品牌建设行动。发挥人力资源服务机构专业优势,积极为劳务品牌高质量发展提供优质高效的人力资源支撑。	两地产业发展政策存在较大协同与整合空间

(资料来源:根据政策文本整理所得)

基于表2可知,在产业发展政策方面,四川更强调从机构参与项目建设、开展培训等方面加强经费补助,从促进机构发展、实现产业联盟、建立交易平台等方面加强政策保障和市场规范化引导;而重庆更强调从劳务品牌、专业服务等方面进行品牌创建和政府购买,从加强市场拓展、业态优化、完善政府购买等方面进行简化和改革。这反映出两地在产业发展相关政策方面,还需要根据地区的性质,进行制度方面的融通交流。

代表性制度文件有:四川省人社厅等《支持和促进人力资源服务业发展十五条措施》(川人社发〔2020〕13号)、四川省人社厅等六部门《关于进一步推进新时代四川人力资源服务业高质量发展的实施意见》(川人社规〔2022〕1号);重庆市人力资源和社会保障局等12个部门《关于推进新时代人力资源服务业高质量发展的实施意见》(渝人社发〔2022〕41号)。

3.平台搭建制度

人力资源服务产业园,是人力资源服务业集聚发展的重要载体和平台,作为中国特色的以空间集聚、资源共享为特色的人力资源配置市场化的重要形式,具有"集聚产业、拓展业态、孵化企业、培育市场"等功能,对人力资源服务产业发展具有巨大推动作用,是社会发展的一个新引擎。经政策文本梳理,川渝两地现行人力资源服务产业平台搭建制度见表3。

基于表3可知,在平台搭建制度方面,四川更强调从产业园发展建设、产业集群聚集、业态模式探索等方面加强政策保障和市场规范化引导;而重庆更强调从产业园整体发展、金融资本进入等方面进行简化和改革。这反映出两地在平台搭建相关制度建设方面,还需要探索更多互通合作的可能性。例如,重庆率先启动加快川渝毗邻地区人力资源服务产业园建设,探索创新跨省域"联合建园、联合办园、委托管园"等合作模式,打造川渝人力资源服务产业园共建共享合作样板。

代表性制度文件有:四川省人力资源流动管理处《四川省省级人力资源服务产业园管理办法(试行)》(川人社办发〔2020〕22号)、重庆市人力资源和社会保障局等12个部门《关于推进新时代人力资源服务业高质量发展的实施意见》(渝人社发〔2022〕41号)。

4.人才队伍建设

人才队伍建设主要从人才引进和从业者培育两个视角进行归纳。其中,人才引进通常是指因工作需要,高学历、高技术、高素质人员进行区域流动,实现跨域就业的状态;另外,各省份都强调对人力资源服务业从业者开展素质能力培训,目的在于适应人力资源服务业快速发展的新形势。经政策文本梳理,川渝两地现行人才队伍建设情况见表4。

表3　川渝人力资源服务产业平台搭建制度对比

体系内容	四川	重庆	基本评判
平台搭建制度	1.有条件的人力资源服务机构参与高技能人才培训基地和技能大师工作室项目建设。 2.鼓励各地结合实际设立专项资金项目，或通过购买服务、场地补贴、项目补助、引才补贴等多种方式，支持省级人力资源服务产业园建设发展。创新产业园投融资机制，积极引导社会资金参与产业园建设，构建多元化的产业园建设投入保障机制。 3.建立完善省级人力资源服务产业园评估考核指标体系，对已开园运营的产业园建设发展情况进行评估考核。 4.组建区域人力资源服务产业联盟。支持园区引进培育高端人才猎头等专业机构，鼓励发展人才寻访、人才测评、管理咨询、服务外包等中高端业态。 5.支持符合条件的人力资源服务产业园或区域性专业性人力资源市场创建各级各类创业园区或孵化基地。 6.鼓励园区创新运营管理模式，通过实施租金减免、创业投资、融资担保等支持政策，吸引人力资源服务机构入驻。 7.推动产业集群集聚，大力发展"线上园""云上园"。 8.实施人力资源服务提升工程，建立成渝地区双城经济圈人力资源服务产业园联盟，打造成德眉资人力资源协同发展示范区。 9.大力发展多层次、多元化的人力资源供需适配和线上交易平台，推广"市场下单、企业抢单、人才接单"新模式。	1.实施人力资源服务产业园扩容提质行动。例如，加快构建"1+10+N"国家级、市级、区县级三级产业园体系；探索建设"线上产业园"；支持符合条件的产业园申报建设公共实训基地；支持建立人力资源服务产业园联盟。 2.实施人力资源市场矩阵建设行动。例如，推动建设1~2家国家级人力资源市场、5家市级人力资源市场，配套建设一批区县级人力资源市场；鼓励人力资源服务机构等社会力量参与人力资源服务产业园和人力资源市场运营管理。 3.实施人力资源服务活动品牌建设行动。例如，积极争取将西部人力资源服务博览会升级为中国（西部）人力资源服务博览会，持续举办猎头行业发展峰会，深入开展优质人力资源服务机构进区县、进园区、进企业"三进"活动，进一步做大做强全市人力资源服务活动品牌，充分发挥人力资源服务业服务产业、服务企业、服务就业作用。	存在较大的协同与整合空间

（资料来源：根据政策文本整理所得）

表4　川渝人力资源服务人才队伍建设对比

体系内容	四川	重庆	基本评判
人才队伍建设	1. 加快发展高级人才寻访、人才测评、人力资源管理咨询等高端业态，支持发展人力资源法律顾问、大数据监测分析、职业征信等延伸服务。 2. 围绕重点产业和优势领域，在全省设置200个左右"天府学者"特聘专家岗位，柔性引进高层次创新人才。 3. 支持符合条件的人力资源服务重点企业设立"天府学者"特聘专家岗位，按规定享受"天府学者"特聘专家岗位相关支持政策。 4. 建立完善柔性引企引智引技机制。 5. 畅通人力资源产业从业人员职称申报渠道，在经济系列单列人力资源管理专业，组建人力资源专业高级职称评审委员会，制定完善符合职业属性、企业需求和岗位实际的标准条件。 6. 面向经营性人力资源服务机构职工，提供培训补贴。 7. 实施行业领军人才选拔培养计划，开展学术交流和研修培训活动。加强人力资源服务业专业技术人员继续教育，加大从业人员职业培训力度。 8. 单列实施人力资源管理专业高级职称评审工作，分类实施人力资源服务领域技术技能人才评价。	1. 实施领军人才培养计划。例如，对评为国家级、市级人力资源服务业领军人才的，可给予一定奖励；畅通人力资源服务从业人员职称申报渠道，组建人力资源专业高级职称评审委员会，制定完善相关标准条件，培养一支人力资源专业高端人才队伍。 2. 实施研究型人才培养计划。依托中国重庆人力资源服务产业发展研究院、博士后工作站等，建设人力资源服务行业智库，加强战略性、理论性、基础性研究人才的培养。 3. 实施专业人才培养计划。鼓励人力资源服务从业人员参加行业能力评价和相关职业资格证书考试，提高行业人才专业化水平；深入实施人力资源服务从业人员技能提升培训行动；定期选派部分人力资源服务机构高级管理人员到市外著名专业院校、知名人力资源服务机构学习培训。 4. 实施人力资源服务技能大赛行动计划。建立市级、区县级人力资源服务技能大赛体系，常态化举办西部HR能力大赛，依托行业协会、产业园区开展猎头、测评、外包等细分业务从业人员能力大赛，不断提升行业从业人员能力素质。	存在较大的协同与整合空间

（资料来源：根据政策文本整理所得）

由表4可知,在人才引进政策方面,四川更强调从引进创新人才、留住"天府学者"等方面加强政策保障和市场规范化引导,并且四川更强调从制定行业标准、加强职工薪酬和培训、实施职称评审等方面加强政策保障和市场规范化引导;而重庆更强调从专业人才培育和专业人才选拔的角度进行试点改革,如早些年出台并延续至今的"鸿雁计划"等。这反映出两地在人才队伍建设方面,还需要进一步协调。

代表性制度文件有:四川省人社厅《四川省"天府学者"特聘专家制度实施办法(试行)》(川人社发〔2020〕9号)、《四川省学术和技术带头人选拔管理办法》、《四川省学术和技术带头人后备人选选拔管理办法》;重庆市人民政府《关于印发重庆市引进海内外英才"鸿雁计划"实施办法》(渝府发〔2017〕14号)、重庆市人力资源和社会保障局等12个部门《关于推进新时代人力资源服务业高质量发展的实施意见》(渝人社发〔2022〕41号)。

5.市场监管制度

市场监管是指对市场和市场规则的监管,而不是对某一行业、某一具体市场、某一区域的管理,是具有普遍性的监督管理。在本研究中,市场监管机制指的是针对人力资源服务业的具体监督管理办法。经政策文本梳理,川渝两地现行人力资源服务业市场监管制度内容见表5。

在市场监管制度方面,四川强调从落实审批便民、创新监管方式、强化监管规范等方面加强政策保障和市场规范化引导;而重庆强调从"诚信积分"机制、市场清理整顿、数据安全监管等方面进行创新和改革。这反映出两地在市场监管机制相关制度建设方面存在地域方面的不同,与其市场情况的差异也有关。

代表性制度文件有:四川省人社厅等六部门《关于进一步推进新时代四川人力资源服务业高质量发展的实施意见》(川人社规〔2022〕1号)、《重庆市经营性人力资源服务机构"诚信积分制"管理暂行办法》(渝人社发〔2021〕58号)以及重庆市人力资源和社会保障局等12个部门《关于推进新时代人力资源服务业高质量发展的实施意见》(渝人社发〔2022〕41号)。

表5　川渝人力资源服务市场监管制度对比

体系内容	四川	重庆	协整情况
市场监管制度	1.落实"放管服"改革和审批服务便民化要求,深入推进人力资源服务行政许可和备案"马上办、网上办、就近办、一次办"。 2.创新监管方式,全面推行"双随机、一公开"监管和年度报告公示制度,持续开展人力资源市场秩序整顿专项行动。推进行业诚信体系建设,开展诚信主题创建行动,选树诚信服务先进典型。加强人力资源服务机构信用信息归集、共享和应用,建立守信激励和失信惩戒机制。 3.强化人力资源市场监管规范,持续推动诚信示范体系建设,创新建立"红黑名单"机制。	实施"高标准市场体系建设计划": 1.建立经营性人力资源服务机构"诚信积分制"。运用诚信积分增减办法加强评价管理,实行分类管理制度,并将评价结果推至重庆市公共信用平台,促进经营性人力资源服务机构守法诚信经营。 2.开展人力资源市场清理整顿专项行动。强化人力资源市场监管和劳动保障监察行政执法,落实"双随机、一公开"、年度报告公示等事中事后监管措施,大力整治非法劳务中介,规范网络招聘、劳务派遣、人力资源服务外包、在线培训等人力资源服务。 3.开展人力资源数据安全监管行动。建立健全人力资源数据安全管理制度,探索实行人力资源数据分类管理和风险评估,防止数据泄露和滥用。	存在较大的协同与整合空间

（资料来源：根据政策文本整理所得）

（三）川渝人力资源服务业发展制度建设存在的问题

与川渝人力资源服务创新发展特区建设的目标与要求相比,目前川渝两地在推动人力资源服务业发展制度建设方面任重道远,在协同机制建设、彰显制度比较优势、制度的生态建设及实效性建设等方面还存在一些短板和不足。

1.制度协同发展不够充分

川渝两地人力资源服务业的发展尚处于成长阶段,市场成熟度不足,优质人力资源服务产业要素供给不够充分。尽管目前已经在人力资源服务机构行政许可互认、分支机构设立、从业人员资格认定、人力资源市场监管协同等方面达成了一些共识,但合作仍处于浅层次,在扶持人力资源服务产业发展、支持产业园建设、服务标准建设、培育从业队伍、加快人才引进等方面仍然存在较大差异,各方面的政策出台仍然以将要素资源吸引到本地区,促进本地区产业发展为主,相互之间存在一定的竞争关系,尤其在制度风险共担、利益分配等方面尚没有实质性合作,不利于两地制度的协同发展,不符合创新发展特区建设的基本理念。

2.现有制度比较优势不足

相较于国内其他城市群而言,川渝两地人力资源服务业发展基础薄弱,现有制度建设缺乏对人力资源服务创新发展特区的基本概念、发展目标、主要特征等基础性问题的系统阐述,这为本研究提供了较大空间。同时,川渝两地现有政策对人力资源服务机构的吸引力、对产业扶持的力度、对市场的规范作用等方面均存在明显短板。以猎头机构引才政策为例,沿海多个城市均大力支持猎头机构引才,对猎头企业引进人才的,政府直接给予现金奖励。以浙江省宁波市为例,出台这类政策最早可以追溯到2010年,这也充分表明宁波市人力资源服务业的发展在全国处于领先位置也是有着深刻的实践原因的。自宁波后,北京市制定出台了"猎十条",上海市制定了引才"伯乐奖",安徽省合肥市明确对引进高层次人才的中介机构给予3万~20万元不等的一次性奖励。诸如此类等。而反观川渝两地,在政府层面一直未出台直接对人力资源服务机构引进人才给予奖励的政策,重庆市对用人单位引才的给予一定补助,可用于中介费支付等,但相比较而言,对人力资源服务机构的吸引力是有限的。

3.制度建设滞后实践发展

当前,川渝两地人力资源服务业的发展面临一系列新情况、新问题,除传统的人力资源服务业态外,人力资本、数字化人力资源服务、灵活用工等人力资源服务新兴产业业态快速兴起,成为引领人力资源市场发展的主要业态。2021年11月8日,人社部等5部门联合印发《关于推进新时代人力资源服务业高质量发展的意见》(人社部发〔2021〕89号),提出支持人力资源服务数字化转型,支持在共享经济领域培育人力服务的新兴业态;广东、海南、上海等地出台支持人力资源服务平台型经济、数字经济、人力资源服务软件业等发展的相关措施,积极跟上行业发展的时代要求,全力推动行业发展与时代接轨。而川渝两地目前制定了促进行业发展的普惠性政策,但是并未针对细分领域制定专项政策,四川省近年来在促进行业高质量发展方面出台了一些举措,包括促进行业平台经济发展,在川东北、川南等地打造产业发展的试验区等,重庆市在《推进新时代人力资源服务业高质量发展的实施意见》(渝人社发〔2022〕41号)中也提出了行业未来发展的目标,但与川渝两地打造创新发展特区制度建设,突破行业政策"天花板",真正实现"特区"的"特事特办"方面还有一定的差距。

四、加强川渝人力资源服务创新发展特区制度建设的对策

(一)川渝人力资源服务创新发展特区制度建设的基本思路

1.川渝人力资源服务创新发展特区制度建设的原则

川渝人力资源服务创新发展特区制度的建设要坚持以问题和需求为导向,对标国内一流,坚持制度创新与产业发展相结合,加强跨区域协同,突出川渝两地特色,建设符合新时代产业发展趋势与具有影响力和比较竞争优势的人力资源服务制度体系。

(1)坚持创新驱动原则

制度建设带有根本性、全局性、稳定性和长期性。作为人力资源服务创新发展特区,着眼于创新驱动,大胆突破政策边界,探索前行,开拓创新,在发展边界、相关税收和财政、企业上市、政府采购、诚信制度构建等方面进行大胆尝试,为创新发展特区提供制度支撑,为其他区域人力资源服务创新发展积累制度借鉴。

(2)坚持协同发展原则

要构建川渝人力资源市场一体化体系,建设川渝人力资源服务创新发展特区,需要改革完善川渝人力资源工作制度,构建科学合理的制度体系,真正实现两地的制度互通协同,在区域内的人力资源流动、人力资源服务、资质互认等方面加强政策协调和制度衔接,逐步消除妨碍人力资源市场一体化的制度与政策规定,降低区域内人力资源流动和开发成本,形成区域内无障碍人力资源制度,从制度层面推进和保证两地人力资源市场一体化的不断深入。

（3）坚持竞争性原则

统一制度的构建也必须考虑川渝人力资源服务业之间的竞争以及川渝内人力资源服务机构竞争关系，要构建良性竞争关系，既要打破区域藩篱，同时又要保持合理的竞争度，促使人力资源服务机构增强市场适应能力，在市场竞争中发展。

2. 川渝人力资源服务创新发展特区制度建设的性质

（1）集成性

川渝人力资源服务创新发展特区的制度建设可以通过横向拓展、纵向延伸、疏通堵点等途径，积累全链条改革试点经验，形成具有全国影响力的制度创新成果，包括推进人力资源服务监管制度、公共服务制度、信息管理制度、保障制度等集成化改革创新。

（2）示范性

川渝人力资源服务创新发展特区建设的目标定位虽还不明朗，但作为我国第一个人力资源服务业的专业改革试验区，同时涉及跨区域改革试验区，势必对制度创新有较高的期待，因此需要对标全国，对人力资源服务的制度体系进行系统梳理，针对涉及人力资源服务业发展的关键制度进行创新探索。

（3）针对性

人力资源服务的制度体系较为繁杂，涉及面广，但作为创新发展特区，制度建设既要系统性，更要有针对性，要针对人力资源服务业发展的天花板问题进行大胆探索，围绕重点问题久久为功，促进人力资源服务业高质量发展。同时，制度建设也要体现川渝的特色，结合川渝两地人力资源服务产业发展的实际情况，以保证制度的针对性和可操作性。

3. 川渝人力资源服务创新发展特区制度建设步骤

为加快川渝人力资源服务创新发展特区建设，需要顶层设计和顶层推动，构建制度体系，建立有效的制度建设推进机制。要坚持对标国际先进，坚持制度创新与产业发展相结合，加强跨区域协作，增强改革的系统性、整体性、协作性，建设具有较强竞争力和影响力的人力资源服务制度体系。

（1）总体方案顶层设计与推动

创新发展特区承担着在现有体制之外或者说在现有体制的缝隙间探索建立新制度和尝试新事物的任务。在区域性政策试验取得良好效果后逐步推广相关经验，并最终形成面向全国的改革措施。以往的各种试验区的制度创新的演进过程大体上都经历一个包含六个阶段的逐步深化的展开过程,即地方或基层自发性探索阶段、筛选政策试验先进典型阶段、出台试点方案阶段、多地同时展开试点阶段、"由点到面"推广试点经验阶段、制定和实施适用于全国的政策阶段。川渝人力资源服务创新发展特区制度的建设取决于特区的目标定位,只有将川渝特区定位于国家级产业试验区,赋予更大的制度创新空间,才能在国家层面做好顶层设计和顶层推动。

(2)各领域各部门制度建设分工负责机制

川渝人力资源服务创新发展特区的制度建设试验所涉及的领域和部门众多,除人社部门外,还包括统计、市场监管、财政、税收、金融、大数据等多个政府部门。创新发展特区的制度建设责任主体虽然较多,但人社部门可以牵头汇集有关责任主体制度建设进展和制度创新成果,并且开始对试点政策执行情况进行综合和专项评估,可以进一步增强各部门积极深化体制机制改革和制度创新的动力。

(3)各领域各部门之间制度建设协调机制

开展制度创新试验要形成川渝人力资源服务创新发展特区的总体方案并以此为依据,为此,相互之间就需要有各方达成一致意见的成果。川渝建立人力资源服务创新发展特区,除方案本身也属于制度的一种类型外,更重要的是在总体方案中要反映各部门之间的职能职责与关系,明确组织领导机制,做好分工,定岗定人,确定协调推进机制,如例会、简报、会议纪要等,才能形成协调合力,推进川渝人力资源服务创新发展特区制度建设的顺畅进行。

(二)川渝人力资源服务创新发展特区制度探索建议

川渝人力资源服务创新发展特区制度的建设要紧密围绕贯彻落实党的二十大精神和习近平总书记关于成渝地区双城经济圈建设重要讲话精神,围绕"两中心两地"目标,在两地政府协同发展的顶层设计指引下,破除行政和制度的壁垒,打破行业政策的"天花板",在探索试验中推向前进,实现两地人力资源服务资源要素的优化配置,推动成渝地区经济社会的高质量发展。

1.探索推动人力资源服务业边界拓展制度

(1)拓展行业发展边界制度

拓展行业发展边界制度需要取消人力资源服务业的服务范围限制,大幅扩大人力资源服务业的服务范围,可从以下四个方面进行拓展。一是向全生命周期服务链拓展。鼓励人力资源服务机构探索构建人力资源的职前教育、职前规划、职中培训、职后生活服务的全生命周期服务体系。二是向人才与项目孵化方面拓展。鼓励人力资源服务业机构探索开展人才与项目孵化业务,设立川渝人才孵化投资基金,建立以人才为引领的创业孵化体系。三是向教育培训方向拓展。鼓励人力资源服务业机构向教育培训方面拓展,发挥人力资源服务行业优势,促进教育培训行业向纵深发展。四是向科技方面发展。人力资源服务也需要强化与科技融合,运用科技手段赋能人力资源服务数字化转型升级。

（2）人力资源服务业新边界统计制度

以人力资源服务业新边界为基准,完善人力资源服务业全口径统计体系,探索全口径人力资源服务业数据测算方案和全口径人力资源服务业增加值核算方法,先期在川渝人力资源服务创新发展特区建立人力资源服务业新边界统计制度试点,再逐步向全国推行。

2.优化支持人力资源服务机构成长制度

（1）创新人力资源服务业商事制度

进一步放宽川渝人力资源服务市场准入,简化公共服务手续,创新人力资源服务业商事制度。探索推进营业执照、人力资源服务许可证、劳务派遣证实现"三证合一",提高企业登记备案效率;推动将市级部门的人力资源服务许可证审批权限逐步下放到区县(或地市州);放宽人力资源服务机构准入门槛,逐步取消办理人力资源服务许可证对固定场所面积的要求;对参加行业培训达到一定条件,或在高校人力资源服务相关专业课程取得一定学分的,可视同持有行业从业资格证,对其办理人力资源服务许可证时予以认可;打破以税务登记为政策享受核心标准的条件限制,对于在川渝特区内注册的经营性人力资源服务机构,设立的服务网点和分支机构符合条件的,同等享受所在地有关优惠、扶持政策。

（2）人力资源服务业品牌培育制度

深入实施川渝人力资源服务优质品牌培育计划,鼓励人力资源服务企业注册和使用自主商标,参选服务业重点企业名录,争创中国驰名商标等,打造一批知名企业和特色品牌;围绕劳务品牌建设发挥人力资源服务优势,培育一批川渝地区人力资源服务助力乡村振兴劳务品牌。

（3）支持人力资源服务业态提质增效制度

鼓励人力资源服务机构以市场需求为导向,推进管理创新、服务创新和产品创新,大力发展人力资源管理咨询、人才测评等高人力资本、高技术、高附加值业态,开发满足不同层次、不同群体需求的各类人力资源服务产品。

（4）人力资源服务机构发展扶持制度

鼓励川渝有市场、有特色、有潜力的中小型人力资源服务机构高质量发展，鼓励人力资源服务机构参与创业孵化基地、就业见习基地创建，制定专项扶持政策；支持人力资源服务机构参与人才引进，并根据引才工作绩效给予直接奖励；支持人力资源服务机构接受用人单位委托，为用人单位代办社会保险事务；大力支持人力资源服务平台型经济、结算型经济的发展，充分用好财政杠杆，承接沿海地区类似机构的产业转移，同时做好风险控制，补齐建强产业链。

（5）创新人力资源服务机构上市培育制度

创新人力资源服务机构上市培育制度，为人力资源服务机构上市提供专门渠道和扶持政策；在川渝各省（市）级主管部门内部成立推动人力资源服务业机构上市工作办公室，定期调度推动，为企业上市融资提供专项指导。由川渝两地政府部门引导，协调两地金融机构设立人力资源服务领域的专门投融资基金，支持两地人力资源服务领域各类投融资、创新创业大赛、小微企业孵化等工作的开展。

3.制定人力资源服务产业创新发展制度

（1）人力资源服务业科技赋能制度

引导人力资源服务机构设立研发机构，建立研发中心，加大研发投入，加快人力资源服务新产品、新业态、新模式的开发；在川渝两地人力资源服务产业园内建设全国人力资源服务业重点实验室，将针对我国人力资源服务业发展面临的重大共性技术和关键技术问题开展创新研究，协调人社部、科技部等部委给予授牌支持，提供启动经费和运营经费支持。

（2）科技型人力资源服务机构发展支持制度

制定科技型人力资源服务机构认定标准，认定一批科技型人力资源服务机构，实施税收优惠措施；支持人力资源服务机构设立新型研发机构，联合高校、科研院所开展产学研融合发展研究，解决行业发展技术性问题。

（3）推进人力资源服务业数字化转型制度

促进人力资源服务业把握数字化转型方向，大力拓展各类线上服务模式，支持人力资源服务机构创新应用大数据、人工智能、区块链等新兴信息技术，发展人力资源数据分析运用、人才数字化管理等数字化转型服务，鼓励打造"互联网+人力资源+人力资源服务"一体化服务平台、人力资源大数据平台、人力资本金融创新平台。

4.打造人力资源服务行业发展平台制度

（1）人力资源服务产业园创新管理制度

围绕国家重大发展战略和区域发展规划，建设各级创业园，分别给予奖补，支持在川渝毗邻地区建设一个国家级人力资源服务产业园，探索创新跨省域"联合建园、联合办园、委托管园"等合作模式，打造川渝人力资源服务产业园共建共享合作样板。

（2）打造人才特区制度

创新人才制度，建设川渝人才特区。开展人才队伍建设创新试点，配套开展人才评估、人才银行、人才基金、人才保险、人才价值交易和人才大数据等人力资源服务。

（3）人力资源服务出口基地建设制度

大力支持人力资源服务出口基地的建设，川渝两地统一开展人力资源服务进出口贸易统计体系、海外业务指南等规范文本的编制，恳请人社部、商务部支持川渝建立海外人才数据库，编制发布国际人才急缺紧缺目录，对积极开展人力资源服务出口的企业在专项税收、展示交易、跨境结算等方面出台专项支持政策；鼓励川渝人力资源服务机构主动对接"一带一路"国家，加强国际人才引进、国际劳务输出，搭建国际人才网络服务平台。

（4）国家级人力资源服务产业发展研究院建设制度

依托中国重庆人力资源服务产业发展研究院、博士后科研工作站等，在川渝两地建设若干人力资源服务产业发展研究院的分院，共同建设人力资源服务行业专家智库，打造人力资源服务产业创新联合体和人力资源服务区域研发中心、技术创新中心；推动研究院与国内外高校、科研机构联合打造川渝两地人力资源服务领域的重点实验室，加强战略性、理论性、基础性研究。

（5）人力资源服务机构设立博士后科研工作站制度

鼓励在川渝人力资源服务企事业单位内设立博士后科研工作站，支持人力资源服务机构的博士后工作站与川渝两地各高校的博士后流动站之间形成互动支持的机制，联合培养招收人力资源相关方向的博士后人才；同时，争取人社部的支持，对川渝两地人力资源服务企事业单位申请设立国家级博士后科研工作站的予以适当倾斜，协调中国人民大学、北京大学等知名高校与川渝两地工作站之间开展联动与支持。

5.加强行业从业人员队伍建设制度

（1）人力资源服务从业人员职称评定制度

畅通人力资源服务从业人员职称申报渠道,组建人力资源服务专业职称评审委员会,制定完善相关标准条件,培养一支人力资源专业人才队伍。鼓励人力资源服务从业人员参加行业能力评价和相关职业资格证书考试。

（2）人才引进制度

支持开展川渝急缺紧缺人才目录的编制,在每年编制一期的基础上,川渝两地组建联合课题组,每年度定期发布,确保研究成果的延续性、长期性、动态性。以更加灵活的方式实施重大引才引智工程,加大对人力资源服务业领军人才、高端人才、国内外高层次复合型人才的引进力度,加快人力资源服务业人才集聚,为人力资源服务业的发展提供核心资源。将人力资源服务业高层次人才纳入人才计划和人才引进项目,探索制定人力资源服务业发展人才专项,享受相关优惠政策。探索成渝地区人才评价政策创新方面先行先试,建立川渝籍海外人才数据库,共同做好海外人才引进工作。

（3）人力资源服务从业人员培养制度

整合川渝两地产学研力量和产教融合资源,依托重庆大学、四川大学、西南财经大学、重庆工商大学等高校,联合创建"人力资源服务学院",争取人社部的授牌支持,力争向教育部门申请办成高职院校。创新设置培养方案与培养模式,支持人力资源服务机构与高校、职业院校、知名培训机构合作建立培训基地和实训基地,共同培养行业专业人才,鼓励人力资源服务企业和高校开展"订单式"培训,探索"产教融合、校企合作、工学结合"的人才培养模式。鼓励川渝两地人力资源服务机构、人力资源服务产业园与有条件的普通高校、科研院所设立人力资源服务学科、专业,支持开设人力资源服务方向的硕士点、博士点,联动教育部门予以支持,从源头培养行业人才。加强人力资源服务课程体系的开发,编撰行业统一规范的教材供高校和培训机构参考,从高校、市场两方面推动行业人才的培养。

（4）赛事制度

建立人力资源服务业省市级专项赛事制度,深入推动HR能力大赛提档升级,建立赛事体系,推动行业赛事常态化、专业化举办。

6.强化人力资源市场体系建设制度

（1）人力资源市场建设制度

探索组建川渝地区统一的劳动力市场、人才市场和零工市场,整合西部地区人力资源服务资源,地点可设在川渝两地中心城区,采取"2+N"的形式,在其他地市州(区县)设置分市场,对于建设分市场的给予专项补助,支持社会力量创建分市场,探索符合市场规律、适应发展需要、运转灵活高效的运营管理模式。

(2)诚信积分推广制度

进一步完善人力资源服务业诚信积分制度和黑白名单管理制度,优化建立人力资源服务机构信用等级分类评定办法,设立人力资源服务机构信用"银行",川渝共同建立人力资源服务机构诚信档案,相互之间实现互联互通、数据共享。

(3)人力资源机构信息化管理制度

建立健全人力资源数据安全管理制度,探索实行人力资源数据分类管理和风险评估,防止数据泄露和滥用,协同川渝大数据厅(局)等职能部门,在川渝两地中心城区建立人力资源数据安全管理中心,对两地人力资源服务机构相关数据实行有力的管理。

7.推动建立人力资源服务协同发展制度

(1)协同构建协调组织机制

推动川渝两地建立跨省际协调机制,明确两地人力资源服务特区制度建设的主体责任与分工,制定协同发展规划或实施方案;建立跨层级联席会议机制,强化纵横联动上下贯通。成立由川渝两地政府部门牵头、相关部门共同参与的人力资源协同发展议事机制,加强项目、相关政策对接,共同列出并协同推进重点任务、重大项目清单,按序推进,统筹调度。

(2)协同搭建发展载体

打造川渝两地人力资源服务产业发展共同体,推动两地各产业园区、机构之间结成合作伙伴,推动从企业单打独斗发展向区域产业链协同发展转变,共同对外推广川渝人力资源服务品牌;联合举办全国性行业会赛,搭建行业会赛联合组织机构,相互支持、协同举办各类人力资源服务行业大型会展、赛事等活动,推动双方结成利益共同体,共担责任、共出经费、共享成果。

(3)协同推进改革试验

推动川渝两地人力资源服务创新发展特区落地实施,建设两地人力资源服务一体化示范区,参考北京中关村、海南自贸港特区等建设情况,在川渝两地毗邻地区探索开展物理空间上的人力资源服务特区试点,如万达开、高竹新区、西部科学城等地,组建两地特区建设委员会,协同推动两地财政、税收、金融、人才等各项优惠政策向特区倾斜,在实践中不断探索、完善川渝人力资源服务创新发展特区的建设制度体系。

    课题研究单位:重庆市人力资源开发服务中心
    课题负责人:魏　建
    课题主研人员:刘　杨　罗　潇　于晓彤

重庆市精准化引进紧缺人才研究

摘　要：为进一步围绕国家战略强化人才服务支撑,持续优化"近悦远来"人才生态,推动重庆引才工作有的放矢、精准施策,本研究提出重庆市紧缺人才主要涉及智能制造与装备制造、电子信息、新材料、生物医药和大健康、汽摩、现代服务、绿色低碳和农业加工领域8个产业,明确了相关的学科专业。通过比较供需发现,重庆各类紧缺人才存在约4万人的缺口,而且存在校招供大于求,社招供给缺口较大,不同学科紧缺人才供需情况存在一定差异等结构性供需不平衡的现象,并根据产业分布与学科分布两个维度,确定了重庆紧缺人才的主要来源地域。随后,在分析重庆引才政策的内容和要素的基础上,分析和比较了北京、杭州、上海、广州、深圳、成都、西安、武汉的引才政策及做法,从海外人才引进的角度分析了美国、澳大利亚和新加坡的引才政策,提出了可供借鉴的经验。最后,基于前述研究,从加强主体协同、优化政策工具、简化政策程序、主动对接需求和丰富引才形式提出了重庆市精准化引进紧缺人才的建议。

关键词：精准化引才　紧缺人才　供需分析

一、引言

党的二十大报告指出,要深入实施人才强国战略,培养造就大批德才兼备的高素质人才,是国家和民族长远发展大计,要完善人才战略布局,建设规模宏大、结构合理、素质优良的人才队伍，促进人才区域合理布局和协调发展，深化人才发展体制机制改革，把各方面优秀人才集聚到党和人民事业中来。

近年来，重庆紧扣国家战略强化人才服务支撑，全力打造高端人才集聚地、产才融合示范地、青年人才荟萃地，持续优化"近悦远来"人才生态，推进"重庆英才"品牌建设，不断提升重庆的人才吸引力。党的十九大以来，重庆市人才资源总量从512万人增长到599万人，其中高层次人才增幅达93%。到2025年，重庆市预计引进海内外高层次人才1000名，产业急需紧缺高端人才3000名，优秀青年人才2.5万名，新增高技能人才15万人以上，力争人才资源总量突破660万人[①]。但如何在招才引智上避免面面俱到、"眉毛胡子一把抓"，有的放矢、精准施策，精准化引进紧缺人才成为当前重庆人才工作的当务之急。

二、重庆市紧缺人才涉及产业与学科专业

结合成渝地区和重庆市的相关文件，本研究认为重庆市紧缺人才主要涉及智能制造与装备制造、电子信息、新材料、生物医药和大健康、汽摩、现代服务、绿色低碳、农业加工领域。其中，智能制造与装备制造产业涉及智能终端、智能传感器及仪器仪表、航空航天等产业和领域，涉及专业主要包括机械、仪器、电子信息、自动化、计算机、航空航天和交通运输等专业。电子信息与软件产业涉及集成电路与新型显示、电子元器件、通信终端、车联网等产业和领域，主要涉及计算机、机械、电子信息、自动化和仪器等专业。新材料产业涉及先进金属材料、新型非金属材料、纳米材料、增材制造用粉体材料等前沿新材料产业和领域，主要涉及材料、化学、化工、能源动力和力学等专业。生物医药和大健康产业涉及生物药、化学创新药及高端仿制药、现代中药、医疗健康装备、数字医疗器械等产业和领域，主要涉及药学、中药学、医药技术、化工与制药、生物医学工程、生物工程和化学等专业。汽摩产业涉及汽车整车研发设计、关键零部件配套、检测服务平台建设、新能源与智能汽车、氢燃料电池汽车、摩托车及配套产业等产业和领域，主要涉及机械、仪器、自动化、电子信息和能源动力等专业。现代服务产业涉及商贸、物流、金融、文化旅游等产业和领域，主要涉及公共管理、工商管理、旅游管理等专业。绿色低碳产业涉及生态修复、先进智能化环保装备、固废综合利用和回收等产业和领域，主要涉及自然

① 《重庆市人民政府关于印发重庆市国民经济和社会发展第十四个五年规划和二〇三五年远景目标纲要的通知》（渝府发〔2021〕6号）。

保护与环境生态、环境科学与工程和能源动力等专业。农业加工产业涉及蔬果制品、肉禽制品、粮油制品、酒饮茶烟制品、乳制品、农业人工智能等产业和领域,主要涉及植物生产、动物生产、林学和食品科学与工程等专业。

三、重庆市紧缺人才的供需分析

对于重庆市紧缺人才的需求而言,本研究采用从智联招聘网获取的相关领域招聘数据,作为紧缺人才的需求数据。对于重庆市紧缺人才的供给而言,本研究利用《中国教育统计年鉴》《重庆统计年鉴》《重庆教育年鉴》、重庆各高校招生就业网站公开数据,以及第三方网站聚合数据,对重庆68所高校大学毕业生供给总量和产业相关学科毕业生供给进行分类分析。

(一)重庆紧缺人才供需整体情况

1.需求情况

从学科门类来看,需求最大的是工学,需求人数达到了67385人,占总需求的48.43%。其次是管理学(29483人)和理学(16181人)。医学(11360人)、农学(8695人)和经济学(6036人)需求人数位列后三位。这些学科门类的需求主要集中于社招需求,特别是工学紧缺人才,社招需求超过了社招总需求的50%。只有理学的紧缺人才校招需求(8480人)要多于社招需求(7701人)。

从专业来看,需求最大的专业分别是材料(18755人)、工商管理(14563人)、机械(13938人)、公共管理(13160人)、力学(12594人),需求量均超过了1万人。需求量最少的分别为食品科学与工程(53人)、植物学(154人)、动物医学(198人)和森林资源(231人)。只有力学、地质学两个专业的校招人数超过了社招人数。

2.供给情况

2020—2024年,重庆市本硕毕业生总人数分别约为13.2万人、14.1万人、14.3万人、14.8万人和16.5万人,累计实现人才供给约73万人。其中,工科毕业人数最多,累计供给约23.4万人,占比为32.05%。其次为管理学,累计供给12.5万人,占比为17.12%。农学毕业生人数最少,累计供给约1.4万人,占比为1.92%。理学、经济学和医学分别累计供给4.3万人、3.6万和3.1万人,占比分别为5.89%、4.93%和4.25%。

（二）智能制造与装备制造产业人才供需分析

1. 需求情况

2021 年,智能制造与装备制造产业总需求为 41408 人,其中校招需求为 3153 人,社招需求为 38255 人。从各专业分布来看,机械专业人才的需求最大(13938 人),占该产业总需求人数的 33.66%。需求最少的为仪器仪表(332 人),占该产业总需求人数的 0.8%。值得注意的是,交通运输专业需求量为 11653 人,但校招人数仅为 8 人,远远低于社招人数,说明该专业主要需求为成熟型人才。航空航天专业在校招中的比例(12.78%)远高于社招所占的比例(5.98%),说明该专业主要需求为大学毕业生。

2. 供给情况

计算机专业人才供给 2023 年和 2024 年之和为 22314 人,超过了智能制造与装备制造领域相关专业毕业生总人数的 45%,是本领域本科人才供给最多的专业,约为排名第二位的机械专业毕业生的两倍。供给最少的三个专业分别是仪器专业、航天航空专业和交通运输专业,未来两年毕业生总数分别为 450 人、503 人和 888 人。

智能制造与装备制造产业涉及的专科专业主要包括计算机、自动化、电子信息、机械设计制造、通信航空装备和机电设备专业。计算机专业人才供给 2023 年和 2024 年之和为 7392 人,是智能制造与装备制造领域专科人才供给最多的专业。专科人才供给最少的则为机电设备专业(652 人)。自动化、电子信息、机械设计制造、通信和航空装备专业人才供给总数分别为 6802 人、6236 人、2363 人、1302 人和 761 人。

（三）电子信息与软件产业人才供需分析

1. 需求情况

2021 年,电子信息与软件产业总需求为 13126 人,其中校招需求为 449 人,社招需求为 12677 人,社招需求远远大于校招需求。从各专业分布来看,电子电气专业人才的需求最大(8960 人),占该产业总需求人数的 68.26%,计算机科学与技术专业人才的需求次之(3832 人),需求最少的为仪器仪表(332 人),占该产业总需求人数的 2.53%。

2.供给情况

计算机专业人才供给2023年和2024年之和为22314人,约占电子信息领域本科毕业生总人数的60%,是该领域本科人才供给最多的专业。人才供给最少的专业是仪器专业,毕业生总数仅有450人,约为电子信息领域本科人才供给总数的1.2%。

电子信息与软件产业涉及的专科专业主要包括计算机、自动化、电子信息、通信和集成电路专业。计算机专业和自动化专业人才供给2023年和2024年之和分别为7392人和7375人,是电子信息领域专科人才供给最多的两个专业。专科人才供给最少的则为集成电路专业(52人)。

(四)新材料产业人才供需分析

1.需求情况

2021年,新材料产业总需求为38273人,其中校招需求为10349人,社招需求为27924。从各专业分布来看,材料专业、力学专业的需求排名靠前,分别为18755人和12594人。能源动力专业需求最少,仅为344人,占该产业总需求人数的0.9%。其中,化工专业在社招需求方面要远远大于校招需求。

2.供给情况

材料专业人才供给2023年和2024年之和为3975人,约占新材料领域本科毕业生总人数的42%,是该领域本科人才供给最多的专业。供给最少的专业是力学专业(255人)。化学、化工和能源动力专业人才供给总数分别为2178人、2031人和975人。

新材料产业涉及的专科专业主要包括化工技术、非金属材料和新能源发电工程专业。化工技术专业人才供给2023年和2024年之和为443人,是新材料领域专科人才供给最多的专业。专科人才供给最少的则为新能源发电工程专业(55人)。

(五)生物医药和大健康产业人才供需分析

1.需求情况

2021年,生物医药和大健康产业总需求为18138人,其中校招需求为79人,社招需求为18059人。从各专业分布来看,化工和医学专业需求相差不大,分别为6580人和7592人。其次为药学,需求人数为3768人。最少的动物医学需求人数仅为198人,占总需求的1.09%,并且均为社招渠道人才。

2. 供给情况

化学专业人才供给 2023 年和 2024 年之和为 2178 人,约占生物医药和大健康领域本科毕业生总人数的 29%,是该领域本科人才供给最多的专业,与排名第二位的化工与制药专业毕业生人数(2031 人)相差不大。供给最少的专业是中药学(208 人)和生物工程专业(299 人)。药学、医学技术和生物医学工程专业人才供给总数分别为 1151 人、920 人和 744 人。

生物医药和大健康产业涉及的专科专业主要包括药品与医疗器械、中医药、医学技术和药学。药品与医疗器械专业人才供给 2023 年和 2024 年之和为 5030 人,是生物医药和大健康领域专科人才供给最多的专业。专科人才供给最少的为药学专业(1118 人)。中医药和医学技术专业人才供给总数分别为 3028 人和 1457 人。

(六)汽摩产业人才供需分析

1. 需求情况

2021 年,汽摩产业总需求为 35227 人,其中校招需求为 2691 人,社招需求为 32536 人。从各专业分布来看,机械专业(13938 人)、交通运输专业(11653 人)和电子电气专业(8960 人)占据该产业紧缺人才需求的绝大多数。需求排名较少的专业分别为能源动力专业(344 人)和仪器仪表专业(332 人)。其中,校招总需求的 85.21% 为机械专业,其他专业的校招需求不大。

2. 供给情况

机械专业人才供给 2023 年和 2024 年之和为 10903 人,约占汽摩领域本科毕业生总人数的 42%,是该领域本科人才供给最多的专业。供给最少的专业是仪器专业(450 人)。电子信息、自动化和能源动力专业人才供给总数分别为 10080 人、3775 人和 975 人。

汽摩产业涉及的本科专业主要包括自动化、电子信息、汽车制造、机械设计制造、通信和机电设备专业。自动化专业人才 2023 年和 2024 年供给之和为 7375 人,是汽摩产业专科人才供给最多的专业。专科人才供给最少的则是机电设备专业(652 人)。电子信息、汽车制造、机械设计制造和通信专业人才供给总数分别为 6236 人、4741 人、2363 人和 1302 人。

(七)现代服务产业人才供需分析

1.需求情况

2021年,现代服务产业总需求为35519人,其中校招需求为4883人,社招需求为30636人。从各专业分布来看,需求排名最大的两个专业分别是工商管理(14563人)和公共管理(13160人)。其次为经济学专业(6036人)和管理科学与工程专业(1760人)。其中,经济学专业社招需求人数比例(3.4%)要远低于校招需求人数比例(19.16%)。

2.供给情况

工商管理专业人才供给2023年和2024年之和为20631人,约占现代服务领域本科毕业生总人数的42%,是该领域本科人才供给最多的专业,远远超过了排名第二位的管理科学与工程专业毕业生人数(6627人)。供给最少的专业是财政学专业,毕业生人数为645人。

现代服务产业涉及的专科专业主要包括电子商务、财务会计、经济贸易、物流、财政税务、统计和金融专业。电子商务专业人才供给2023年和2024年之和为3834人,是现代服务领域专科人才供给最多的专业。专科人才供给最少的则为金融专业(171人)。财务会计、经济贸易、物流、财政税务和统计专业人才供给总数分别为1655人、558人、377人、205人和190人。

(八)绿色低碳产业人才供需分析

1.需求情况

2021年,绿色低碳产业总需求为6179人,其中校招需求为1956人,社招需求为4223人。从各专业分布来看,需求排名前三的专业分别是地质学(2255人)、草业科学(1618人)和地理科学(1332人)。需求排名最少的则为植物学(154人)。其中,林业工程、森林资源和植物学专业几乎没有校招需求。

2.供给情况

环境科学与工程专业人才供给2023年和2024年之和为1815人,约占绿色低碳领域本科毕业生总人数的60%,是绿色低碳领域本科人才供给最多的专业,约为排名第二位能源动力专业(975人)的两倍。人才供给最少的专业是自然保护与环境生态专业,毕业生人数仅有197人。

绿色低碳产业涉及的本科专业主要包括环境保护、热能与发电工程和新能源发电工程专业。环境保护专业人才供给2023年和2024年之和为1235人,是绿色低碳领域专科人才供给最多的专业,占绿色低碳产业相关专业人才供给的绝大多数。热能与发电工程专业次之,人才供给为271人。人才供给最少的为新能源发电工程专业(105人)。

(九)农业加工产业人才供需分析

1.需求情况

2021年,农业加工产业总需求为2759人,其中校招需求为29人,社招需求为2730人。从各专业分布来看,草业科学(1618人)人才需求量最大,食品科学与工程(53人)的需求量最小。该产业相关专业几乎没有校招需求,仅有进行校招的食品科学与工程(12人)、环境科学(9人)、草业科学(6人)和林业工程(2人)人数也非常少,而森林资源和植物学完全没有校招需求。

2.供给情况

食品科学与工程专业人才供给2023年和2024年之和为1591人,约占农业加工领域本科毕业生总人数的39%,是该领域本科人才供给最多的专业。供给最少的专业是动物生产专业(399人)。植物生产和林学专业毕业生总数分别为1335人和736人。

农业加工产业涉及的专科专业主要包括畜牧、食品、农业和渔业专业。畜牧专业人才供给2023年和2024年之和为771人,是农业加工专科人才供给最多的专业。专科人才供给最少的则为渔业专业(80人)。农业和食品专业毕业生总数分别为158人和253人。

(十)小结

从总体的供需状况而言,各类紧缺人才的供给总量不能满足需求。同时,人才供需存在明显的结构性不足和过剩,主要表现在以下三个方面。

一是紧缺人才总量供不应求。2021年,重庆市理工农医经管类人才需求总数约为14万人,人才供给约为9.4万人。从人才总量来看,存在约4万人的缺口。

二是校招供大于求,社招人才需求缺口较大。校招需求约为2万人,供给的9.4万人远远超过了需求量。社招需求约为11万人,需要重庆通过积极引才加以弥补。

三是不同学科门类紧缺人才供需情况存在一定的差异。工学、管理学、经济学和农学都表现出人才总量供给不足,但是校招供给过剩、社招供给不足而使需求存在较大缺口。理学人才总量供给不足,校招能够实现供需平衡,社招人才需求缺口较大。

四、重庆紧缺人才的主要来源地域分布

(一)智能制造与装备制造产业紧缺人才主要来源分布

从地域分布来看,智能制造与装备制造业的企业和人才主要集中于美国、德国、沙特阿拉伯和英国。从国内来看,中国智能制造装备企业主要分布在山东省、长三角和珠三角等地。该产业的相关人才主要分布在广东、江苏、浙江和山东。

从学科分布来看,该产业紧缺人才涉及机械、仪器仪表、电子信息、自动化、计算机、航空航天和交通运输专业,主要分布在相关高校所在的北京、上海、西安、天津、武汉、哈尔滨、南京等地(图1)。

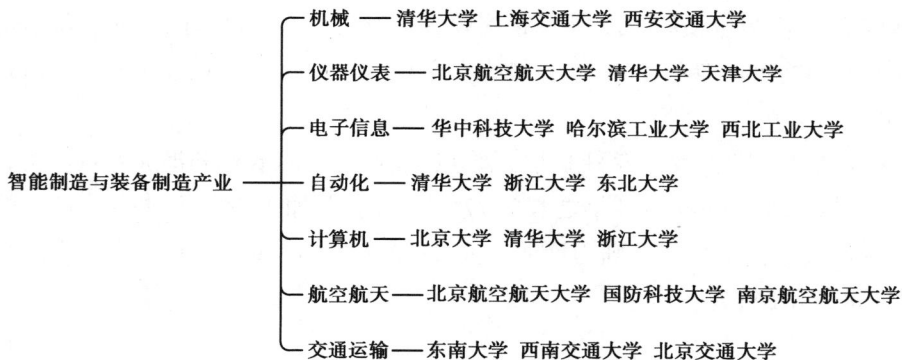

```
                                    机械 —— 清华大学  上海交通大学  西安交通大学

                                    仪器仪表 —— 北京航空航天大学  清华大学  天津大学

                                    电子信息 —— 华中科技大学  哈尔滨工业大学  西北工业大学

智能制造与装备制造产业 ——            自动化 —— 清华大学  浙江大学  东北大学

                                    计算机 —— 北京大学  清华大学  浙江大学

                                    航空航天 —— 北京航空航天大学  国防科技大学  南京航空航天大学

                                    交通运输 —— 东南大学  西南交通大学  北京交通大学
```

图1 2022年智能制造与装备制造产业相关专业国内排名前三的大学

(二)电子信息与软件产业紧缺人才主要来源分布

从地域分布来看,美国、日本、韩国、欧洲等国家和地区相关企业掌握着大量电子信息领域高端产品关键核心技术,基本占据了高端信息产品的研发设计、生产制造、技术服务等价值链高端。国内人才主要聚集在北京、广东、浙江、江苏、福建等沿海发达地区。

从学科分布来看,该产业紧缺人才涉及计算机、机械、电子信息、自动化和仪器仪表专业,主要分布在相关高校所在的北京、上海、西安、天津、武汉、哈尔滨等地(图2)。

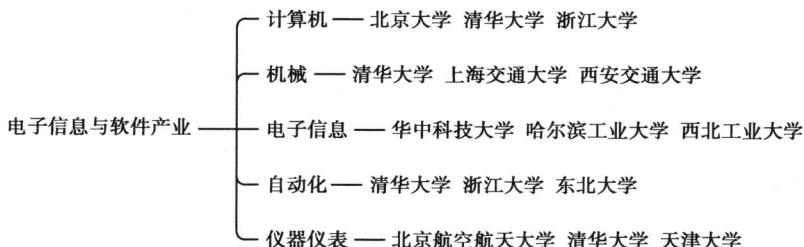

计算机 —— 北京大学 清华大学 浙江大学

机械 —— 清华大学 上海交通大学 西安交通大学

电子信息与软件产业 —— 电子信息 —— 华中科技大学 哈尔滨工业大学 西北工业大学

自动化 —— 清华大学 浙江大学 东北大学

仪器仪表 —— 北京航空航天大学 清华大学 天津大学

图2 2022年电子信息与软件产业相关专业国内排名前三的大学

(三)新材料产业紧缺人才主要来源分布

从地域分布来看,新材料产业的创新主体是美国、日本和欧洲等发达国家和地区,其拥有绝大部分大型跨国公司和产业人才。国内的新型材料行业企业主要聚集在长江三角洲地区,汇聚了国内主要的新材料产业人才。

从学科分布来看,该产业紧缺人才涉及材料、化学、化工、能源动力和力学专业,主要分布在相关高校所在的长沙、长春、北京、合肥、上海、天津、西安、武汉、济南、哈尔滨等地(图3)。

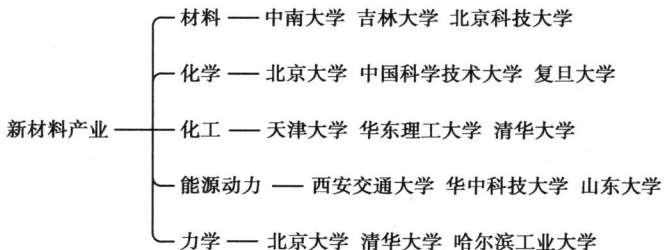

材料 —— 中南大学 吉林大学 北京科技大学

化学 —— 北京大学 中国科学技术大学 复旦大学

新材料产业 —— 化工 —— 天津大学 华东理工大学 清华大学

能源动力 —— 西安交通大学 华中科技大学 山东大学

力学 —— 北京大学 清华大学 哈尔滨工业大学

图3 2022年新材料产业相关专业国内排名前三的大学

(四)生物医药和大健康产业紧缺人才主要来源分布

从地域分布来看,美国生物药品在全球市场占主导地位,西欧、日本等发达地区和国家也是生物技术医药产品研发生产的主要地区和国家。在国内,该产业的企业和人才主要集中在长三角、环渤海、珠三角,东北地区,中部地区的河南、湖南、湖北,西部地区的四川、重庆也形成了生物医药快速发展的势头。

从学科分布来看,该产业紧缺人才涉及药学、中药学、医药技术、化工与制药、生物医学工程、生物工程和化学专业,主要分布在相关高校所在的北京、天津、成都、南京、上海等地(图4)。

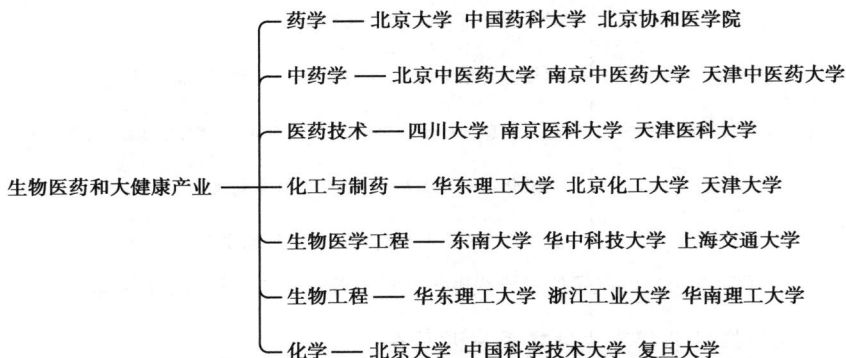

药学 —— 北京大学 中国药科大学 北京协和医学院

中药学 —— 北京中医药大学 南京中医药大学 天津中医药大学

医药技术 —— 四川大学 南京医科大学 天津医科大学

生物医药和大健康产业 —— 化工与制药 —— 华东理工大学 北京化工大学 天津大学

生物医学工程 —— 东南大学 华中科技大学 上海交通大学

生物工程 —— 华东理工大学 浙江工业大学 华南理工大学

化学 —— 北京大学 中国科学技术大学 复旦大学

图4 2022年生物医药和大健康产业相关专业国内排名前三的大学

(五)汽摩产业紧缺人才主要来源分布

从地域分布来看,美国底特律,日本东京、丰田汽车城,德国斯图加特、沃尔夫斯堡,意大利都灵,法国巴黎、比扬古和韩国首尔(现代产业集群所在地)集中了全世界主要的汽摩企业和人才。国内的汽摩产业企业和人才主要集中在以长春为代表的东北老工业集群区,以上海为代表的长三角集群区,以北京、天津为代表的京津集群区,以广东为代表的珠三角集群区,以武汉为代表的中部集群区,以重庆为代表的西南集群区。

从学科分布来看,该产业紧缺人才涉及机械、仪器仪表、自动化、电子信息和能源动力专业,主要分布在相关高校所在的北京、南京、上海、天津、杭州、武汉、哈尔滨等地(图5)。

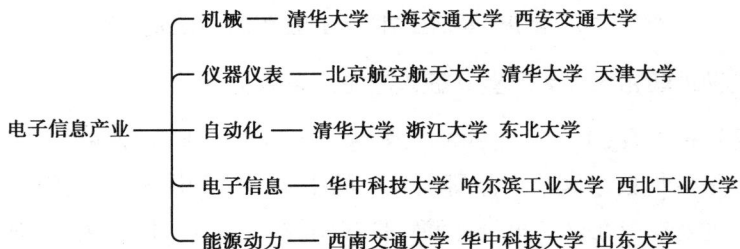

机械 —— 清华大学 上海交通大学 西安交通大学

仪器仪表 —— 北京航空航天大学 清华大学 天津大学

电子信息产业 —— 自动化 —— 清华大学 浙江大学 东北大学

电子信息 —— 华中科技大学 哈尔滨工业大学 西北工业大学

能源动力 —— 西南交通大学 华中科技大学 山东大学

图5 2022年汽摩产业相关专业国内排名前三的大学

(六)现代服务产业紧缺人才主要来源分布

从地域分布来看,美国、英国、法国、德国和日本的现代服务业发达。国内该产业企业和人才则主要集中于北、上、广、深这些一线城市,以及杭州、成都等准一线城市。

从学科分布来看,该产业紧缺人才涉及公共管理、工商管理、旅游管理、物流管理、电子商务、管理科学与工程、经济学等专业,主要分布在相关高校所在的北京、南京、广州、天津、成都、上海等地(图6)。

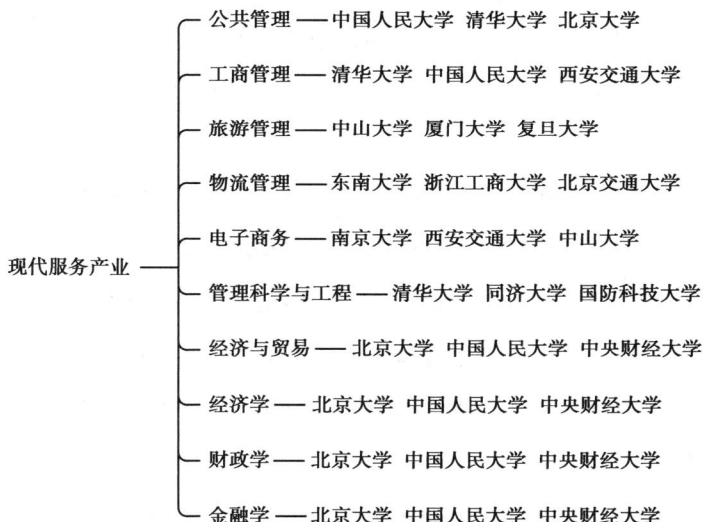

```
                  ┌─ 公共管理 ──── 中国人民大学  清华大学  北京大学

                  ├─ 工商管理 ──── 清华大学  中国人民大学  西安交通大学

                  ├─ 旅游管理 ──── 中山大学  厦门大学  复旦大学

                  ├─ 物流管理 ──── 东南大学  浙江工商大学  北京交通大学

                  ├─ 电子商务 ──── 南京大学  西安交通大学  中山大学
   现代服务产业 ──┤
                  ├─ 管理科学与工程 ── 清华大学  同济大学  国防科技大学

                  ├─ 经济与贸易 ──── 北京大学  中国人民大学  中央财经大学

                  ├─ 经济学 ──── 北京大学  中国人民大学  中央财经大学

                  ├─ 财政学 ──── 北京大学  中国人民大学  中央财经大学

                  └─ 金融学 ──── 北京大学  中国人民大学  中央财经大学
```

图6 2022年现代服务产业相关专业国内排名前三的大学

(七)绿色低碳产业紧缺人才主要来源分布

从地域分布来看,本产业的人才主要集中于美国、英国、印度、德国和澳大利亚。目前我国现存环保相关企业主要分布在广东、山东、江苏等省份。

从学科分布来看,该产业紧缺人才涉及自然保护与环境生态、环境科学与工程、能源动力专业,主要分布在相关高校所在的南京、呼和浩特、重庆、上海、合肥、广州、西安、北京等地(图7)。

```
                 ┌── 自然保护与环境生态 ── 南京农业大学  内蒙古农业大学  西南大学
绿色低碳产业 ──┼── 环境科学与工程 ── 上海交通大学  中国科学技术大学  中山大学
                 └── 能源动力 ── 西安交通大学  清华大学  上海交通大学
```

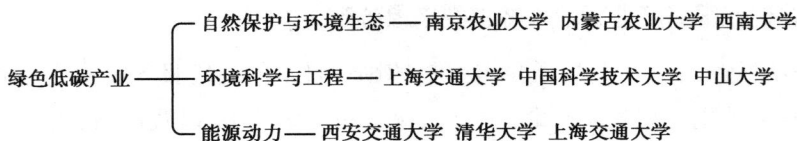

图7　2022年绿色低碳产业相关专业国内排名前三的大学

(八)农业加工产业紧缺人才主要来源分布

从地域分布来看,世界上农业人才主要集中在日本、美国以及荷兰,而在国内,山东、广东、河南等农业大省是农业人才聚集地。

从学科分布来看,该产业紧缺人才涉及植物生产、动物生产、林学、食品科学与工程专业,主要分布在相关高校所在的北京、上海、武汉、杨凌、杭州、南京、哈尔滨、无锡等地(图8)。

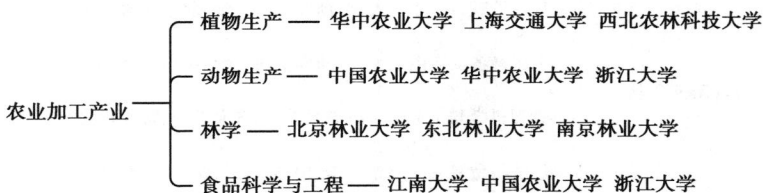

```
                 ┌── 植物生产 ── 华中农业大学  上海交通大学  西北农林科技大学
                 ├── 动物生产 ── 中国农业大学  华中农业大学  浙江大学
农业加工产业 ──┤
                 ├── 林学 ── 北京林业大学  东北林业大学  南京林业大学
                 └── 食品科学与工程 ── 江南大学  中国农业大学  浙江大学
```

图8　2022年农业加工产业相关专业国内排名前三的大学

(九)小结

从地域分布来看,国际引才来源主要为美国、西欧、日本和韩国,国内引才来源则主要集中于长三角、珠三角、京津冀和成渝地区(表1)。这些国家和地区的相关产业技术发展水平较高,产业链完整,体系完备,人才相对集中,已经形成了产业人才聚集区。

表1　重庆市紧缺人才主要来源

紧缺人才涉及产业	引才渠道	国内引才来源	国际引才来源
智能制造与装备制造产业	社招	广东、江苏、浙江、山东	美国、德国、沙特阿拉伯、英国
	校招	北京、上海、西安、天津、武汉、哈尔滨、南京	
电子信息与软件产业	社招	北京、广东、浙江、江苏、福建	美国、日本、韩国、欧洲
	校招	北京、上海、西安、天津、武汉、哈尔滨	

续表

紧缺人才涉及产业	引才渠道	国内引才来源	国际引才来源
新材料产业	社招	苏州、上海、杭州、绍兴、嘉兴、南通、宁波、无锡	美国、日本、韩国、俄罗斯、欧洲
	校招	长沙、长春、北京、合肥、上海、天津、西安、武汉、济南、哈尔滨	
生物医药和大健康产业	社招	长三角、环渤海、珠三角、川渝	美国、西欧、日本
	校招	北京、天津、成都、南京、上海	
汽摩产业	社招	东北老工业集群区、长三角集群区、京津冀集群区、珠三角集群区、中部集群区、西南集群区	美国、日本、德国、韩国、法国
	校招	北京、南京、上海、天津、杭州、武汉、哈尔滨	
现代服务产业	社招	北京、上海、广州、深圳、杭州、成都	美国、英国、法国、德国、日本
	校招	北京、南京、广州、天津、成都、上海	
绿色低碳产业	社招	广东、山东、江苏、上海、四川、河北、河南	美国、英国、印度、德国、澳大利亚
	校招	南京、呼和浩特、重庆、上海、合肥、广州、西安、北京	
农业加工产业	社招	山东、广东、河南	日本、美国、荷兰
	校招	北京、上海、武汉、杨凌、杭州、南京、哈尔滨、无锡	

五、重庆市引才政策分析

(一)引才政策的来源

首先,从重庆政府官网、人力和社会保障局官网、北大法宝网站,以"人才""引进""人才政策"为关键字进行检索获得的政策性文件167份。其次,对检索的结果人工进行分析,排除招聘公告、人才评定、活动新闻、项目申报等无关结果,以及对普适性文件(例如《在渝工作人员职称评定标准》)等非针对引才过程的政策文件加以排除,从而获得13份重庆引才政策,涉及"办法""政策""措施""意见""规定"和"通知"等政策载体。

(二)引才政策的现状

1.引才政策的适用对象

重庆市引才政策的对象可分为四类:一是高学历知识型人才,例如两院院士科研工作者,重点项目带头人;二是高水平技能人才,例如巴渝工匠大赛获奖者;三是高水平技术人才,例如长江学者、百千万人才工程人选;四是优秀企业家,例如在国内外知名企业担任中层以上管理职务两年以上且业绩突出的经营管理人才。

2.引才政策的发文主体

从发文主体来看,市人力社保局、市委组织部、市财政局、市科技局、市府、市地税局、市委办公厅、市教委和市住建委参与了重庆市的引才政策(表2)。其中,8份政策为多部门联合发文,6份为单一部门发文。

表2　重庆引才政策的发文主体

发文主体	参与发文次数	参与比例	单独发文次数	联合发文次数
重庆市人力资源和社会保障局	11	33.33%	3	8
中共重庆市委组织部	5	15.15%	0	5
重庆市财政局	5	15.15%	0	5
重庆市科学技术局	4	12.12%	1	3
重庆市人民政府	3	9.09%	2	1
重庆市地方税务局	2	6.06%	0	2
中共重庆市委办公厅	1	3.03%	0	1
重庆市教育委员会	1	3.03%	0	1
重庆市住房和城乡建设委员会	1	3.03%	0	1
总计	33		6	27

3.引才政策的要素

在政策目标方面,持续营造"远者来,近者悦"的人才生态环境,强调引才项目要适合重庆的发展现状和产业政策,能够实现对重庆市经济发展的推动作用,产生良好的社会效益和经济效益。通过引进人才打造重点实验室,将石油天然气化工、装备制造、材料冶金、电子信息、综合能源等全市规划发展的重点产业领域发展为一流水平,建设全国有影响力的科技中心,推动重庆市产业结构转型升级。

在政策工具方面,一是金融支持,设立专项基金,支持高层次人才携带科技成果来渝转化项目,鼓励各类天使投资基金、风险投资基金围绕创新创业团队开展创投业务,鼓励金融机构对创新创业团队提供债权融资服务;二是创业支持,对于创业团队除上述金融支持外,还要致力于打造创业孵化园,为高层次人才提供临时办公场所和政策咨询、风险评估、投融资等相关配套服务,以搭平台、建团队、促转化、强激励为主,鼓励优秀科学家在重庆开展科技创新创业活动;三是生活服务,健全服务保障体系,以满足引进人才的生活需要,包括落户政策、引进奖励、购房优惠、住房补贴、博士后继续培养计划、休假制度、旅游交通服务等内容,以满足引进人才的生活工作需要,提供良好的人性关怀;四是风险控制,由市人社局或用人单位主体定期对引进人才进行考核,考核内容包括项目的技术水平、市场前景、风险等级以及申报人及其团队的创新能力、经营管理和资金使用情况等。

六、国内外引才政策的主要内容与做法

(一)国内引才政策的主要内容与做法

本研究选择了北京、杭州、上海、深圳、广州、成都、西安和武汉的人才政策为研究对象,在相应城市的政府官网、人力和社会保障部门网站、北大法宝网站,以"人才""引进""人才政策"为关键字进行检索,再利用人工筛选获取研究对象市域范围内的引才政策,分析了各城市引才政策的政策载体与发文主体、政策内容、典型的引才政策和引才政策的主要特点。

1.北京引才政策的主要内容与做法

(1)政策载体与发文主体

2005—2022年,北京市、区发布了14份引才政策,涉及"意见""办法""措施""细则""行动"和"计划"6种政策载体。其中,12份文件为单独发文,2份文件是联合发文。

(2)政策内容分析

在政策目标方面,强调坚持服务于国家创新战略、服务于首都社会经济发展、服务于全面提高人才培养质量、服务于提升市属高校科技创新能力;打造世界高端人才聚集之都,为首都率先形成创新驱动的发展格局提供人才智力保证。

在政策工具方面,一是提供丰富多样的就业选择,最大限度满足引进人才意愿,发挥价值;二是提供金融服务,对外来人才创新创业提供多样化的资金支持和税收优惠政策;三是经济奖励,对引进的优秀人才以及团队给予丰厚的研究经费以及引进奖励;四是人才落户,满足条件的人才可同家属共同落户北京。

(3)引才的经验做法

主要包括北京国际青年人才"双百"对接会;外籍科学家牵头国家科技项目;多项新措施加大海外人才引进使用力度;针对大学毕业生的引进新政,推出以才荐才政策。

2.杭州引才政策的主要内容与做法

(1)政策载体与发文主体

2005—2022年,杭州市、区发布了12份引才政策,涉及"意见"和"办法"两类政策载体。其中,10份引才政策是多机构联合发文,2份为单独发文。

(2)政策内容分析

在政策目标方面,通过高层次人才、创新创业人才及团队的引进培养,努力做大增量、做优存量,打造区域性人才高地,使人才队伍适应经济社会发展需要,为构建创新型高科技型城市提供人才保障支撑。

在政策工具方面,一是资金支持,引进的人才在杭州最高可以获得100万元的经济奖励,在杭州创业的给予初始资金最高500万元的资金支持;二是生活服务,对配偶和子女的工作和学习也会妥善安排;三是人才分类,杭州将人才分为5个层次来确定引进人才的待遇。

(3)引才的经验做法

主要包括将每年的9月28日确定为"杭州人才日",设立翱翔计划——设10亿元"资金池"招才引智,启动云上"创客天下·2020杭州市海外高层次人才创新创业大赛",推进人才成果转化合作,开展领军型创新创业团队云评审,推出杭州"人才e卡(码)通"。

3.上海引才政策的主要内容与做法

(1)政策载体与主体

2005—2022年,上海市、区发布了11份引才政策,涉及"办法""意见""规定""通知"和"纲要"5类政策载体。其中,2份引才政策是多机构联合发文,9份为单独发文。

（2）政策内容分析

在政策目标方面,强调落实上海市委、市政府实施新时代的人才发展战略要求,强化海内外人才资源流动配置的功能,要实施更加积极、更加主动、更加有效的引才政策,提高国际人才竞争力,营造更有利于创新创业的综合生态体系和人才发展环境,引进高新技术尖端人才,加快新技术产业技术发展,转变经济发展模式,建设具有全球影响力的科技创新中心。

在政策工具方面,一是创业优惠,鼓励设立留学区创新产业园,来沪创业的人才依法依规享有政策优惠待遇及资格认定相关服务;二是提供金融服务,鼓励各类金融机构设立人才风险投资基金,鼓励担保机构和再担保机构为留学人员回国创办企业提供贷款担保和再担保服务;三是产权保护,鼓励引进人才申请专利,符合条件的减免相关注册申请费用;四是人才落户,对于引进人才,采取居住证积分制度进行落户;五是补贴及奖励,对于满足条件的人才最高可以享受200万元的购房补贴,或者免租减租住房服务;六是长期激励,对做出突出贡献的海外高层次人才实施期权、股权和企业年金等中长期激励方式;七是配套生活服务,对引进人才子女配偶可以安排就近入学和工作,并且享受定期的医疗检查服务;八是学术支持,鼓励设立博士站,对于全职入驻博士站的海外博士后给予经费资助,建立海外人才管理体系。

（3）引才的经验做法

主要包括"海聚英才"全球创新创业大赛项目、"科创有约"宝山引才大使座谈会和"慧才青用"青浦区2022年校园巡回引才活动。

4.深圳引才政策的主要内容与做法

（1）政策载体与主体

2005—2022年,深圳市、区发布了10份引才政策,涉及"办法""意见""措施"和"计划"4种政策载体。其中,4份引才政策是多机构联合发文,6份为单独发文。

（2）政策内容分析

在政策目标方面,通过大力引进国内外高水平的技术人才,聚集一群可以充分发挥带头作用的尖端领军人才,一批专业技术优秀的地方领军人才,一批在技术技能方面有坚实基础和巨大发展潜力的后备人才,形成结构合理、精力充沛、择优汰庸、持续创新的高层次全方面专业人才梯队。对于细分领域和专业紧缺人才特事特议,补齐短板,提高城市人才专业水平以及服务水平。

在政策工具方面,一是人才落户,对于满足人才引进条件的高层次人才经社会劳动保障局审批可在深圳落户;二是资金支持,通过整合现有人才资金和增加投入,设立"高层次专业人才工作专项资金",对于买房意愿也给予一定限度的折扣或者资金支持;三是科研支持,科研领军人才带研发团队来深圳发展,政府资助启动经费,对高层次专业人才参加国际学术会议、交流访问、短期进修等学术研修活动,高技能人才应邀到国内外著名机构或者企业进行技能训练给予津贴资助;四是建立荣誉制度,设立"鹏城杰出人才奖""人才伯乐奖"等;五是生活服务,完善高层次专业人才住房政策,统筹解决其配偶就业和子女入学问题;六是强化人才知识产权保护,实施严格的知识产权保护,更多依靠法律手段、法治途径强化知识产权保护。

(3)引才的经验做法

主要包括深港澳联合引才和育才,构建深圳特色"人才+产业"生态链,强化技能人才市场化供给。

5.广州引才政策的主要内容与做法

(1)政策载体与主体

2005—2022年,广州市、区发布了10份引才政策,涉及"办法""意见""方案"和"指引指南"4种政策载体。其中,3份引才政策是多机构联合发文,7份为单独发文。

(2)政策内容分析

在政策目标方面,强调使企业人才总量大幅度增长,人才结构进一步优化,一批"高精尖缺"的产业领军人才在穗集聚,推动新兴产业发展和传统产业转型升级。吸引教育、卫生事业高端人才,提高基础项目服务水平。集聚一大批素质优秀、学术造诣高深、科研成果突出的各领域高层次人才,努力培养造就一批经济社会发展急需的研究开发和创新创业领军人才(团队),为促进经济发展方式转变,进一步加快国家中心城市建设,全面提升科学发展实力,提供坚强的人才保证和智力支持。

在政策工具方面,主要采用资金支持的方式从住房、教育、企业奖励等方面解决引才问题。一是住房支持。对符合条件的国际尖端人才可申请免租入住最高200平方米的人才住房,在本区工作满8年后可申请获赠所住人才住房;不选择免租租房的人才可以获得按商品住房市场评估价格的50%购买人才住房政策;若不选择以上任何一种安置政策的最高可获得300万元的安家费。二是教育支持。子女可就近安排入学,对于选择就读广州区域内国际学校、民办学校的,给予学费最高40%的资助,总额最高100万元的资助。三是企业奖励。为鼓励市场化人才引进,对于引进人才的机构每年最高奖励100万元。对于博士设立研究站最高奖励

500万元,每年评估工作产出最高可获得50万元的人才奖励。

(3)引才的经验做法

主要包括"离岸寻人才,在岸做服务"和海归人才离岸创新创业服务模式。

6.成都引才政策的主要内容与做法

(1)政策载体与发文主体

2005—2022年,成都市、区发布了14份引才政策,涉及"办法""意见""计划""措施""规划""通知"和"政策"7种政策载体。其中,11份文件为单独发文,3份文件是联合发文。

(2)政策内容分析

在政策目标方面,强调以科学人才观统领人才工作,统筹城乡经济发展,实现城乡人才共同繁荣发展。以能力建设为核心,加强高素质专业化的党政人才、高素质职业化的企业经营管理人才、高素质社会化的专业技术人才建设,形成整体推进、重点突破、城乡互促的人才工作新模式。落实人才优先发展战略,通过引进培养国内外各类高层次人才、创新创业人才和专业技术人才,缓解制约经济发展的人才短缺问题,提升人才队伍的整体素质,优化人才队伍结构,改善人才环境,更好地发挥各类人才在蓉经济建设和社会发展服务中的作用,打造国际一流的人才汇聚之地、事业发展之地、价值实现之地。

在政策工具方面,一是人才落户,满足条件的高层次人才可凭单位推荐、部门认定办理人才落户手续。二是创新创业支持,符合条件的高层次人才可申请创新创业资金,部分高层次创新创业人才给予100万元补助。鼓励企业、高等院校、科研机构通过股权、期权、分红等激励方式支持博士后自主创业。三是生活服务,在住房政策上向急需紧缺人才提供人才公寓租赁服务和人才安家补贴,根据不同人才类别提供对应的租房补贴和购房补贴。为高层次人才提供子女入学服务,且补贴其实际学费的30%;为其配偶提供就业服务,根据实际情况就近推荐就业,若暂未就业,提供一定生活补贴。四是学术支持,加强优秀博士后培养,鼓励创设博士后创新创业园,并给予相应科研经费补贴。五是企业激励,鼓励企业通过猎头公司等人力资源服务机构引进人才,按其引入成本的50%给予企业补贴。支持企业建立首席技师制度,对设立首席技师工作室给予补贴。

(3)引才的经验做法

主要包括提供保障人才住房、发放人才绿卡、设立"蓉漂人才日"、支持用人主体引才育才。

7.西安引才政策的主要内容与做法

(1)政策载体与发文主体

2005—2022年,西安市发布了12份引才政策,涉及"意见""通知""办法""措施"和"细则"5种政策载体。其中,8份文件为单独发文,4份文件是联合发文。

(2)政策内容分析

在政策目标方面,重点引进、培养、激活高层次人才以及产业发展与科技创新类实用型人才。在教育和卫生方面,加快引进紧缺人才、激活现有人才、稳定关键人才、造就高端人才。大力加强人才队伍建设,构建多层次的人才培养体系,不断夯实西安追赶超越的人才基础,形成与西安发展定位相适应的人才发展体系和人才资源优势。

在政策工具方面,一是人才分类,根据国家相关文件规定以及各类专业技术人才的特点与成长规律,西安将人才分为五个层次来确定引进人才的待遇;二是人才安居保障,对符合条件的国内外顶尖人才(A类人才)可免租入住180平方米左右的住房,在本市工作居住满5年并取得本市户籍,且在工作中做出突出贡献的,政府将房产证办理到A类人才本人名下后,产权赠予个人;三是配套生活服务,高层次引进人才子女需在本市就学的,按不同情况享受相应的优先政策,引进人才及其配偶、子女可以参加相应的社会保险并享受定期的医疗检查等服务;四是经济奖励,对于引进的优秀人才以及团队给予丰厚的研究经费以及引进奖励,对于满足条件的人才最高可以享受500万元的项目配套奖补;五是建立高层次人才荣誉制度,设立"西安英才奖",对在西安经济社会发展中实现重大科研突破、重点产业发展培育、社会事业领域贡献突出的各类人才给予奖励;六是提供金融服务,通过奖励补助、贷款贴息、风险补偿和股权投入等市场化方式的综合运用,对高层次人才创新创业项目给予重点优先支持和创业优惠。

(3)引才的经验做法

主要包括实行高水平大学硕士"免笔试"招聘、扩大"西安友谊奖"品牌效应、搭建前沿引才平台、进一步下放人才评审权、下放"两高"人才评审权、扩大人才认定范围。

8.武汉引才政策的主要内容与做法

(1)政策载体与发文主体

2005—2022年,武汉市、区发布了15份引才政策,涉及"办法""意见""通知""措施"和"方案"5种政策载体。其中,8份文件为单独发文,7份文件是联合发文。

（2）政策内容分析

在政策目标方面，强调紧扣发展第一要务，广聚人才第一资源，激发创新第一动力，促进经济转型升级，通过战略人才推动战略性新兴产业发展。为产业聚才、给企业放权、让市场做主，充分发挥市场在人才资源配置中的决定性作用，统筹推进各类人才队伍建设，引进集聚一大批具有国际水平的优秀人才，建设造就一支种类齐全、素质优良、梯队衔接的创新创业人才队伍，努力建成我国中部地区最大的人才创业中心和人才资源集聚区。

在政策工具方面，一是人才落户，放宽留汉普通高校毕业生、高技能人才落户条件限制，符合条件可申请登记为武汉市常住人口；二是人才安居，设立人才公寓建设基金，对企业以奖励形式发放"人才住房券"供企业人才，对高层次人才、大学毕业生给予更大力度的免租减租优惠；三是就业创业扶持，增加大学生实习见习、创新创业培训机会，以政府购买服务为主的方式，为大学毕业生提供基层岗位；四是津贴补助，对参加培训的高技能人才给予培训资金补贴，对参加各技能大赛获优异成绩的给予重点支持和财政资金补贴；五是生活服务保障，为高层次人才提供入学服务，给予适当教育补贴，为高层次人才提供优质医疗服务；六是人才激励，畅通企事业单位工作人员岗位转换渠道，高技能人才不受学历、论文、外语、计算机等限制，以职业资格证书评审相应职称，实现跨体制、跨区域配置人力资源。

（3）引才的经验做法

主要包括成立武汉人才集团、推出青年人才"春笋行动"、千企万人计划、加强创业平台建设、强化创业资金扶持、加强创业教育培训，推行车都人才一卡通——给未就业人员发放补贴金（2019年）。

（二）国外引才政策的主要内容与特点

本研究选取了美国、新加坡和澳大利亚作为研究对象，从美国公民和移民服务局、新加坡人力部和澳大利亚内政部移民及公民局网站收集相关引才政策来分析其特点与先进经验。

1. 美国引才政策的主要内容与特点

（1）引进顶尖人才的临时签证政策

O-1签证的签发对象是科学、教育、商业、体育及艺术领域具有非同寻常能力的顶尖海外人才，或在动画、影视领域取得非同寻常的成就，并获得国家或国际认可的海外人才。

（2）引进顶尖人才的永久居留签证政策

美国引进海外顶尖人才的永久居留签证是EB-1签证,其主要针对优先工作者（包括具有非凡能力的人才、杰出教授和研究人员,以及跨国公司的经理或主管）。对"杰出教授和研究人员"的要求是在某专业领域获得国际认可的成就,至少在其专业领域从事了三年教学和研究工作。

（3）美国引进顶尖人才相关政策的主要特点

一是重视团队及家属的引进。在O签政策体系中,专门为O-1签证获得者的工作助理和家属设立的签证。

二是逐级选拔人才。绝大部分获得EB-1签证的顶尖人才是从其他签证类型升级到EB-1签证的。美国通常是将海外人才以低于顶尖人才的身份引进后,以美国的评价体系衡量其在美国的工作业绩,以达到人才选拔的目的。这样,一方面可以较大程度上避免由于各国对顶尖人才评价方式的差异而造成的人才水平不同,另一方面营造人才竞争的氛围。

三是给予申请人一定的选择权。由于申请人个体所在国家的国情不同,对人才进行选拔和评价的标准不同,O-1和EB-1签证均允许申请人在多个申请条件中选择有利于自己的条件,提供相应的证明,这在一定程度上缓解了由人才评价标准差异带来的问题。

2.新加坡引才政策的主要内容与特点

（1）高层次引才政策

为增加新加坡对高层次人才的吸引力,新加坡政府推出了个性化准入政策（PEP）。其他准入证（例如P、Q准入）通常与单位挂钩。若持证者离开原单位,就必须重新申请准入。而PEP持证者在新加坡即使从原单位离职,仍然可以在新加坡逗留最长6个月,以便寻找新的工作机会。而持证者的配偶、21岁以下的子女、父母都可以持长期访问准入证进入新加坡。

（2）企业高层次人才政策

为了帮助本国企业"引得进""留得住"外籍企业高管和海归人才,新加坡人力部（Ministry of Manpower）组织开展了"新加坡国际人才引进安置实践研究"（Study on Relation Practices for Incoming Global Talent to Singapore）,并于2011年出版了研究报告《新加坡国际人才安置实践》。报告从主要出入境便利、移民税收政策、生活指引等方面进行了分析,具体内容主要涉及三个方面:一是分析了目前新加坡企业与国外企业在国际人才引进、保留方面的实践;二是分析了新加坡企业在引进、保留国际人才面临的关键挑战;三是为新加坡企业提出了引进、保留国际人才的建议。

（3）新加坡高层次引才政策的主要特点

一是以薪酬水平区分人才层次。新加坡吸引高层次人才的个性化就业准入政策体现了以薪酬作为主要评价标准的特点。个性化准入政策的评价标准就是月薪水平。

二是重视人才的家庭生活。新加坡政府规定,月薪超过8000新元的就业许可证持有者,不仅可以为配偶和子女申请长期访问许可证,而且长期访问许可证的适用范围包括他们的父母。允许高层次人才的配偶和子女随行是国际对于高层次人才引进的通行做法,但是只有新加坡的引才政策才将适用范围扩展到高层次人才的父母。这对于看重家庭生活的人士,特别是依赖父母照顾自己子女的亚洲高层次人才有着较大的吸引力。

三是帮助企业提升人才服务水平。新加坡政府通过研究报告、出台指导意见,帮助和指导新加坡企业提升引进和保留海外高层次人才的力度,帮助企业对于海外高层次人才的吸引力。

3.澳大利亚引才政策的主要内容与特点

（1）地区技术临时签证政策

地区技术临时签证属于489子类签证,旨在帮助偏远地区吸引海外人才。地区技术临时签证持有者及其家属有在澳大利亚偏远地区四年的居留权,并且可在签证有效期内工作、进修、自由出入澳大利亚。期满后可申请永久居留签证。

（2）地区技术签证政策

地区技术签证属于887子类签证,旨在帮助偏远地区州或者领地吸引澳大利亚境内的海外人才。该签证持有者可以在澳大利亚永久居留、就业和进修,可以申请成为澳大利亚籍公民,还可以为其亲属提供移民澳大利亚的担保。在签证签发的五年内可以自由进出澳大利亚,之后则需要申请居民返回签证或其他有效签证才能入境澳大利亚。

（3）地区担保移民计划签证政策

地区担保移民计划签证是永久居留签证,属于187子类签证,旨在帮助偏远地区的用人单位引进海外人才。该签证持有者可以享有的权利与地区担保移民计划签证持有者相同。

（4）澳大利亚为偏远地区引才政策的主要特点

一是赋予用人单位比地方政府更大的权力。偏远地区的州或领地政府仅有权提名海外人才申请四年有效期的临时签证，即地区技术临时签证。偏远地区的用人单位则可通过提名海外人才的形式，直接使海外人才获得永久居留签证，即地区担保移民计划签证。

二是降低申请门槛。为了增加经济发展水平相对落后，人力、物力和财力相对贫乏的偏远地区的人才吸引力，前述签证的申请门槛比澳大利亚技术移民签证门槛要低，要求提交的申请材料也相对较少。

三是对特定人才设立例外原则。对特定、高需求的人才设立例外原则，主要体现在不对科研和医疗人才设置年龄上限，高薪申请者无须满足英文达标的要求。

四是重视家庭成员。由于地理位置偏远，人口稀少，到偏远地区的海外人才对家庭生活有更高的需求。澳大利亚政府给予地区技术签证和地区担保移民计划签证的持有者为其亲属提供移民所在偏远地区的担保的权利。

（三）国内外引才政策的特点与经验借鉴

1.国内引才政策的特点与经验借鉴

在政策载体方面，各个城市既有指导性、方向性的"意见"，又有操作性、实践性的"办法""细则""行动"和"措施"，强调引才政策的宏观指导与微观落地的协调与融合。

在政策目标方面，各个城市主要围绕产业链，打造人才链，希望引进培养国内外各类高层次人才、创新创业人才和专业技术人才，在"做大增量"提升人才总量与"优化存量"提升人才质量并重的同时，优化人才结构，改善人才环境，打造结构合理、充满活力、择优汰庸、持续创新的高层次全方位专业人才队伍。

在政策工具方面，主要有以下七种类型：一是提供丰富多样的就业选择，最大限度满足引进人才意愿，发挥价值；二是提供金融服务，对外来人才创新创业提供多样化的资金支持、贷款担保和税收优惠政策；三是经济奖励，对于引进的优秀人才以及团队给予丰厚的研究经费、引进奖励、长期激励；四是人才落户，满足条件的人才及其家属落户城市；五是生活服务，为人才及其配偶和子女在医疗、教育、购房、出入境等方面提供便利和优惠；六是建立荣誉制度，设立人才奖、人才伯乐奖，由市人民政府对在本市人才培养、引进过程中做出贡献的单位及个人给予表彰和奖励；七是强化知识产权保护与成果转化，实施严格的知识产权保护，帮助人才促进核心成果转化。

2.国外引才政策的特点与经验借鉴

一是引进人才的家人能够获得同样的入境许可。美国、新加坡、澳大利亚的引才政策均涉及此类内容。

二是个性化的人才评价标准。美国引才时均允许申请人在多个申请条件中选择有利于自己的条件,提供相应的证明,在一定程度上缓解因为人才评价标准差异带来的问题。

三是以用人单位为主导的引才。新加坡在引才时,注重帮助和指导新加坡企业提升引进和保留海外高层次人才的力度,帮助企业提升对海外高层次人才的吸引力。澳大利亚更是赋予用人单位比地方政府更大的权力,州或领地仅有权提名海外人才申请四年有效期的临时签证。而偏远地区的用人单位则可通过提名海外人才的形式,直接使海外人才获得永久居留签证。

七、重庆市精准化引进紧缺人才的建议

(一)加强主体协同,形成引才合力

进一步加强市与各区县,以及自贸试验区、两江新区等19个国家级开放平台之间的协同。各区县及开放平台基于自身的功能定位、产业发展与人才需求,制定差异化的引才政策。市级层面做好统筹协调和顶层设计,实现跨行政区的人才共享和流动。

(二)优化政策工具,凸显引才效果

一是提升人才服务精准度与个性化。加强对市内各类人才信息数据的精细化管理和有效整合,由市级人社局牵头建立市、区和国家级开放平台的各类各级人才及其家庭信息库,针对各类型人才的不同需求提供更为个性化的人才服务。

二是加大企业引才自主权。从政策落实上实施"自主荐才""以绩推才"模式,将人才政策自主权交给企业,对符合认定标准的企业每年给予一定名额高层次产业人才配额,由企业自行决定人才享受的待遇级别和内容,为企业招才引智提供政策杠杆。

三是拓展人才服务对象。将"重庆英才服务卡"中的医疗、健康体检等服务内容向引进人才的父母开放,有益于进一步解决科创人员、企业高管的后顾之忧。

(三)简化政策程序,提升服务效率

进一步简化办理流程,提高政策执行过程的效率。一方面,优化办理流程手续,推进人才服务领域的"最多跑一次"改革,一次性告知人才办理业务需要提供的材料,并开辟人才对政策办理程序方式的意见反馈渠道,积极听取人才关于优化办理程序的合理意见、建议,及时对业务受理程序做出调整与改进;另一方面,完善人才网络服务平台建设,推进线上与线下相结合的人才服务模式,打造线上"一站式"服务制度,拓展重庆英才、重庆人社等微信公众号延伸人才服务渠道。

(四)主动对接需求,促成人才落地

在长三角、京津冀、粤港澳大湾区,以及哈尔滨、西安、武汉设立引才工作小组,面向国际国内延揽一流高层次人才和团队,进行专班式点对点、一对一对接服务。对照紧缺人才学科专业,结合科研院校研究方向,分类把握各产业领域优秀人才、团队现状,建立高层次人才线索库和数据清单,通过数据分析、要素匹配、沟通洽谈,跟进科研院所优秀毕业生、高层次人才、领军人才、优秀团队的发展情况,全力促进人才及团队来渝考察创业,加快人才链的建链、强链、补链。

(五)丰富引才形式,提升引才效率

一是"以赛引才"。通过举办创新创业大赛、科技大赛、农创大赛、技能大赛,实现以赛引才、以赛选才、以赛聚才、以赛招商,促进人才引领链、技术创新链、产业发展链、金融支持链深度融合,吸引、集聚符合重庆战略发展导向的项目和人才。

二是"以才引才"。通过引进领军型人才,聘请行业精英担任"重庆人才特使",搭建"人才早餐会""企业家大讲堂""院士大讲堂"等人才交流平台,用家乡情、校友情、同事情打动人才、推荐人才、聚揽人才。依托产业领军人物、城市合伙人、投资咨询机构、人力资源机构等资源发现、选拔和引进优秀人才,实现以才引才、以才荐才、以才聚才,不断扩大"人才朋友圈"。

三是"以商引才"。建立"双招双引"联动机制,组建市、区招商引才领导小组,充分发挥重庆市招商投资促进局在招商引资中的先锋作用,通过外出招商,组织和参加各类人才推介会,靶向招商,精准引才,推动招商项目和人才同步进驻,同步

落地。

四是柔性引才。紧扣市场主体需求,积极采取"候鸟式"聘任、"离岸式"研发、"巡回式"服务、"周末式"专家、智力兼职、人才租赁、顾问指导、短期兼职、项目合作等模式柔性引才。鼓励企业引进高层次创新人才来渝开展科技讲座、难题攻关、项目合作、技术咨询等短期服务。

五是构建引才网络。在产业人才丰富的区域建立人才数据库和人才工作站,铺设有效的双向信息获取渠道,定期通过重庆驻外商会、协会、校友会开展人才联谊活动,宣传推介产业发展优势和人才政策,开展会展活动、学术会议,提升引才影响力。

六是打造引才品牌。持续打造"百万英才兴重庆"引才品牌,定期举办人才节、招聘会等活动,在重要时段、重大活动期间在重点城市和海外主要城市的地铁、公交、户外LED屏播放引才宣传片,广泛传播重庆的区位、人文、居住、医疗、交通、美食等优势和引才政策,扩大引才品牌知名度。

课题研究单位:重庆市西部金融研究院

课题负责人:陈银华

课题主研人员:袁　梅　陈银才　周　莉　熊雪原　王显科

　　　　　　　　朱秋虹　陈怡璇

重庆市数字经济人才创新发展指数研究

摘　要:开展数字经济人才创新发展评价研究,有助于政府各部门及企事业单位厘清数字经济人才创新发展工作中需要重点改进强化的方向和指引。本文基于数字经济人才创新发展的理论研究,分析了当前重庆市数字经济人才创新发展的现状和面临的问题,构建了包含投入产出及环境支撑等要素的评价地区数字经济人才创新发展的指标体系。基于主客观结合的权重方法,以重庆市各区县实际数据,计算获得了重庆市数字经济人才创新发展的各级指标权重,以及各级指标的评价值。计算结果能够较好地区分、衡量各区县数字经济人才创新发展水平。

关键词:数字经济人才　创新发展　评价指标

一、研究背景及意义

"数字经济事关国家发展大局""综合判断,发展数字经济意义重大,是把握新一轮科技革命和产业变革新机遇的战略选择"。2021年10月18日,习近平总书记发表重要讲话《不断做强做优做大我国数字经济》,进一步深化数字经济的国家战略,引领国家层面和地方层面积极打造数字经济新优势。重庆市贯彻落实习近平总书记关于数字经济发展的重要论述,深刻把握推动数字经济发展的重大意义,坚定不移实施以大数据智能化为引领的创新驱动发展战略行动计划,打造"智造重镇"、建设"智慧名城",推动数字经济转型升级,培育壮大新的增长点,开启了重庆市数字经济发展的新阶段。

　　人才作为数字经济发展的核心动力,是驱动数字经济发展的关键要素,也是政府、高校、企业及人才本身等多方关注的焦点。习近平总书记指出"培养和造就一大批具有国际水平的战略科技人才、科技领军人才、青年科技人才和高水平的创新团队"是建设创新型国家的根本保证与核心力量。在中国科学院第二十次院士大会、中国工程院第十五次院士大会和中国科学技术协会第十次全国代表大会上,习近平总书记更是强调要激发各类人才创新活力,建设全球人才高地,"世界科技强国必须能够在全球范围内吸引人才、留住人才、用好人才。我国要实现高水平科技自立自强,归根结底要靠高水平创新人才。"发挥"具有国际水平的战略科技人才"等高端人才在创新驱动发展过程中的支撑保障和引领作用,积极推动国内国际人才创新,提升人才创新效率,是我国实施创新驱动发展战略的重要路径选择。党的二十大报告进一步突出创新在我国现代化建设全局中的核心地位,将教育、科技、人才工作统筹部署,既坚持了教育、科技、人才是全面建设社会主义现代化国家的基础性、战略性支撑,又强调了三者之间的有机联系,通过协同配合、系统集成,共同塑造发展的新动能新优势。

　　数字经济具有的高创新性、强渗透性、广覆盖性,必然要求数字经济人才在各层次、各领域的创新发展能力。重庆市数字经济的新发展阶段也必然要求大力提升数字经济人才创新发展能力。

　　如何评价和衡量一个地区的数字经济人才创新发展能力,政府部门、企业机构及人才各方应从哪些指标、方向来着力推进创新发展能力?

　　为此,本课题结合党的二十大报告创新发展思想,研究重庆市数字经济人才创新发展指数,旨在深入分析影响数字经济人才创新发展的影响因素,提取相应指标,研究各指标对数字经济人才创新发展的影响程度,综合衡量评价地区数字经济人才的创新发展水平,探索政府、企业、人才等相关者在数字经济人才创新发展方面协同、优化的路径,体现数字经济创新发展的内在驱动机理,为各方改进相应工作提供参考方向,对深化数字经济人才队伍建设、构建工作规范、进一步促进数字经济健康发展等,都具有重要意义。

二、理论与文献回顾

(一)数字经济及数字经济人才

1.数字经济

迄今国际上还没有一个关于数字经济普遍接受的、确切的、统一的定义。加拿大人 Don Tapscott 于 1995 年发表 *The Digital Economy: Promise and Peril in the Age of Networked Intelligence*，提出"数字经济"的概念，数字经济尚未完全成熟，推动经济数字化转型的机制和架构尚在提升之中，即互联网生态、深度信息技术体系、开源文化、现代创新引擎还在逐步完善之中。随着电子商务的兴起，有人将早期数字经济定义为："以数字技术作为经济活动标识的经济范式"或"以数据作为关键生产要素的经济范式"。中国在 2016 年 9 月 20 日举办的 G20 峰会上对数字经济给出的定义被广泛接受：数字经济指以使用数字化的知识和信息作为关键生产要素、以现代信息网络作为重要载体、以信息通信技术的有效使用作为效率提升和经济结构优化的重要推动力的一系列经济活动。2016 年 G20 对数字经济的定义，实际上是采用现代创新引擎"互联网+创新 2.0"改造传统经济以重构数字经济，这属于智能型数字经济。根据工信部发布的《中国数字经济发展白皮书（2020 年）》的界定：数字经济是以数字化的知识和信息作为关键生产要素，以数字技术为核心驱动力，以现代信息网络为重要载体，通过数字技术与实体经济深度融合，不断提高数字化、网络化、智能化水平，加速重构经济发展与治理模式的新型经济形态。国家统计局 2021 年公布的《数字经济及其核心产业统计分类（2021）》对数字经济的最新界定也沿用了 G20 峰会上对数字经济给出的定义，并将数字经济产业范围确定为数字产品制造业、数字产品服务业、数字技术应用业、数字要素驱动业、数字化效率提升业等 5 个大类。

2.数字经济人才

鉴于数字经济定义尚未成熟，数字经济人才相关定义尚在探索之中，不同的机构、学者从不同的角度对数字经济人才的概念进行了界定。2017 年，清华大学经济管理学院互联网发展与治理研究中心发布的《中国经济的数字化转型：人才与就业》报告将数字经济人才界定为：拥有 ICT（信息与通信技术）专业技能和 ICT 补充技能的就业人群。2019 年，合肥市数据资源局发布的《合肥数字经济产业发展白皮书（2019 年）》将数字经济人才界定为：服务于数字经济领域，负责数字产业化和产业数字化发展的高中层管理人才,和具有ICT专业技能的人力资源的统称,分为数字经济核心产业人才、数字经济关联产业人才和其他产业人才三个层次。2020年,赛迪顾问云计算与大数据产业研究中心杨桄永发表的论文《数字经济人才建设新思路》将数字经济人才界定为:服务于数字经济领域,负责数字产业化和产业数字化发展的中高层管理人才,以及具有ICT专业技能的人力资源的统称。2020年,清华大学经济管理学院互联网发展与治理研究中心发布的《长三角地区数字经济与人才发展研究报告》将数字经济人才界定为:具备ICT专业技能和补充技能的人才。2020年,清华大学经济管理学院互联网发展与治理研究中心(CIDG)发布的《全球数字人才发展年度报告(2020)》将数字经济人才界定为:数字战略管理者,即企业管理层要实现数字化;具备深度分析能力、能够做研发的高端人才;数字研发、数字化运营、智能制造和数字营销等多元数字技能人才。

综上所述,大多数研究机构和学者将数字人才定义为拥有信息与通信技术专业技能的人,判断依据主要是就业者是否拥有通信技术与信息技术相关的数字技能。从广义上讲,数字经济人才是指具备数字化思维及数字化的基本知识、业务能力和发展潜能,能够满足数字经济发展需要的各类人才。从狭义上讲,数字经济人才即具有信息与通信技术相关技能的从业者以及其他与信息技术专业技能互补协同的跨界人才。为了更加明晰数字经济人才的概念,本课题依据国家统计局公布的《数字经济及其核心产业统计分类(2021)》对数字经济人才的概念进行界定:凡是数字经济核心产业的从业人员,统一界定为数字经济人才,具体包括计算机通信和其他电子设备制造人才、电信广播电视和卫星传输服务人才、互联网和相关服务人才、软件和信息技术服务人才以及产业数字化人才。课题组进一步确定软件工程、计算机科学与技术、电子商务等300余个专业为数字经济相关专业。

(二)创新发展体系

1.创新的相关理论

创新的概念最早见于美裔奥地利人熊彼特1912年提出的创新理论中。他在经济意义上将创新活动归纳为引进新产品、引进新生产方法、开辟新市场、获得新的原材料或半成品供应渠道和实施新的产业组织方式等5种形式。自1992年以来,国际创新调查标准规范——《奥斯陆手册:创新数据的采集和解释指南》在统计意义上将创新进一步定义为新的或有显著改进的产品或工艺的实现,或新的组织方式或营销方法的采用。《奥斯陆手册:创新数据的采集和解释指南》指出,实现商业转化和市场价值是企业创新活动的终极目的和本质特征。

随着在创新活动开展过程和实现机制上的探讨越来越深入,之后的研究中又相继产生了创新线性模型理论和国家创新体系(以下简称"NIS")理论。创新线性模型理论认为,创新活动依次经历基础研究、应用研究、试验发展、商业化生产、市场销售、社会扩散等环节,呈线性推进;R＆D(科学研究与试验发展)是创新的源泉,R＆D投入越多,创新产出就越大,因而创新能力在一定程度上被简单理解为R＆D投入水平。然而,线性模型理论却不能很好地解释在不同国家投入了同样的R＆D,但体现在技术进步程度和对经济增长的贡献等创新效果上存在巨大差异的现实情况。于是NIS理论在20世纪80年代中后期应运而生。该理论开始从系统论角度研究创新活动开展机制及创新能力影响因素,认为国家创新体系是一个国家内部各创新活动主体以及相关的各种政策、制度在创新活动过程中相互作用而形成的网络体系。在NIS理论框架下,传统线性模型依然是测度创新能力的有力工具,且R＆D始终是国家创新体系的重要组成部分,但NIS理论强调创新各主体的作用和它们之间的复杂关系以及宏观层面创新模式的选择,更能反映国家创新能力的内在特征。可以说,NIS理论是创新线性模型的拓展和延伸。

我国政府和学界对创新驱动发展内涵也进行了相应的探索和拓展。《国家创新驱动发展战略纲要》明确提出了创新驱动发展的概念内涵,认为创新驱动发展是一个过程,主要依靠科技创新和体制机制创新,通过建立各类创新主体协同互动和创新要素顺畅流动、高效配置的生态系统,推动发展方式向依靠持续的知识积累、技术进步和劳动力素质提升转变。学术界主要从发展动力、发展要素、发展成效三个角度论述创新驱动发展内涵,强调创新是经济发展的主要动力,认为创新驱动是一种新的经济增长方式,通过利用知识、技术、制度等创新要素,对现有的劳动力、资本、物质资源等有形要素进行重新组合,形成新的生产力打造经济发展优势,实现经济内生的可持续发展。创新驱动发展不仅包括创新资源的集聚、创新资源的配置、创新成果的产出,还包括创新成果的应用扩散以及创新驱动经济社会发展。另外,创新驱动发展也并非独立存在,而是受到整个经济社会环境的影响。

2.创新(发展)指数相关研究

随着经济全球化的不断深入,国家或地区之间的经济竞争日趋激烈,创新逐渐成为提升生产力与增强竞争力的核心要素,是引领发展的第一动力,创新发展指数说到底也就是创新指数。如何准确评价一个国家或地区的创新能力并据此制定合适的创新政策,成为经济研究的重要命题。利用创新指数对创新能力进行科学、全面的衡量与测算,已受到国际学者的普遍认同。目前,对于创新指数的研究,机构和学者主要从国家层面和城市层面来对创新能力进行评价。随着研究的不断深入,对于更加微观的具体领域层面创新指数的研究也在不断增加,以探究该领域创新能力的横向差异和纵向差异。目前关于文化创新指数和科技创新指数的指标体系研究已经较为成熟。

对国家层面进行评价的创新指数包括以下四类。

第一,全球创新指数(GII)。它综合评价一个国家的经济创新能力,指标体系强调创新投入(人力资本和研究、商业成熟度、基础设施、制度、市场成熟度)和创新产出(知识和技术产出、创意产出)下一级的 7 个创新"支柱",作为指标体系的核心结构。创新产出强调核心的创新产品和服务,相关结果不仅包括有形的专利、论文、国际标准、高端制造等活动,也包括商标、工业设计、信息技术传播与组织、文化创意服务、媒体娱乐等无形产出,以及互联网时代信息传播与应用所发挥的重要作用。创新投入则强调外围的创新活动组织,如人力资本和研究或直接参与创新活动,或提供智力支持和教育基础;基础设施和制度一定程度决定了创新的组织模式;商业成熟度强调市场在创新中的主导地位,强调大学、企业等机构的合作、资金的支持、技术的交换等;市场成熟度则强调信用、投资和贸易的有效性,在全球化背景下有重要意义。

第二,欧洲创新记分牌(EIS)。EIS 每年监测和评估欧盟整体创新绩效、欧盟与世界其他主要创新国家的差距,评估欧洲各国的创新表现,得出一个综合创新指数,是国际上最具影响力的国家创新能力评价体系之一。随着大数据、物联网、移动互联和云技术将成为促进经济增长、创造工作岗位和提升生活质量的强大推动力,EIS 在 2017 年进行了重大调整,一级指标由原来的创新驱动要素、企业行为以及创新产出三个指标调整为框架条件、创新投资、创新活动及创新影响四个指标。其中框架条件旨在反映一个国家创新的基础和环境;创新投资主要反映一个国家对创新的资金投入,包括政府的资金支持、风险投资以及企业的资金投入情况;创新活动主要反映企业在产品、流程、营销以及组织管理方面的创新活动,企业与公共机构联系情况以及企业的知识产权活动;创新影响主要反映创新对就业和经济的影响。增加了 5 个新指标,分别是宽带渗透率、为员工提供培训以升级其 ICT 技能的企业、机遇驱动型创业、终身学习、私营部门对公共研发的联合资助。这些新指标代表着创新中日渐重要的要素:数字化和创业。

第三,中国创新指数(CII)。它是由国家统计局社科文司"中国创新指数(CII)

研究"课题组研究设计的,并对中国创新指数及4个分指数进行了初步测算。监测评价指标分为3个层次:第一层次是创新总指数,反映我国创新发展总体情况;第二层次反映创新环境、创新投入、创新产出和创新成效等4个分领域的发展情况;第三层次包含21个评价指标,反映各方面的具体发展情况。

第四,国家创新指数。中国科学技术发展战略研究院构建了创新型国家评价指标体系,来监测和评价创新型国家建设进程,在创新资源、知识创造、企业创新、创新绩效和创新环境5个方面构建了国家创新指数的指标体系,即国家创新指数由5个一级指标和30个二级指标组成。20个定量指标突出创新规模、质量、效率和国际竞争能力,同时兼顾大国小国的平衡;10个定性指标反映创新环境。

对城市层面进行评价的创新指数包括以下四类。

第一,中国区域创新能力报告。从2003年起,中国科技发展战略研究小组每年都会发布,报告根据中国区域情况,创建中国区域创新能力评价指标体系,具体包括创新环境、知识创造、知识获取、企业创新、经济效益五大指标和174个具体指标。

第二,中国31省区市创新指数研究报告。中国人民大学课题组2007年推出该报告,创新指数包含创新资源、攻关能力、技术实现、价值实现、人才实现、辐射能力、持续创新和网络能力8个创新要素方面,下设39个具体指标。

第三,中国区域创新指数报告(2015)。该指数是由四川省社会科学院于2016年3月发布的,中国区域创新评价指标体系包括创新环境、创新投入和创新产出3个维度。一些省份为了衡量和评价本区域的创新发展水平和创新能力,通过结合自身的发展特征构建了省级或城市层面的创新指数评价指标体系,如:杭州创新指数、济南市创新型城市建设综合评价体系、陕西创新指数等。

第四,刘明广学者在测算广州市创新指数时,从创新投入、创新产出、创新主体以及创新环境支撑4个维度入手,具体包括经费投入、人力投入、科技产出、经济与社会产出等9个二级指标。

对具体领域进行评价的创新指数主要表现为文化创新指数和科技创新指数。朱虹学者将文化创意发展指数细分为资本投入指数、环境支持指数和成果产出指数。资本投入指数采用文化资本、人力资本、创意资本3个二级指标和12个三级指标;环境支持指数则重点考虑政府政策,包括2个三级指标;成果产出指数由文化创意成果、国际贸易指标和产业规模3个二级指标和6个三级指标构成。陈颖学者通过改进和发展现有创意指数,从市场需求、企业主体、平台建设、政策环境4个维度建立文化与科技融合指标体系,二级指标则涵盖消费基础、市场体系、对外贸易、规模效益等11个领域。韩东林学者对中部地区文化制造业创新活动数据进行测算,并构建了我国文化制造业科技创新效率评价指标体系,采用DEA-Malmquist模型对各省份科技创新效率进行动态分析,并重点对中部地区科技创新效率发展趋势进行讨论。李妍借鉴国内外最新研究成果,按照国际接轨、横纵可比、动态开放的原则,科学编制一套体现新常态下广东科技创新发展特点的综合评价指标体系,逐年测算广东科技创新指数,从创新环境吸引力、创新资源集聚力、创新绩效影响力、创新企业活力、创新经济源动力、创新发展辐射力这"五个力",客观评价全省创新驱动发展以及新旧动能转换的绩效。刘建明学者为科学有效监测广东创新型省份建设的成效和不足,借鉴国内外创新监测研究成果,立足广东科技创新新阶段,采用综合加权评价方法,从创新环境、创新投入、创新产出、企业创新、创新绩效5个方面构建广东创新能力监测指标体系。

通过对比,不难发现国内外主流创新指数具有共同的特征:一是发布主体多元化,主要以科研机构为主,政府部门为辅;二是框架设计层次分明,指标体系一般由2~3级指标构成,且层级间逻辑清晰;三是指标选取原则清晰,国外研究基本以定量统计指标为主,定性调查指标为辅,而国内研究则更侧重于从定量的角度准确测度区域创新情况;四是权重确定科学合理,以因子分析法、主成分分析法等客观方法为主,专家评分法等主观方法为辅;五是测算方法丰富多样,灵活运用指数法、基准分值法和标杆分析法,逐年测算总指数、分项指数得分情况;六是数据来源权威真实,国内外指数研究的基础数据均是可获得的,且来源于公开出版的统计年鉴、政府工作报告以及权威部门提供的数据资料,保证了研究的可检验性。

随着创新研究的不断深入,运用各类创新指数对国家或地区的创新能力进行动态、准确、全面的测量逐渐得到政府部门与学术界的关注与重视。在方法上,文化创新指标体系或者科技创新指标体系的相关研究可分为三类:一是投入—产出法,即将指标总体划分为创新投入、创新产出两大类,部分理论在该两类指标基础上加入创新主体、创新环境等指标;二是创新生产应用法,即将指标分解为创新基础能力、创新环境和创新应用能力;三是区域创新能力构成法,主要包括经济水平、人才培养、科学技术、企业创新能力、信息化水平与条件、区域管理水平等方面。

3.人才评价指数相关研究

人才指数就是反映一国、区域或城市人才数量和质量变化的动态相对数,是评价人才发展水平和程度的重要指标。随着我国经济进入高质量发展阶段,复合型人才、创新型人才队伍远不能满足发展需要,人才资源总量短缺、高学历高层次人才占比较低的局面仍未扭转。目前,我国被广泛认可的人才评价指数包括以下三类。

第一,中国区域人才竞争力指数。在遵循了全面性、敏感性、可比性、可操作性和动态性5个基本原则的基础上,最终搭建了人才资源竞争力、人才效能竞争力和人才环境竞争力3个一级指标。人才资源竞争力共包含2个二级指标,分别是人才资源总量和人才素质,涵盖7个三级指标。人才效能竞争力只包含1个二级指标,即发展贡献,包含人才资源的经济贡献和科技贡献,涵盖8个三级指标。人才环境竞争力共包含3个二级指标,分别是成长环境、制度环境和人才吸引倾向,涵盖12个三级指标。

第二,中国人才指数。该指数通过统计数据和互联网大数据相结合的方式,从人才资源的内在要素、人才竞争的外在要素以及人才发展的效能要素等3个方面构建衡量人才发展的评价标准,全方位、多维度地分析中国人力资源现状及其发展规律。

第三,粤港澳大湾区人才竞争力指数报告。通过人才规模指数、人才结构指数、人才创新指数、人才发展指数、人才效能指数和人才生活指数,分析粤港澳大湾区人才竞争力,了解各城市的核心竞争优势,以便探索促进粤港澳大湾区人才汇聚和流动的模式,充分发挥粤港澳大湾区人才的综合优势,促进地区长期繁荣稳定发展。此外,该报告还对中国内地2017年GDP排名前20的城市的人才竞争力进行分析,并收录了粤港澳大湾区各地和中国内地2017年GDP排名前20城市的共计170余条与人才相关的政策,为各城市人才发展提供借鉴。

三、数字经济人才相关政策研究

(一)数字经济人才文献计量

通过"数字经济"并含"人才"等关键词在中国知网上共检索引用211篇CSSCI中文文献作为数据样本,用Citespace软件对样本做了关键词时间聚类分析,分析结果如图1所示。分析结果表明,我国对于数字经济的研究主要开始于2015年前后,随着大数据、物联网、人工智能、区块链等数字技术迅猛发展,数字经济的研究领域也越来越关注人工智能、数字转型、数字技能和人才聚集等,这符合现实发展特征的研究转变。数字经济发展中人才这一关键要素正扮演着越来越重要的角色,相关研究领域的研究热度仅次于数字产业研究。

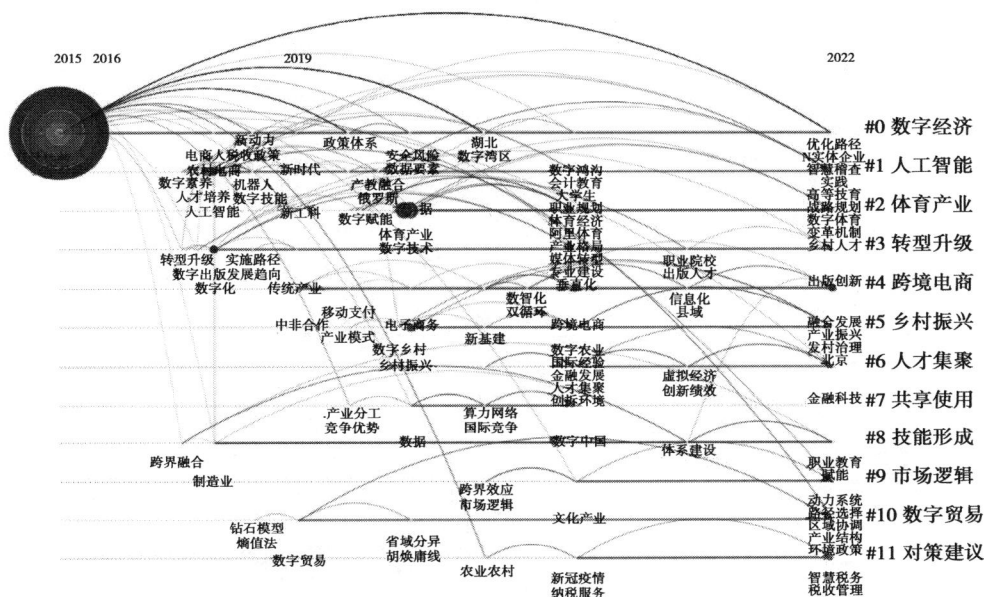

图1　数字经济人才时间聚类

用Citespace软件对上述样本做了关键词分析,分析结果如图2所示。分析结果表明,发展数字经济首先是发展人工智能、网络安全等数字产业;其次是人才培养,通过实习培训、产教融合等手段来提升人才的数字素养;最后是产业的数字化转型,通过运用数字技术实现数字贸易、数字乡村、跨境电商等产业的转型升级。数字经济的研究已经进入了国家战略层面,关乎着国家的发展前景,数字经济人才是发展数字经济的关键一环,作用不言而喻。

(二)数字经济人才政策分析

1.数据来源

人才政策源文件获取采用关键词检索的形式进行,政策文件标题中含有"人才""英才""才"等字段均属于检索范畴,部分产业发展文献内容中涵盖人才政策的部分也计入此列。本文选取了2017—2021年重庆市市级部门的数字经济人才相关政策,共37项,见表1。考虑到文本分析的科学性和客观性,政策文本按以下三个原则进行筛选和整理:一是政策的真实性,文本主要来源于重庆市政府官网,数据真实可查;二是政策的有效性,搜集的政策均为现行有效的,已废除的或已过有

限期的政策文本均不在选取范围内;三是政策的统一性,统一将规划、意见、办法列
入政策分析行列。

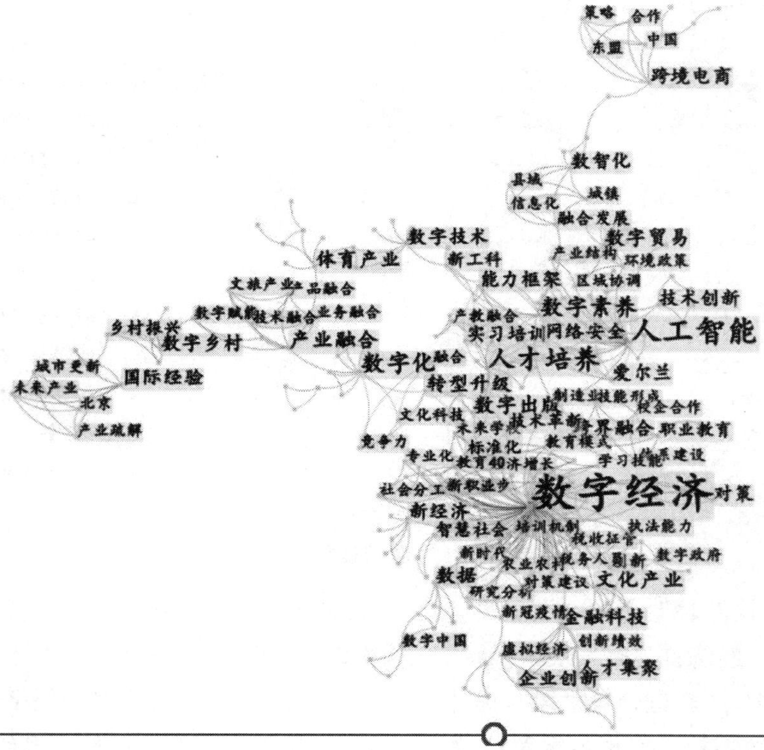

图2　数字经济人才凸显词

表1　重庆市历年数字经济人才政策数

年份	重庆市数字经济人才相关政策数
2017年	3
2018年	8
2019年	10
2020年	10
2021年	6

2.关键词分析

关键词在一定程度上能够反映出政策文献每一年的政策热点,关键词分析采

用词频统计方法,针对文档中的词出现的频率进行统计分析。为进一步了解重庆市人才政策的关注点,本文使用了文本内容分析中常用的词频分析方法,探究重庆市人才政策的侧重点。按照主题词频数高低统计排序,得到高频主题词表,见表2。

表2　人才政策高频词统计表TOP10

用词	频次
人才	780
工作	536
管理	315
专业	291
创新	289
技术	260
服务	232
发展	229
项目	207
企业	167

3.政策文本分析

本研究采用内容分析法对数字经济产业人才政策进行分析,在原文中抽取某些有意义的内容,通过对政策文本数据进行编码和分类,对所选文本进行有效推断。研究时将数字经济相关产业人才政策分为人才供给、人才需求和人才环境3个维度。人才供给分为高校人才供给、社会人才供给和联合培养供给。人才需求分为人才本身道德、学历、技能素养方面的需求。人才环境分为人才发展硬环境和人才发展软环境,详细释义见表3 。

表3　政策工具类型及具体含义

政策类型	政策工具	含义
人才供给	高校人才供给	包含高校毕业生、在职学生以及课程、专业设置、人才培养、学科建设、科研开发、高校科技合作交流等
	社会人才供给	海外人才、中高层次人才以及专家团队、社会招聘等
	联合培养供给	联合培养培训、联合实训基地、产学研合作交流、产教融合相关

续表

政策类型	政策工具	含义
人才需求	道德水平需求	关于科研诚信、政治思想、热爱社会主义祖国、遵纪守法、具有良好的职业道德、模范履行岗位职责等学习和职业精神要求
	技能水平需求	专业知识和技能人才队伍建设要求等目标
	学历层次需求	"双一流"或"985工程""211工程"等学历头衔要求以及论文、期刊要求等
人才环境	人才发展硬环境	包括自然环境、基础设施、工作环境、生活环境等,对人才住房、子女、医疗、绩效激励等方面的硬性补助
	人才发展软环境	包括政治环境、经济环境、人文环境、社会环境等,与追求成功、宽容失败等创新文化氛围相关

通过使用 Nvivo 质性分析软件对数字经济相关政策按照人才供给、人才需求、人才环境3个维度进行分析,依据数字经济人才政策分析框架设立节点进行编码,根据编码显示所设置的节点、编码材料来源数及编码参考点数量,以列出父节点到子节点以及编码参考点数量,得出各个政策中人才政策相关情况的量化结果,结果见表4。

表4 政策工具节点编码情况

政策类型	材料来源	参考点	节点类型
人才供给	26	82	父节点
高校人才供给	13	20	子节点
社会人才供给	18	31	子节点
联合培养供给	18	30	子节点
人才需求	16	80	父节点
道德水平需求	12	20	子节点
技能水平需求	15	47	子节点
学历层次需求	7	13	子节点
人才环境	21	59	父节点
人才发展软环境	9	11	子节点
人才发展硬环境	20	48	子节点

从父节点情况看,人才供给类政策编码参考点数量最多,有 82 个编码参考点;其次为人才需求类政策,有 80 个编码参考点;最后为人才环境类政策,有 59 个编码参考点。统计结果表明,人才供给对培育和发展数字经济相关产业具有重要作用。从子节点使用情况看,排名前三位的分别为:人才发展硬环境有 48 个编码参考点,技能水平需求有 47 个编码参考点,社会人才供给有 31 个编码参考点。人才发展硬环境在子节点的编码数量最多,说明重庆市政府十分重视对数字经济产业发展人才的激励,主要通过对人才住房、子女、医疗、绩效激励等方面的硬性补助。同时,政府也重视数字经济相关产业人才的技能水平。社会人才供给主要通过引进海外人才、中高层次人才以及专家团队和社会招聘等。

四、重庆市数字经济人才发展现状与问题研究

(一)创新投入及平台建设

从专门的人才平台来看,2021 年 11 月 16 日,人力资源社会保障部批复同意组建中国重庆数字经济人才市场,这将是重庆首个聚集和培养数字经济人才的"新阵地",也是人社部批复设立的我国首家数字经济人才市场。该市场将力争打造成高端数字经济人才培育基地、全国数字经济人才输送交流平台,成为国内一流、国际知名的专业化人才市场。

2021 年 5 月 25 日揭牌成立的重庆市数字经济人力资源服务产业园,构建了重庆市人力资源协同发展的数字经济产业体系,解决数字经济人才支撑能力不足的问题,统筹人力资源服务机构、工业互联网企业、高校、职业院校等多方角色,共同开展数字经济人才培养和服务,提升了数字经济人才培养模式。

从创新方面看,西部(重庆)科学城建设高点起步,两江协同创新区加快发展,各高新区、农业科技园区成为科技与产业融合发展的重要载体,国家畜牧科技城、重庆国际生物城、科技创新小镇、科技生态城等创新平台催生比学赶超、竞相发展的创新格局。

国家儿童健康与疾病临床医学研究中心、国家应用数学中心等国家科技创新基地和基础学科研究平台获批建设,超瞬态实验装置、长江上游种质创制科学装置、长江模拟器等重大科技基础设施启动建设,全市有效期内高新技术企业 4222

家,国内外知名高校、科研院所来渝建立创新机构101家,规上工业企业研发投入强度稳居西部第一,由此聚集了研发人员达16.07万人,国家级高层次人才新增2500名。

2020年,蚕桑研究保持世界领跑地位,向量最优化理论、蛋白质抗原工程等科学研究取得突破,全球最小间距显示屏、高塑性镁合金等技术成果不断涌现,国家科技奖实现新突破。国家新一代人工智能创新发展试验区获批建设,"芯屏器核网"创新链不断完善、全产业链不断壮大,"云联数算用"全要素群加快集聚,"智造重镇""智慧名城"成为城市新名片,高技术产业和战略性新兴产业对工业增长贡献率分别达到37.9%和55.7%。全社会研发经费投入增长年均大于10%,全社会研发经费占地区生产总值的比重达2.11%,基础研究经费占全社会研发经费的比重为4.4%,每万人口高价值发明专利拥有量3.65件。

(二)人才政策

人才政策环境方面,为加强海内外优秀人才集聚,在过去的几年里,重庆市相继出台了一系列人才政策,形成了较为完备的人才政策体系,如2017年的《重庆市引进海内外英才"鸿雁计划"实施办法》,2018年的《重庆市以大数据智能化为引领的创新驱动发展战略行动计划(2018—2020年)》,2019年出台的"重庆英才"计划实施方案等相关人才优惠政策,2020年的《重庆市支持大数据智能化产业人才发展若干政策措施》《重庆市大数据智能化人才分类评价实施方案》,2021年印发的《重庆市人民政府关于印发重庆市引进海内外英才"鸿雁计划"实施办法的通知》《重庆市引进高层次人才若干优惠政策规定的通知》《重庆市留学人员回国创业创新支持计划实施办法》《重庆市海外引才引智科技工作站管理办法》《进一步加强高技能人才与专业技术人才职业发展贯通的实施方案》等。

从政策促进创新看,科技体制改革深入推进,自然科学基金项目实现体系化,"揭榜挂帅""赛马"等项目生成机制加快实施,经费"包干制"、结题备案制等顺利推进,赋予科研人员职务科技成果所有权或长期使用权试点有序开展,诚信管理覆盖科研活动全过程,知识价值信用贷款改革试点被列为国务院大督查通报表扬的典型经验做法,环大学创新生态圈成为"双创"名片。科技立法工作持续加强,科研人员减负行动持续深化。

为给国际化人才提供便利化保障,重庆建立口岸通关效率检测评价机制,提高出入境人员口岸通关效率。设立中外人员往来"快捷通道",建设重庆英才服务港,建立引才专员工作机制,探索外籍人才经历、资质互认,为"高精尖缺"外国人才提供方便。

(三)数字经济人才队伍综合情况

1.总体人才情况

总体来看,近年来,重庆市大力实施人才强市战略,人才队伍建设取得新成效,人才规模逐年扩大。近年来主要成果有:引进培育数字经济相关的"万人计划"人才15人、"英才计划"人才13人、"鸿雁计划"人才23人,中高级专业技术人才和高级技能人才稳步提升,人才结构向高级化、合理化演进。截至2022年8月,重庆市人才资源总量达599万人,其中高层次人才增幅达93%。全市高技能人才达151万人,占技能人才总量的31.9%;全市数字人才总量超过80万人。人才队伍的发展壮大,有力地促进了重庆市数字经济的健康发展,见表5。

表5 高端人才现状表

类别	总人数	数字经济相关人数
万人计划	37	15
重庆市杰出英才计划	29	13
鸿雁计划	65	23
重庆市青年拔尖人才培养计划	36	19
科技创新领军人才	21	17
科技创投领军人才	10	1
科技创业领军人才	20	15
重庆市百千万工程领军人才培养计划	9	5
重庆市哲学社会科学领军人才特殊支持计划	7	—
总计	234	108

注:数据日期为2018年到2021年。

表6对比了截至2020年底重庆、深圳、武汉、成都等市的人才资源状况,可以看出在专业技术人才总量、技能人才总量方面,重庆市能够位居前列,仅在高技能人才占技能人才比例上有不足,但近两年实现了快速增长。

表6　人才资源情况比较

指标	重庆	深圳	武汉	成都
专业技术人才总量(万人)	203	198	158.54	206.72
技能人才总量(万人)	387	396	139	240.36
高技能人才占技能人才比例(%)	26.87	35	33	30.47

(资料来源:各市人力资源和社会保障事业发展"十四五"规划、2020年度人力资源和社会保障事业发展统计公报)

2.企业数字经济人才现状分析

企业数字经济人才趋于年轻化。总体上看,企业数字经济人才大多集中在40岁以下这个区间,30岁以下,在产值10亿元及以上企业占比53.12%,在1亿~10亿元企业占比47.39%,在5000万~1亿元企业占比42.04%,在5000万元以下企业占比46.84%;31~40岁,在产值10亿元及以上企业占比30.63%,1亿~10亿元企业占比30.31%,5000万~1亿元企业占比30.57%,5000万元以下企业占比45.14%。可以发现,80%的企业员工都在40岁以下,企业对于青年的需求旺盛,青年人才是支撑企业业务的主要力量,也是科技创新、经济发展、提升企业竞争力的重要资源。

重庆市数字经济企业学历分布以本科为主。本科学历的人才是各个产值区间企业的核心生产力,其中5000万元以下以及1亿~10亿元的企业分别占比65.58%、50.09%,反映出现阶段本科生已能满足绝大多数数字经济企业的要求;而规模较小的企业更需要硕士学历人才,表明重庆现阶段的大数据智能化产业整体规模较小,是处于成长期的战略性产业,所以对于轻资产型的企业,为了整合资源、实现盈利、降低其人力成本,更倾向于中层硕士人才。对人才的学历要求有呈公司产值规模上升、对学历要求下降的趋势:一方面劳动密集型的企业需要大量的员工进行重复操作;另一方面大型企业的产业链和产业集群比较完备、生产智能化程度较高、标准和流程固化,因此对员工的学历要求不高。

人才专业分布集中在核心专业人才以及相关专业人才。一方面,大部分数字产业内容企业更倾向于计算机、软件、通信、物联网、信息管理等与ICT密切相关专业,对于聚焦云计算、大数据、AI、物联网、区块链、边缘计算等方面的中层人才需求是最大的;另一方面,企业在产业数字化的进程中,对机械、自动化、机器人等专业提出了更多的要求,说明企业的数字化改造还在进行中,这与实地的调研结果相符。目前大多数企业已经完成了信息化,但对于智能生产、智能预警等方面的人才仍有较大需求;企业中具有数学、物理、化学等基础理学专业背景的人才较少,有能力从事基础研究,实现自主研发的企业不多,反映了企业自我创新突破、以新技术赋能产业升级的能力有待加强。

从岗位分布来看,数字经济企业中从事技术研发的人员较多,无论企业产值规模在何种程度,数字产业化企业作为服务供应商、解决方案提供商,依靠大量技术研发岗位保障企业业务运营;产业数字化企业将重心逐渐转移到智能生产、服务型制造、柔性生产,需要一定规模的技术研发岗位作为支撑。对于年产值10亿元以上的大型企业来说,技术研发岗位占比49.96%,将近达到了一半的比例,业务营销岗位占比32.29%,运营管理岗位和规划决策岗位占比最小,分别为13.99%和3.76%;年产值在1亿~10亿元的企业中,技术研发岗位达到了52.05%,规划决策岗位只占到了7.85%;在年产值5000万~1亿元的数字经济企业中,技术研发岗位占比40.29%,运营管理岗位和规划决策岗位相比其他规模的企业略高,达到24.70%和18.47%;年产值5000万元以下的中小型企业技术研发岗位占比相比大型企业更高,为55.65%,规划决策、业务营销、运营管理三类岗位占比相差不多。

3.高校供给能力

重庆市共有67所院校,1035个专业,毕业各层次学生近23.5万人。本研究确定软件工程、计算机科学与技术、电子商务等300余个专业为数字经济相关专业,共计毕业生6.5万人。重庆市高校数字经济相关专业毕业生中,本专科生学历占比93.65%,硕士研究生占比6.04%,博士研究生占比0.31%,应届毕业生中本科生、专科生人才占绝大多数,反映出重庆市数字经济相关专业硕博点数量较少,涉及基础理论和应用开发等高层次(学历)人才培养不足。

(四)人才创新发展面临的问题

1.现有学科布局与数字经济创新发展需求不够匹配

一是重庆市人才存量基数及供给能力存在固有短板。相较于北京、上海、成都等地区,重庆市人才高校毕业生的总量不足、硕博士点较少。

二是重庆市高校教育存在"学非所用、用非所学"现象。受制于高校课程专业设置的通识性,学校的教育模式与企业的人才需求脱节,学校培养的学生无法适应数字企业的用人要求。

三是高校科技创新整体水平不高,服务支撑创新驱动发展能力亟待提高。各高校对于基础学科、新兴学科、交叉学科建设的协作没有得到深化落实,为重庆市重点产业现代化攻克关键核心技术的支撑作用不足。研究团队组织通常较松散，经常处于变动改组中，形不成人才结构合理的梯队，缺乏学术思想的碰撞，缺少有组织科研。

2.缺乏具有显著影响力的数字人才创新载体

一是数字产业生态尚未形成。龙头企业、大型企业与中小型企业数字经济发展水平参差不齐，生态企业帮扶、借助生态力量营造优质产业的氛围不浓。大多数企业的数字化、智能化应用场景并不充分，大部分企业特别是制造业项目数量不足、项目质量偏低，难以持续性地留住高端人才，企业的核心需求仍然为大量的中层人才和基层人才，创新发展能力不足，形成锁定效应，难以突破。

二是人才战略平台缺少。当前重庆市各细分行业都有为数不少的科研机构、研发平台，但科研机构规模较小、人才集中度低，且这些战略平台大多属于国有企业较为集中的传统制造业，而新一代信息技术、智能制造、生物医药、新材料、新能源等领域的科研平台、培训项目发展滞后，对优质人才资源的聚集能力较弱。此外，科研平台及高端人才配置条块分割严重，没有形成跨地区、跨行业的人才共享机制，难以提升数字经济人才的重大创新发展能力。

3.数字经济人才留渝优势不足

一是中层人才留渝优势不显著。现有人才计划中，鸿雁计划偏重海外高端人才引进，信产招工等政策偏重强基人才招聘，对于发挥关键作用的中层业务骨干人才缺乏相应政策支持，中层人才出现"两头不靠"现象，造成企业内部业务骨干人才严重供给不足。

二是难以吸引外地关键人才。由于数字经济企业的成本主要为人力成本，而重庆本地企业的人均薪资与北上广深等城市数字经济企业存在较大差距，企业之间关键人才同质化竞争严重，导致数字经济人才频繁跳槽，形成了不合理的人才流动。根本原因是，重庆市产业发展的土壤没有达到高精尖人才的要求，缺乏具有显著影响力的数字经济企业，存在本土企业为全国培养了数字人才，却没有为重庆留住数字人才的现象。

4.政产学研协同机制不够完善

一是政府企业协同存在信息壁垒。政府对于人才引进和培育政策的制定较为通用和粗放，难以准确把控企业内部的人才需求。

二是政产学研载体建设不够。政府只是人才政策的制定者,企业、高校、科研院所形成了不同甚至是潜在对立的组织文化和行为准则。企业通常具有明显的利润导向,注重合作带来的经济价值;高校则是科研导向,考虑合作是否有利于学术研究。这种价值观的分歧影响着各方对合作利益的评价及合作范围和模式的选择,造成校企合作通常流于形式。加上在实践中体制机制有效调节的缺乏,更使协同主体各方动力不足、活力不强。

5.人才政策效果不佳、不够健全

一是人才交流不畅,人才政策未形成合力。当前,各项引才政策、人才政策、创新政策散落在各个部门,政府系统集成不够导致聚焦重点产业和薄弱环节不够,政策措施协调配合不够,配套措施和实施细则完善不够,职能部门之间信息交流不畅,全方位的人才交流平台尚未完全建立,严重削弱了人才政策的效果。

二是人才政策执行不到位以及灵活性差。重庆市虽然出台了一系列人才服务政策,但在具体执行与落实时,还没有能够做到有效整合政府各相关部门和社会化资源,未能实现一站式的服务。一些高层次人才并不知晓,或由于程序较烦琐而选择放弃办理。重庆市人才管理方面的系统未能实现对各类人才的有效管理,在某种程度上易形成信息孤岛,导致人才间缺乏交流,人才统计数据浪费,人才需求无法得到反馈。

6.人才激励机制效果不显著

人才评价激励机制重职称头衔轻成果产出。在评估内容上,以结果为导向的评价体系尚未健全,人才奖励的评判标准仍然重输入、轻产出,作为企业需求最为旺盛的青年人才往往因为无成果、无头衔等因素难以获得政策补助,企业实际需求和政策导向出现脱节。在人才的评价与激励过程中,依靠市场公开、平等、竞争的评价机制尚未形成,加上根据高层次人才的特点和需求实际的激励措施不足,导致了高层次人才的流失较为严重。直接奖励引发人才不合理的流动和竞争,重金引来的人才短时间内就流向其他地区,使刚刚建设好的学科平台空置,造成非合理的人才流动,导致人才队伍建设本身的不平衡。

五、重庆市数字经济人才创新发展指标体系研究

(一)构建逻辑与原则

党的十八大以来,党中央高度重视发展数字经济,将其上升为国家战略。党的十九届五中全会提出,发展数字经济,推进数字产业化和产业数字化,推动数字经济和实体经济深度融合,打造具有国际竞争力的数字产业集群。同时,习近平总书记在2020年科学家座谈会上指出:"人才是第一资源。国家科技创新力的根本源泉在于人。"人才竞争是综合实力的竞争,创新驱动本质上是人才驱动。数字经济人才是推动数字经济长期高质量发展的根本动力和保障,一个国家、地区或城市的综合竞争力越来越依赖于数字经济人才的数量和质量。

近年来,重庆市上下认真贯彻习近平总书记重要讲话精神,做出大数据智能化发展战略部署,集中力量建设"智造重镇",加快建设"智慧名城",深化与大数据智能化领军企业战略合作,培育大数据智能化专业人才队伍,数字经济呈现加速发展良好态势。2022年1月21日,我国首家数字经济人才市场在重庆正式启动运营,数字经济人才市场将以"立足重庆、辐射西部、面向全国"的总体定位,围绕数字经济人才的"引育留用转",建设国内一流、国际知名的专业性创新型国家级人才市场。

通过整理归纳各类被广泛认可的创新指数指标体系和人才评价指数可以看出,国际研究机构、各国政府和专家学者根据对国家或区域创新能力的不同理解构建出的指标体系不尽相同。这些评价理论体系与实践应用研究,为重庆市数字经济人才创新发展指数的编制奠定了良好的基础,其共有的核心指标对于本课题有着较高的借鉴价值。同时,以往研究和实践从研究主体上看,国内现存具有较大影响力和规模的指数测量主要关注国家层面或区域层面"科技创新能力"的测度,学界和实践界尚未形成专门聚焦"人才指数",特别是"数字经济人才指数"的影响力、专业性、权威性评价。

鉴于此,本课题在借鉴国内外相关创新指数和人才相关指数编制的基础上,结合重庆市数字经济人才发展实际情况,编制植根重庆情境、具有重庆特色的数字经济人才指数,全方位、多层次、动态化反映重庆市数字经济人才创新发展质量的真实情况。

首先,指标体系应全面、可靠地反映重庆市数字经济人才创新能力和发展环

境。重庆市数字经济人才创新发展指数旨在系统、全面、客观地描述重庆市数字经济人才发展现状，因而在指标体系的元素构成和选择上，力争为数字经济人才各方面的发展提供全方位的评价和统计。本指数从人才创新发展投入、人才创新发展产出以及人才创新发展环境三方面对人才创新发展进行评估。

其次，指标体系应具有较强的理论性、逻辑性。秉承客观性、科学性、严谨性、可比性原则，重庆市数字经济人才创新发展指数依据人才理论、创新理论的基本规律，以及人才发展的客观规律，设计包括人才创新发展投入、人才创新发展产出以及人才创新发展环境的指标体系。

最后，基于重庆市数字经济发展情况，构建"重庆特色"的指标体系。重庆市数字经济人才创新发展指数在指标体系的设计和选取中，始终根植重庆市人才发展的具体情况，力求体现重庆特色。因此，在指标体系的选取中，体现了很多创新，例如选取重庆市各类"研发平台数"和"数字经济相关重大项目数"等切实反映重庆数字经济协同发展现状的多维度数据。

(二)指标选取及权重确定

本研究基于构建逻辑与基本原则构建重庆市数字经济人才创新发展指标体系，见表7。其中，一级指标将数字经济人才创新发展水平分解为人才创新发展投入、人才创新发展产出以及人才创新发展环境，其下包含7项二级指标和24项三级指标，在借鉴其他人才评价和创新发展评价指标体系核心指标的基础上，充分考虑数字经济这一研究范围并将人才创新能力这一关键要素重点突出。

本文最终选取的三级数据指标为：R&D经费占GDP比重；数字经济相关重大项目数量；新增备案和审批数字经济相关本科专业数；新增数字经济相关博士、硕士学位授权点数；教育支出占财政支出的比重；技术市场合同成交额；每万人口发明专利拥有量；数字经济专利；ESI高引学者发文量；数字经济核心产业增加值占比；数字经济核心产业增加值增速；专技人才总量；技能人才总量；高技能人才占技能人才占比；数字经济高层次人才数量；ESI高引学者数量；数字经济世界500强企业数；高新技术企业数；有R&D活动的企业数；研发平台数[包括如下类型：重庆市重点实验室、重庆市工程技术研究中心、重庆市企业工程技术研究中心、重庆市产业技术协同创新中心、重庆市产业技术创新研究院、重庆市技术创新中心、重庆市野外科学观测研究站、重庆市新型(高端)研发机构]；"专精特新"企业数；数字经济人才相关政策数量;高等教育机构数;数字经济相关培训机构数等指标。

　　本研究计算实例选取了重庆市各区县相关指标数据进行分析。指标权重采取主客观权重分析方法:客观法使用熵权法;主观法使用专家打分方法。设主观权重为 w_i,客观权重为 v_i,则综合权重为 $w_i \cdot \dfrac{v_i}{\sum w_i \cdot v_i}$。

表7　指标体系

一级指标	二级指标	三级指标
人才创新发展投入	经济投入	R&D经费占GDP比重 数字经济相关重大项目数量
	人才投入	新增备案和审批数字经济相关本科专业数 新增数字经济相关博士、硕士学位授权点数 教育支出占财政支出的比重
人才创新发展产出	科技产出	技术市场合同成交额 每万人口发明专利拥有量 数字经济专利 ESI高引学者发文量
	产业产出	数字经济核心产业增加值占比 数字经济核心产业增加值增速
	人才产出	专技人才总量 技能人才总量 高技能人才占技能人才占比 数字经济高层次人才数量 ESI高引学者数量
人才创新发展环境	技术政策环境	数字经济世界500强企业数 高新技术企业数 有R&D活动的企业数 研发平台数 "专精特新"企业数 数字经济人才相关政策数量
	培育环境	高等教育机构数 数字经济相关培训机构数

（三）指标数据分析

1.人才创新发展投入

（1）经济投入

R&D经费占GDP比重被视为衡量一个国家科技投入水平的最为重要指标。从各区2020年R&D经费占GDP比重可以看出,超过经济合作与发展组织(OECD)国家新冠疫情前2.47%强度水平的达10个区县,从高到低依次是北碚区、渝北区、沙坪坝区、长寿区、大渡口区、璧山区、南岸区、巴南区、江北区、永川区,如图3所示。

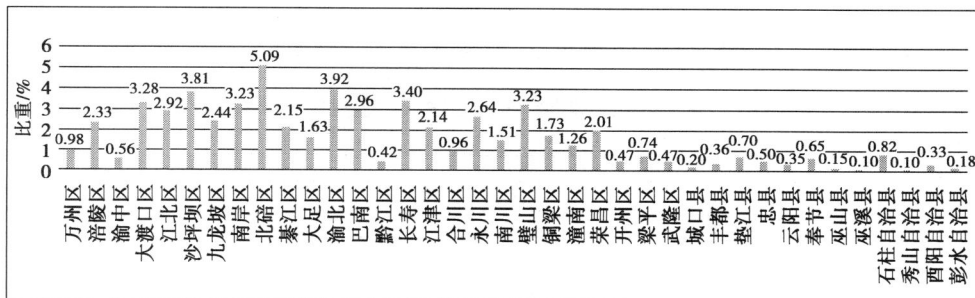

图3 重庆市各区县R&D经费占GDP比重

据不完全统计,重庆市2021年数字经济相关领域重大项目数量63个,当年总计重大项目数量894个,占比7.2%,如图4所示。从各区县数量来看,渝北区、北碚区和江北区数量明显大于其他区县。从2022年市级数字经济产业发展资金支持项目情况和数字经济产业发展试点示范项目情况来看,获得资金支持的区县较少,仅有主城的渝中区、渝北区、沙坪坝区、九龙坡区、江北区以及巴南区获得支持,主要领域在数据治理、通信网络、智能网联汽车和互联网平台方面,如图5所示。而试点示范项目覆盖区县更广,支持领域及项目更多,如图6所示。

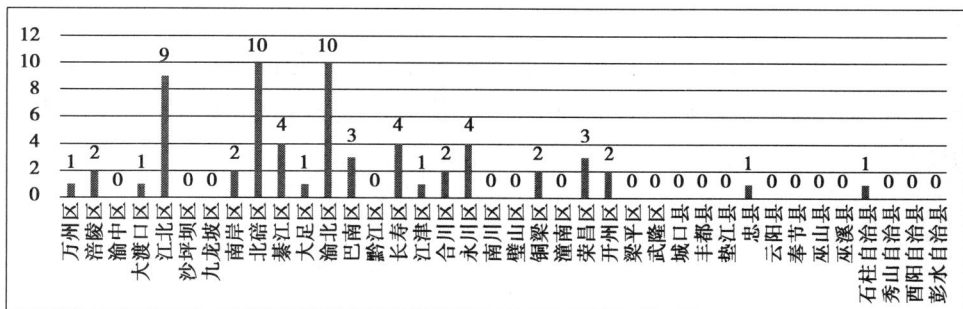

图4 重庆市各区县数字经济相关重大项目数量

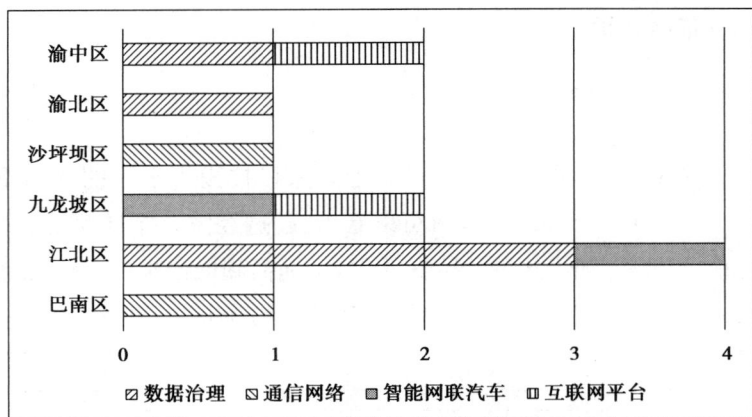

图5 各区县市级数字经济产业发展资金支持项目情况

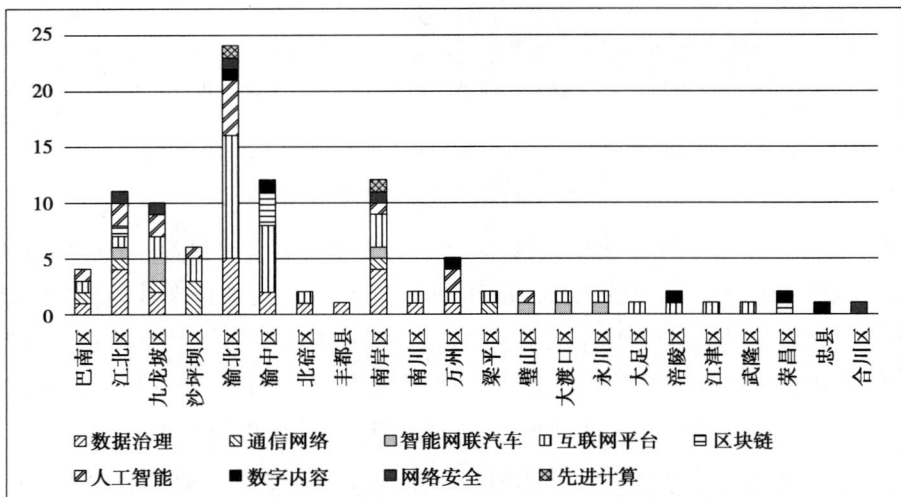

图6 各区县市级数字经济产业发展试点示范项目情况

（2）人才投入

教育支出占财政支出的比重，是衡量教育水平和地位的指标。从数据结果来看，绝大部分区县都能高于2021年国家预算值15.3%，表明各区县对本地教育投入力度都比较大，如图7所示。

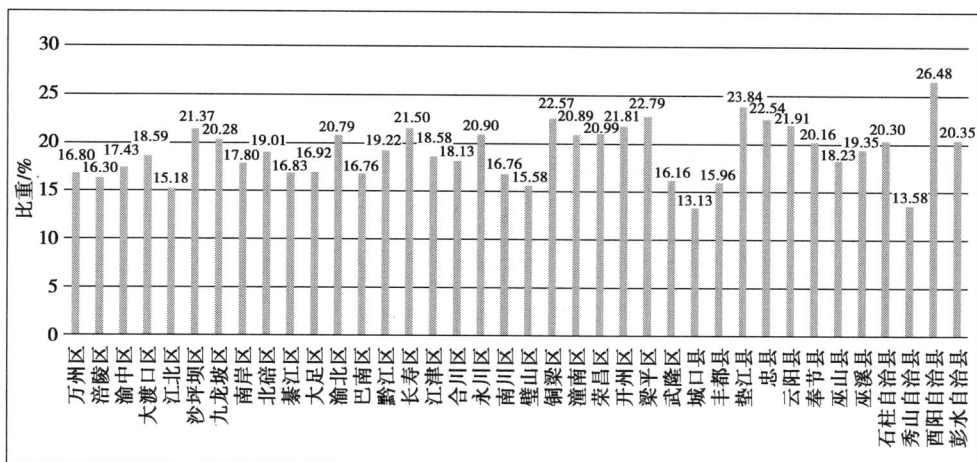

图7　重庆市各区县教育支出占财政支出的比重

　　根据教育部2017—2021年每年公布的《20××年度普通高等学校本科专业备案和审批结果的通知》对重庆市高校每年数字经济相关专业备案数和审批数进行统计,可以得到2017—2021年的相关数据。根据教育部2017年、2020年公布的《20××年审核增列的博士、硕士学位授权点名单》对重庆市高校每年数字经济相关专业新增硕博点进行统计,可以得到2017年、2021年的相关数据。从各区县对数字经济人才培养能力来看,受到各区县高校数量和质量的历史因素影响,仅有少量区县的高校新增备案和审批数字经济相关本科专业数和新增数字经济相关博士、硕士学位授权点数,如图8和图9所示。

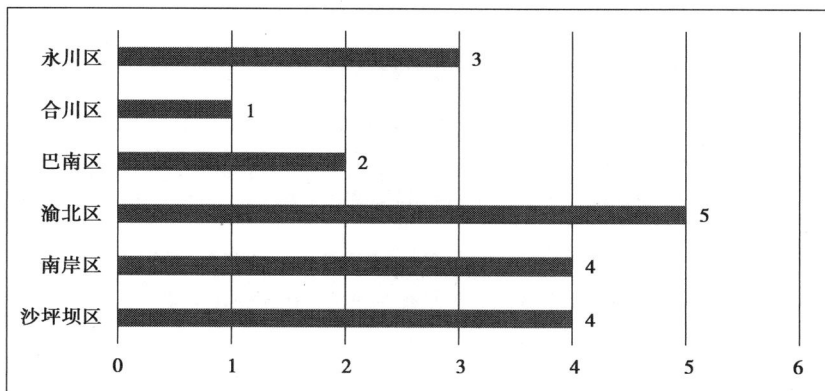

图8　重庆市各区县新增备案和审批数字经济相关本科专业数

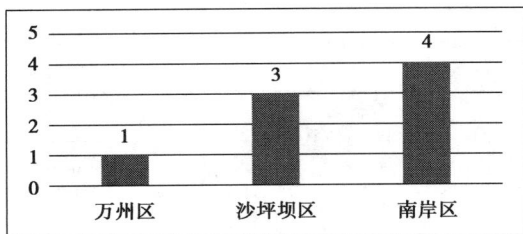

图9　重庆市各区县新增数字经济相关博士、硕士学位授权点数

2.人才创新发展产出

(1)科技产出

从重庆市各区县数字经济领域的专利情况来看,总体上数字产品制造业共有43410项发明申请,实用新型有28982项,发明授权有13200项,如图10所示;数字产品服务业有31580项发明申请,实用新型有23119项,发明授权有9532项,如图11所示;数字技术应用业有32361项发明申请,实用新型有7641项,发明授权有9374项,如图12所示;数字要素驱动业有23640项发明申请,实用新型有10813项,发明授权有5405项,如图13所示。从发明授权来看,四种数字经济行业类型都基本上集中在主城区,各区县各类专利数量情况基本正相关。

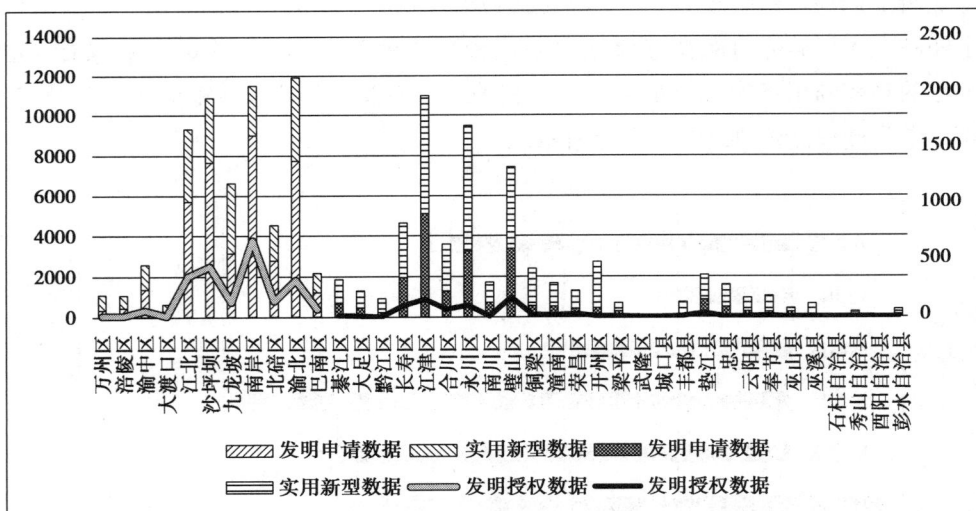

图10　重庆各区县数字产品制造业专利情况

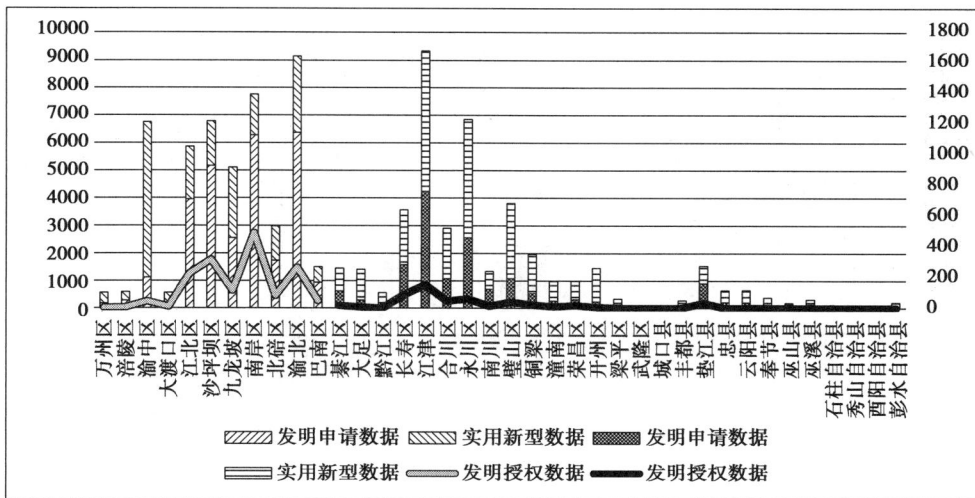

图 11　重庆市各区县数字产品服务业专利情况

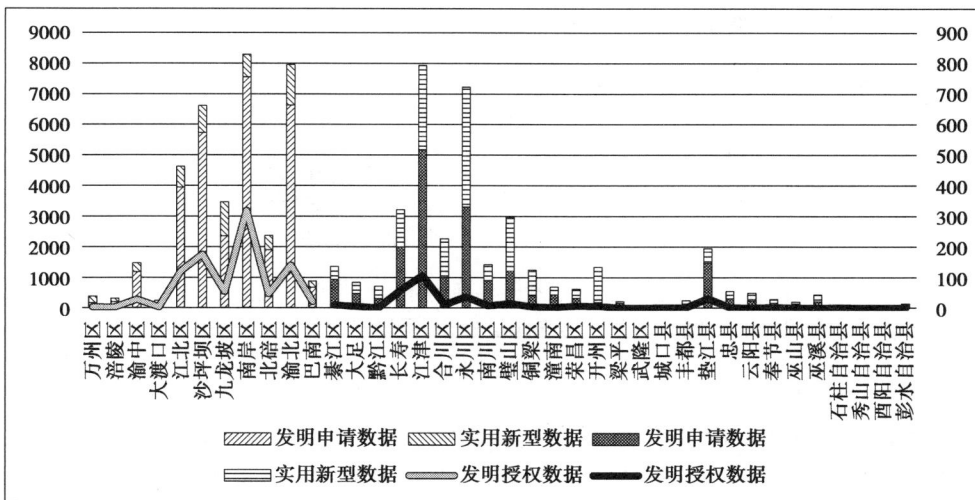

图 12　重庆市各区县数字技术应用业专利情况

从数字经济相关领域的科技论文产出看,我们选择 ESI 高引论文数量进行考察,由于主要高校都位于沙坪坝区、渝中区、北碚区和南岸区,因此其他区县没有数据。由于重庆大学位于沙坪坝区,而且是重庆市唯一 985 高校,西南大学是重庆市另一所 211 高校,所以主要论文成果均集中于沙坪坝区,北碚区排列第二位,如图 14 所示。

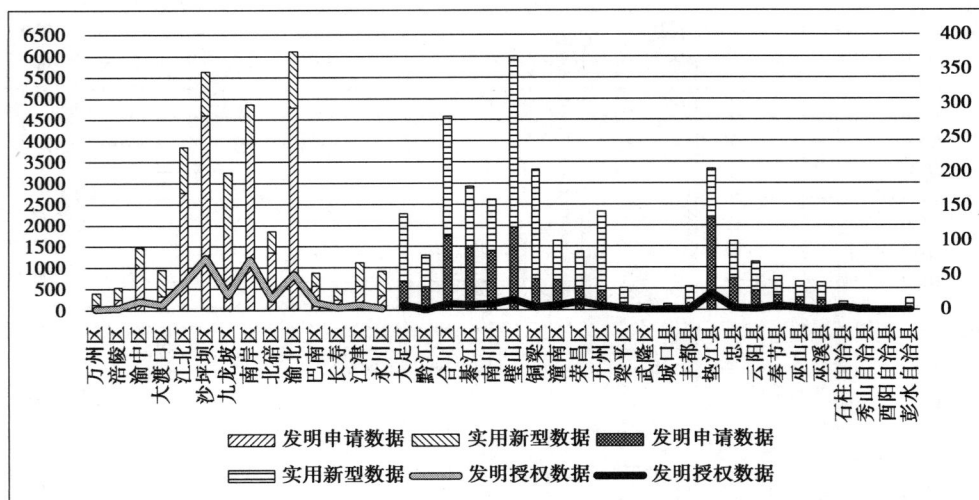

图 13 重庆市各区县数字要素驱动业专利情况

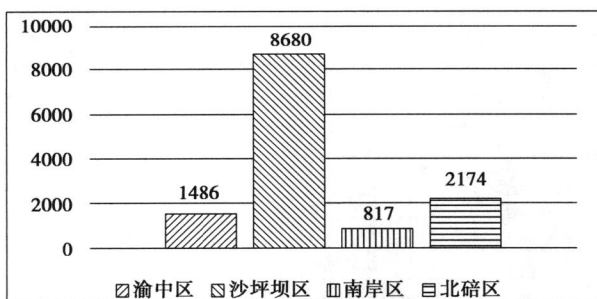

图 14 重庆市各区县 ESI 高引学者发文量

（2）产业产出

从各区县数字经济增速看，2021 年，各区县数字经济高速增长，增速主要集中于 10%~50%，显著高于同期各区县 GDP 6%~10% 的增速，体现了数字经济对地方经济发展的推动作用。其中，璧山区、江北区、大渡口区、大足区、万盛经开区、北碚区、永川区数字经济增速领先，均超过 30%；綦江区、巴南区、长寿区、渝中区、沙坪坝区、渝北区、万州区紧随其后，数字经济增速超过 20%；荣昌区、江津区、铜梁区、九龙坡区、南岸区、潼南区、涪陵区、黔江区数字经济增速均超过 10%，如图 15 所示。

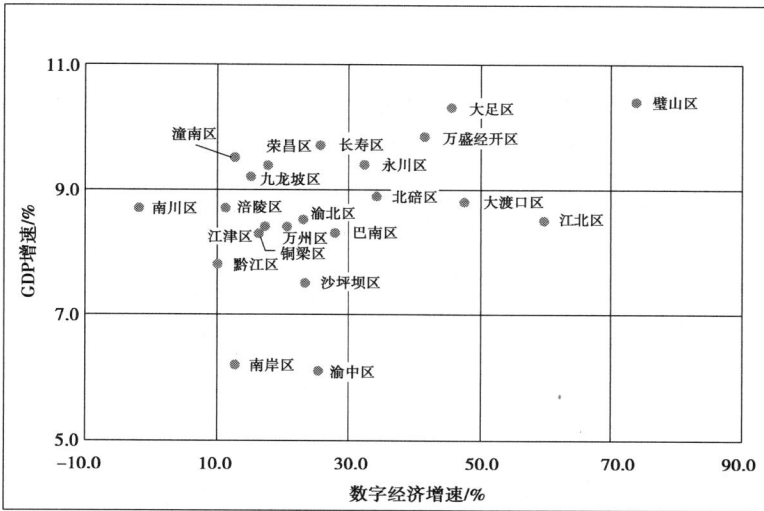

图 15　GDP增速与数字经济增速

从各区县数字经济核心产业在国民经济中的占比来看,总体偏低。2021年大部分区县数字经济核心产业占 GDP 比重主要集中于0~5%,占比偏低。北碚区、沙坪坝区、南岸区、巴南区数字经济占比超过20%。江北区、渝北区、永川区数字经济占比介于10%~20%。璧山区、九龙坡区、大渡口区、铜梁区、长寿区、渝中区、潼南区、大足区、荣昌区、涪陵区、万盛经开区、江津区、万州区、合川区、綦江区、南川区、黔江区数字经济 GDP 占比低于10%,如图16所示。

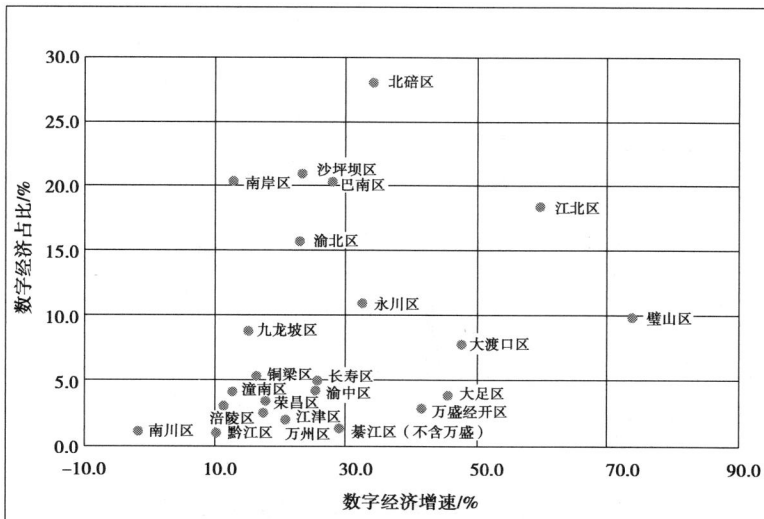

图16　重庆市各区县数字经济占比与数字经济增速

（3）人才产出

利用InCites数据库统计作者单位位于重庆的ESI前1%占比高引论文发文情况,统计得出高引学者数量。可以看出,高引学者均出自传统公办普通高校所在地区,沙坪坝区由于重庆大学而位居第一,北碚区由于西南大学而位居第二。其他区县高校尚未达到高引论文发表的层次,如图17所示。

高层次人才数据采用"绿色通道"引进的人才数。2019年重庆市开启"绿色通道"引进高层次紧缺人才,但2019年未公布引进人才名单,只从2020年通过"绿色通道"引进的人才各区县和市直属事业单位公布名单获取相关数据,可以看出沙坪坝区和渝北区引进高层次人才较多,如图18所示。

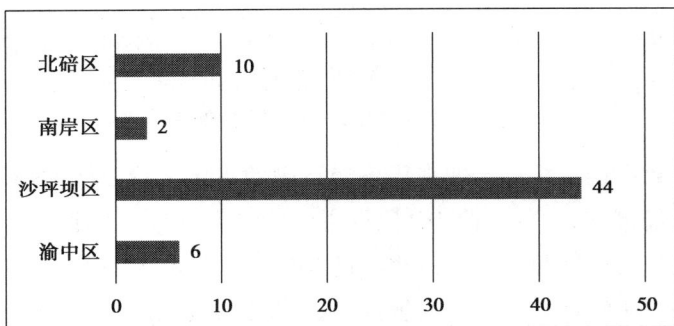

图17　重庆市各区县ESI高引学者数量

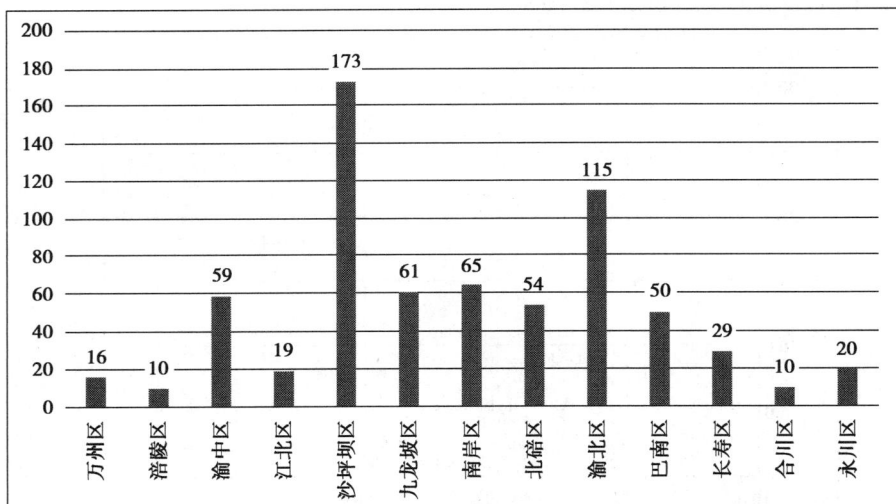

图18　重庆市各区县数字经济高层次人才数量

3.人才创新发展环境

(1)技术政策环境

世界500强企业,对任何一座城市而言都十分重要。它不仅是城市的名片,也是经济发展的重要动力。世界500强企业的入驻,表明所在区域发展势头、营商环境等得到认可。从各区县的平台环境来看,重庆市入驻的世界500强企业绝大部分位于主城九区,这与主城区的经济社会中心地位相符,如图19所示。

高新技术企业是指在国家重点支持的高新技术领域内,持续进行研究开发与技术成果转化,形成企业核心自主知识产权,并以此为基础开展经营活动,在中国境内(不包括港、澳、台地区)注册的居民企业。本研究根据《数字经济及其核心产业统计分类(2021)》筛选出重庆地区的高新技术企业。这些企业对于数字经济人才的创新发展提供了强大的载体。重庆市各区县高新技术企业情况如图20所示。可以看出,主要的高新技术企业数量前10为渝北区、九龙坡区、璧山区、南岸区、江津区、江北区、永川区、北碚区、长寿区、綦江区,数量占总数的66.91%。从企业研发活动来看,渝北区、九龙坡区企业中开展研发活动的企业明显高于其他区县,如图21所示。

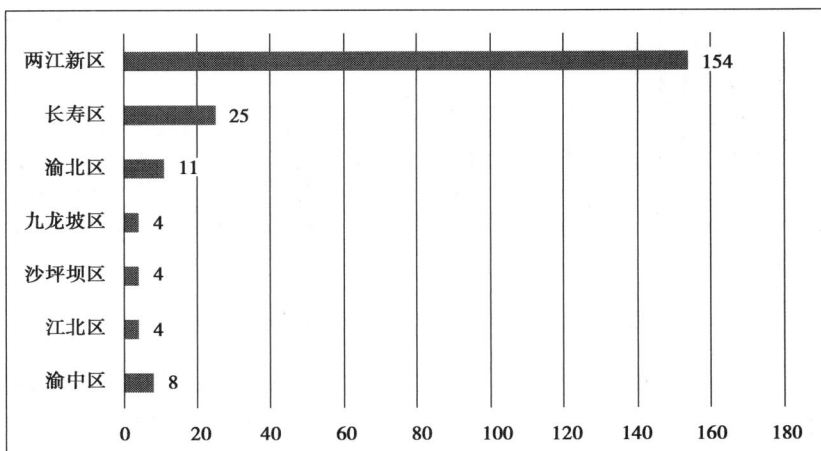

图19　重庆市各区县数字经济世界500强企业数

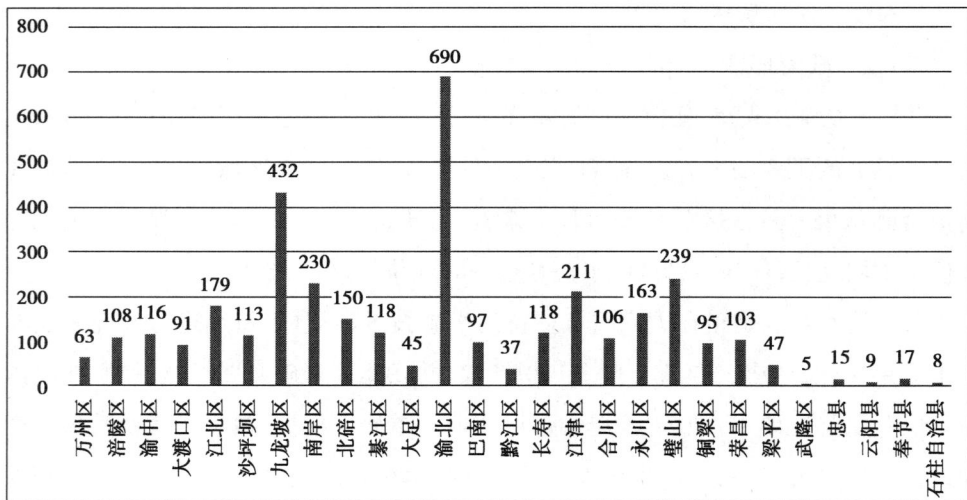

图20 重庆市各区县高新技术企业数量

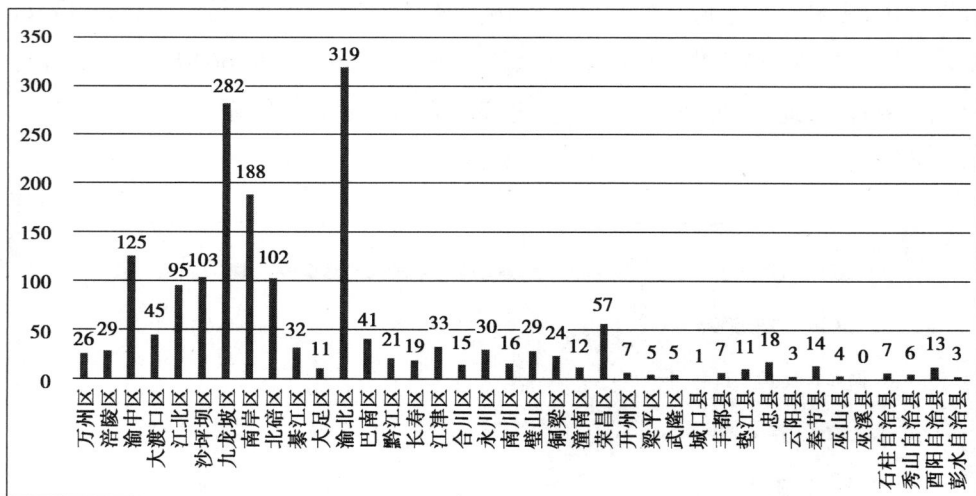

图21 重庆市各区县有R&D活动的企业数量

研发平台数拟采用重庆市重点实验室数、重庆市创新中心数、重庆市新型研发机构和重庆市国家地方联合工程研究中心等来衡量。据不完全统计,各区县超过100个研发平台的区县有南岸区、渝中区、长寿区、江北区、涪陵区等,占总研发平台的54.59%,如图22所示。

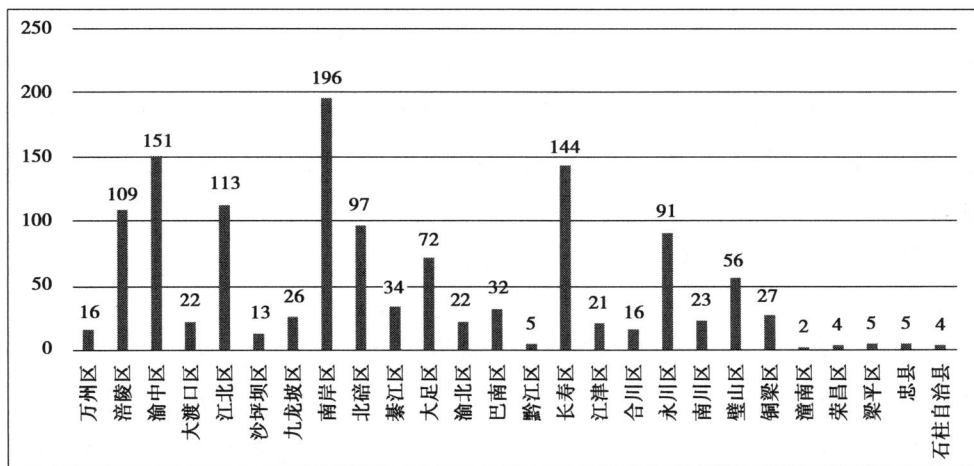

图22　重庆市各区县研发平台数

"专精特新"企业是增强经济韧性、提升产业链供应链现代化水平的关键主体,也是激发创新活力、完善产业生态不可或缺的重要力量。从数字经济领域的"专精特新"企业的地区分布看,两江新区数量最多,这与重庆市重点打造两江新区的政策倾斜有关,两江新区、渝北区、江津区、南岸区、璧山区、九龙坡区、北碚区等区县数量超过10个,其余区县较少,如图23所示。

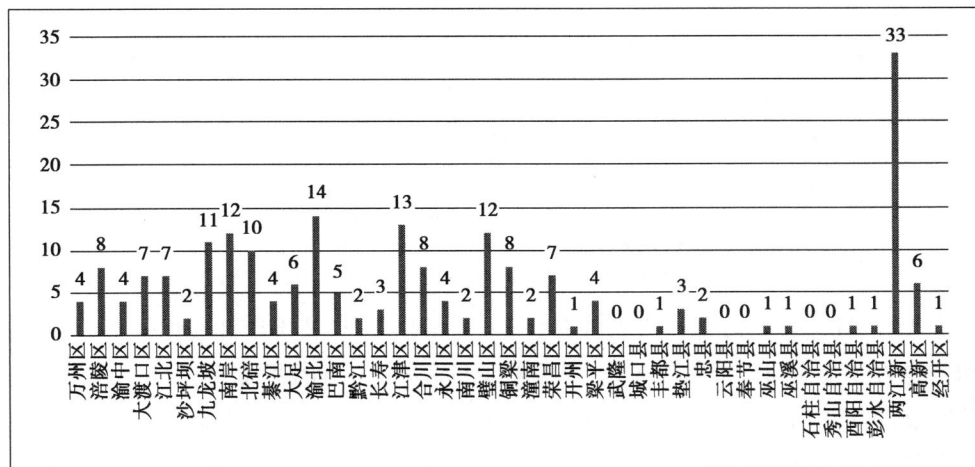

图23　重庆市各区县"专精特新"企业数

（2）培育环境

从重庆市教委2022年1月公布的《全市高等学校名录》获取相关数据。公办普通本科高校17所,民办普通本科高校9所,高职专科院校44所,其中公办24所,民办20所。成人高校3所,在渝军校2所。从地理分布看,沙坪坝区高等学校最多,拥有高校的区县达到了20个。公办普通本科高校出于历史原因,主要位于主城的沙坪坝、南岸、北碚、渝北、渝中区。其他区县主要是高职专科类院校,如图24所示。

在天眼查中以"培训机构"为关键词,将地区限定为"重庆",对企业/培训机构的经营范围以关键词"科技培训""科技等培训""科技、研学等培训""计算机（操作）培训""人工智能培训""人才培训"等关键词进行筛选,将高等教育机构筛选排除,最终得到具有数字经济相关培训资格的企业/培训机构3372家。

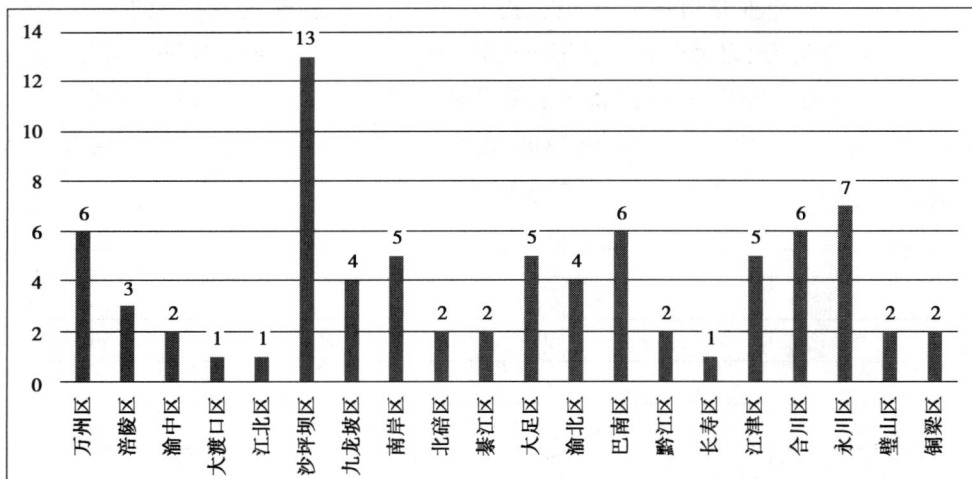

图24　重庆市各区县高等教育机构数

从所属行业来看,首先将除教育业、居民服务业、科技推广和应用服务业、软件和信息技术服务业、商务服务业、研究和试验发展、专业技术服务业等与数字经济关联度较高和所属行业数小于10的行业划分为其他行业。一方面,在其经营范围中虽然涉及科技培训资格,但其从事科技培训活动的可能性较小;另一方面,由于某些行业培训机构的数量极少,对最终结果不会形成干扰,也不对其进行单独分类。其中商务服务业、软件和信息技术服务业、科技推广和应用服务业的占比排名前三,分别为52%、12%和8%,占比达到了所有企业/培训机构的七成以上,这与科技培训的服务对象是一致的,如图25所示。

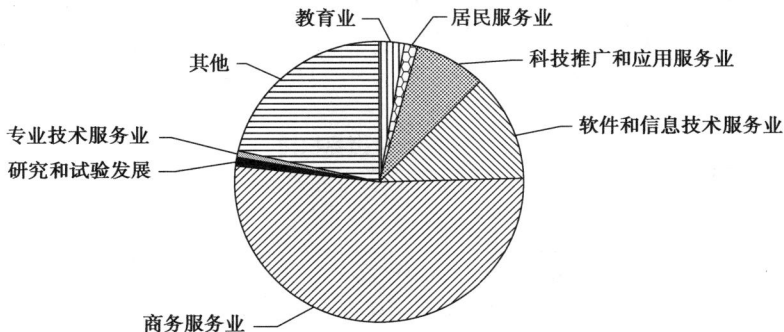

图25 培训机构行业占比情况

从所属区域来看,具有数字经济相关培训资格的企业/培训机构大多位于经济较为发达的区县,排名前三的区县为渝北区、九龙坡区和沙坪坝区,其各自的占比达到了12.96%、11.68%和11.50%,这与实际情况一致,如图26所示。

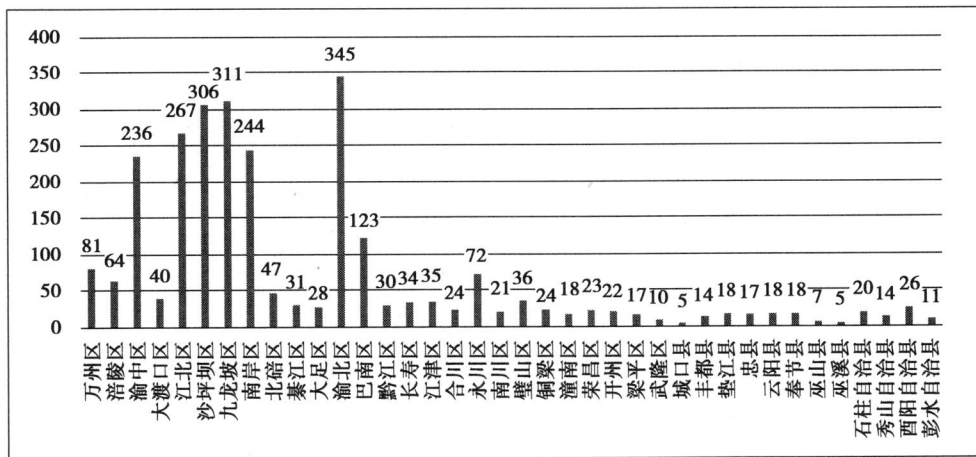

图26 重庆市各区县数字经济相关培训机构数

(四)数字经济人才创新发展指数分析

本研究根据主客观权重分析方法,客观法使用熵权法,主观法使用专家打分方法。设主观权重为w_i,客观权重为v_i,则综合权重为$w_i \cdot \dfrac{v_i}{\sum w_i \cdot v_i}$。

首先将各三级指标进行归一化处理,然后利用主客观法计算各二级指标下的三级指标的权重及得分,获得得分后,再计算该二级指标的得分,获得所有二级指标得分后,再重复进行某个一级指标下的二级指标权重及得分计算。由此反复计算后最终得到总指数的对一级指标的权重求和。最终计算出的各级指标权重见表8。

表8　各级指标权重

一级指标及权重	二级指标及权重	三级指标	权重
人才创新发展投入 0.22	经济投入 0.53	R&D经费占GDP比重	0.50
		数字经济相关重大项目数量	0.50
	人才投入 0.47	新增备案和审批数字经济相关本科专业数	0.41
		新增数字经济相关博士、硕士学位授权点数	0.55
		教育支出占财政支出的比重	0.04
人才创新发展产出 0.50	科技产出 0.46	技术市场合同成交额	0.55
		每万人口发明专利拥有量	0.14
		数字经济专利	0.15
		ESI高引学者发文量	0.16
	产业产出 0.22	数字经济核心产业增加值占比	0.71
		数字经济核心产业增加值增速	0.29
	人才产出 0.32	专技人才总量	0.28
		技能人才总量	0.24
		高技能人才占技能人才占比	0.20
		数字经济高层次人才数量	0.12
		ESI高引学者数量	0.16
人才创新发展环境 0.28	技术政策环境 0.58	数字经济世界500强企业数	0.23
		高新技术企业数	0.19
		有R&D活动的企业数	0.17
		研发平台数	0.20
		"专精特新"企业数	0.09
		数字经济人才相关政策数量	0.12
	培育环境 0.42	高等教育机构数	0.18
		数字经济相关培训机构数	0.82

从最终总的数字经济人才创新发展指数来看,TOP9为南岸区、渝北区、九龙坡区、沙坪坝区、江北区、北碚区、巴南区、渝中区、永川区。三峡库区发展指数偏低,

如图27所示。

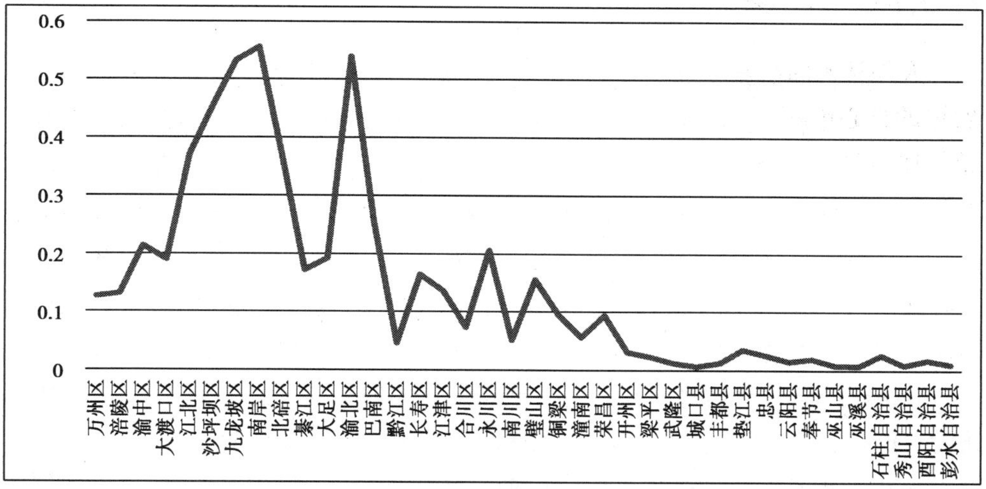

图27　各区县数字经济人才创新发展总指数

从创新投入、创新产出及创新环境看,基本趋势与总指数相同,但是在大部分非主城区的区县,创新投入评价会高于创新产出和创新环境,如图28所示。

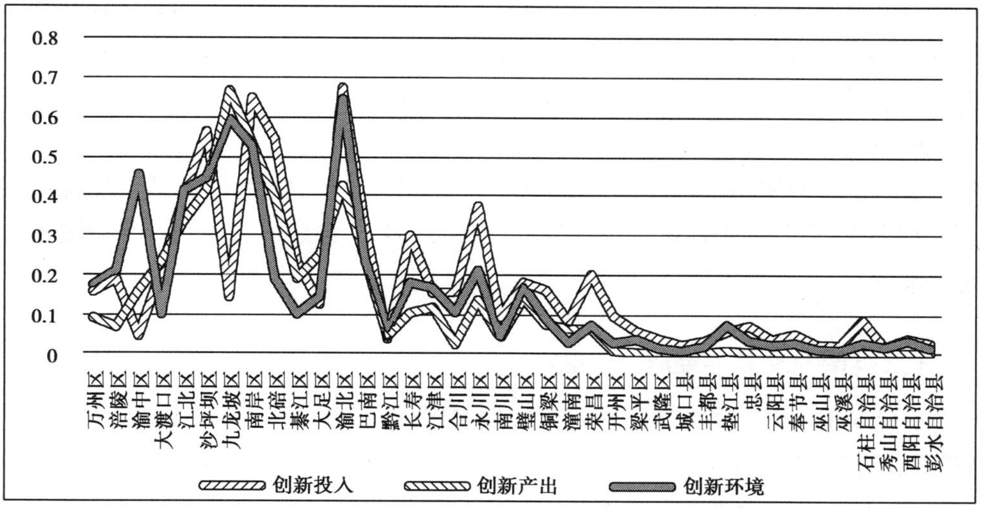

图28　各区县数字经济人才创新投入、创新产出及创新环境评价

六、结论与建议

人是技术的载体,是创新的根本,创新驱动的本质特征决定了人才是数字经济发展的核心因素。开展数字经济人才创新发展评价,有助于政府各部门及企事业单位厘清数字经济人才创新发展工作中需要重点改进强化的方向和指引。本研究基于投入产出及环境支撑等要素,构建了评价地区数字经济人才创新发展的指标体系。所有指标均为正向指标,并基于主客观结合的权重方法,以重庆市各区县实际数据,计算获得了重庆市数字经济人才创新发展的各级指标权重,以及各级指标的评价值。计算结果能够较好地区分、衡量各区县数字经济人才创新发展水平。

本研究指标体系结构尤其强调数字经济人才创新发展衡量中对系统化、协同化的评价,充分体现了数字经济人才创新发展的内在机理,体现党的二十大报告中"三位一体"推进教育、科技、人才工作的重要性。为进一步促进数字经济人才创新发展相关工作,基于教育链、创新链、人才链深度融合的思想,提出如下建议。

(一)强化人才创新发展工作顶层设计

以系统思维将产业发展、科技创新、人才创新发展等工作进行宏观设计和整体谋划,协同数字经济人才创新投入、创新产出和创新环境紧密相关的部门,完善数据指标统计,并聚焦重庆市重点发展领域,结合数字中国部署规划,在建设数字经济、数字社会、数字政府等领域中,依托重庆市数字经济人才市场和重庆市数字经济人力资源产业园等平台,精心推选出一批创新链、产业链、资金链、人才链深度融合示范项目,重点在于深度跟进项目过程,探索多方共赢的长效机制,提升政策制定精准度。

(二)培育优秀数字经济创新主体

一是统筹推进创新基础设施建设,加快国际高端产业和创新资源向渝聚集。积极创建智能感知与认知计算、金融科技、山地城镇建设安全与智能化等国家重点实验室,聚焦科技前沿和未来重庆市产业发展需求领域,新建一批市级重点实验室;加快重大科技基础设施建设,在先进制造、新材料、信息科学与生命科学等领域布局大科学装置,实现行业前沿技术引领;大力发展新型研发机构,鼓励有条件的企业组建面向行业共性基础技术、前沿引领技术开发的研究院,积极创建国家科技成果转移转化示范区。

二是鼓励在渝骨干企业、研究机构搭建数字经济交流平台,加强前沿技术创新、新兴产业培育、国际标准研制等方面的务实合作,以项目和科研实验室等为媒介,实现柔性引才机制,保障人才能最大限度发挥其才能。

三是培育壮大高科技企业,促进"专精特新"中小企业数量快速增长、核心竞争力显著提高,成长为专注于细分市场、掌握独门绝技的"小巨人"和"单项冠军"企业,提升产业链韧性,夯实产业创新基础能力。

(三)扩大数字经济影响力,打造高端合作平台

以"智博会"为主要载体,鼓励有条件的区县积极承办数字经济高峰论坛,开办集引资、引技、引智于一体的高端峰会和创新、创业大赛,努力将"智博会"打造成国际化、国家级、专业性的业内嘉年华。依托重庆科技服务大市场和重庆科技要素交易中心平台,建设服务重庆、辐射西南、面向全球的数字经济成果转化平台。引导两江新区、高新区等创新主体与国内外数字经济领域优势院校、领军企业、组织机构的全方位合作,积极参与国内外大数据智能化研发合作和重大科研专项、重大产业项目的布局建设,大力开展数字经济创新创业大赛,将重庆建设成为全国层面数字经济对外合作交流的中心地。

(四)提升高校科研创新水平

一是积极推进高校有组织科研。基于国家和区域战略需求,使高校有组织科研促进高校科技创新建制化、成体系。探索多路径建立有组织科研团队载体,强化高校内部优质资源的统筹整合力,确保有组织科研不受传统院系组织结构的困扰,能够灵活地逾越学科界限针对重大战略问题、前沿问题、现实急迫问题开展有组织的研究。深化重庆市高校联盟合作机制,建立多级有组织科研体系,深度共享高校国家重点实验室等国家级、省级科研平台资源,逐步推进建立融合跨高校、涵盖政府、行业领军企业等多主体的有组织科研机构,使其成为重庆市有组织科研的重要引领力量,形成国家战略科技力量。

二是持续优化学科布局,积极增设数字经济相关学科专业。以国家战略需求及当前行业大的科技革新技术为导向,强化基础学科科研能力建设,尤其是加大数字经济领域博士点、硕士点数量和招生人数。积极鼓励在渝教育部高校和市属"双一流"大学增设大数据智能化专业,重点围绕以新一代信息技术和新技术革命创新

融合为主的交叉专业,加快培养战略性新兴产业发展所需的紧缺人才。围绕"中国制造2025"提出的十大重点领域23个优先发展方向和"互联网+"行动计划的11个重点领域,建立跨学科、跨产业、跨领域的交叉培养模式。

三是促进双城高校合作交流。共同争取更多国家"双一流"学科,推动两地"双一流"高校与省市政府之间的战略合作。推动建设环成渝高校创新生态圈,支撑西部科技创新中心建设。推进教育资源共建共享,联合培养基础学科拔尖人才,推动成渝高校学生跨校交流与培养。

(五)增强政企校协同创新能力

一是促进专业群与产业群精准对接。厘清专业群、产业链及岗位群的逻辑关系,促进教育链紧密对接产业链、紧贴区域经济发展,实现多个专业的交叉融合,带动同一产业链的诸多关联专业的快速发展,加速产教融合多主体的协同发展,精准把脉产业需求,及时动态调整专业方向和专业结构,提升专业内涵,主动适应产业变化及岗位需求,使培养的人才更具有核心竞争力,从而实现真正意义上的产教融合。

二是促进校企师资双向交流互通。构建"双师型"教师资源库、制定外聘技术骨干(专家)管理制度、企业兼职教师引进方案等吸引企业人才进入职业院校,共同制订人才培养方案、指导学生毕业设计、参与课堂授课及现场实践教学,共同开发课程及教材,共建产业学院等,真正实现学生技能培养与企业岗位需求零距离衔接。同时完善相关制度,要求职业院校的教师走出校园走进企业、与企业开展各种项目合作等,实现师资的互融互通、共同成长,提升教师专业技术水平。

三是通过构建基于契约的信任体系,实现融合主体的权、责、利对等,促使各方主体按照既定的目标一致行事,共同创造价值,从而解决产教融合过程中人才供需脱节的难点痛点问题。

四是构建多方共赢的激励机制。深入分析产教融合多主体间形成深度融合的诱导因素,促使各主体互利互惠,实现多方共赢,提升主体美誉度和竞争力。出台精准的政策支持,建立完善的激励机制,促进产教融合多主体实现协同。

(六)强化创新链与产业链的融合

1.完善创新链整合机制

以政府作为创新链整合的主体,逐步采用市场化手段,陆续增强科技创新计划的引领和整合功能,探索政—产—学—研等创新主体间产生更加高效的从创新链到产业链的整合机制。不断强化创新体系的顶层设计,有效整合一系列的创新资源,产生创新合力。推进具有社会性、非营利性、公益性的重点产业技术研究院建设,服务产业创新发展,有效协调基础研究、生产工艺研究与产品开发研究,陆续解决制约产业发展竞争前技术、共性技术以及关键核心技术的瓶颈,促进产业培育,不断提高产业技术、提升产业效益,增加社会福祉。

2.健全产业链整合机制

推进重点产业中的主导企业借助于产业链集成战略,不断提升企业集成创新能力,陆续构建健全的创新资源集成机制,尽可能地集聚创新资源,逐步促进产业链相异环节间的交互式学习与互动,强化区域内部与区域间沟通与合作,渐渐突破战略产业价值链,逐步实现产业资源的高效整合。

3.促进创新链产业链融合

强化高质量发明专利及行业标准研发能力,推进重点产业龙头企业积极构建面向未来的专利池战略与标准竞争战略。强化对新技术的研发主导,培育广泛合适的本土及市外合作伙伴,在合理分工的基础上研发核心技术,实现核心专利共享,有效构建专利池,不断促进技术标准转化为事实标准,共同提升创新能力,大力打造自主创新高地。进一步完善知识产权管理制度,保障创新主体合法利益,促进知识产权快速高效转化,激发创新主体参与创新的积极性。

(七)完善人才评价以及激励机制

一是积极推进人才分类评价机制改革。积极探索把品德作为科技人才评价的机制,突出国家使命导向,推动国家重大攻关、基础研究、应用研究和技术开发、社会公益研究四类创新活动评价制度的建立。对于国家重大攻关任务的科技人才评价,建立体现支撑国家安全、突破关键核心技术、解决经济社会发展重大问题的实际贡献和创新价值的评价指标;对于基础研究人才,突出同行评价,注重研究成果质量及对国家、社会的影响力;对应用研究和技术开发,强化创新创造业绩贡献评价,注重创新能力、创新成果、产学研结合等;对于社会公益研究人才,注重服务支撑能力和社会贡献,突出转化效益效果评价,注重产值、利润、吸纳就业、节约资源等指标。针对不同类型、不同层次、不同行业的特点和对人才的不同需求,引入企业、行业协会、中介组织等多元主体评价,构建分行业、分产业、分领域的操作性强、持续动态和可落地的多元人才评价标准体系。

二是探索新型人才评价方式。依托政策,在职称与职业资格密切相关的职业领域,建立职称与职业资格对应关系,通过大数据平台分析人才应用范围、评审(鉴定)条件,统筹结合,共同规划、探索、创新人才评价体系,对数字经济复合型人才进行评价,结果互认,避免交叉,减少重复。通过信息共享,在申报者和人力资源管理部门之间搭建起一座沟通的桥梁,防范社会上假评审、假培训、假鉴定行为,促进新政策的顺利实施,让人才获利受益,同时利用人才基础信息,整合人才评价成果,形成多维人才队伍分析报告,挖掘人才数据资源价值,提升人才服务部门整体数据分析能力,实现基于数据的科学决策,推动人才队伍建设。

三是发挥协同体的积极性和创造性,注重物质激励与非物质激励并重。面向市场,引导全社会多渠道、多层次增加人才培养投入,形成以财政投入为引导、企业投入为主体、社会投入为补充、优惠政策作扶持的全社会人才培养激励机制,进一步激发人才的主动性和创造性。注重高层次人才事业支持和精神关怀,加强高层次人才工作的"软环境"建设,创造开放、自由的发展环境。适当增加荣誉奖励,给予高层次人才精神上的成就感和满足感,用"软环境"留住人才。

课题研究单位: 重庆邮电大学

课题负责人: 张　洪

课题主研人员: 袁　野　万晓榆　刘雪艳　王宇范　申永康
　　　　　　　万文韬　陈佳怡

队
伍
篇

重庆市人力资源服务从业人员能力素质提升研究

摘　要:本文构建了重庆市人力资源服务基层、高层从业人员胜任力模型,基于当前重庆市人力资源服务从业人员能力素质现状的调查分析及对重庆市代表性人力资源服务企业的访谈,对重庆市人力资源服务从业人员能力素质影响因素、存在的问题做了深度剖析,并结合重庆市的实际情况探寻人力资源服务从业人员能力素质提升的四位一体——政企校社(协会)策略,提出了重庆市人力资源服务从业人员能力素质提升的具体建议。

关键词:人力资源服务　胜任力模型　四位一体

一、引言

人力资源是经济社会发展的第一资源,人力资源流动配置是激发人才创新、创业、创造活力的重要保障,是深化人才发展体制机制改革的重要任务,是实施人才强国战略和就业优先战略的重要内容。[①]随着国家产业结构的调整,各类企业和组织对人力资源服务的需求逐年增加,专业化分工开始不断深化,人力资源服务业的发展规模得到了进一步的扩展,同时人力资源服务行业链也日趋完整,服务内容基本覆盖从员工入职到离退休的整个生命周期。我国人力资源服务业稳定稳健发展,政策体系不断完善,行业规模持续扩大,服务内容日趋丰富,服务领域不断拓

---

① 萧鸣政,等.中国人力资源服务业蓝皮书2020[M].北京:人民出版社,2020.

展,促进就业作用显著,开放水平不断提高。①人力资源服务业的发展,为全面建成小康社会、抗击新冠疫情提供了持续蓬勃的动力。2021年11月,人力资源社会保障部等五部委印发了《关于推进新时代人力资源服务业高质量发展的意见》,提出不能简单地以产值、利润等经济指标来衡量人力资源服务业的发展,更需要将所服务的就业人数、促进就业的成效等社会效益指标,作为衡量人力资源服务业发展的重要指标,而高质量的服务需要高质量的从业人员来实现。

重庆市人力资源服务业在全国人力资源服务行业发展趋势下也表现出良好的发展势头,但与北京、东部沿海重点省市的人力资源服务业相比,人力资源服务发展相对滞后,以低端传统服务为主,中高端、新兴业态较少,而从业人员专业化水平不高是造成此现状的根本原因。2022年8月29日,重庆市人力资源和社会保障局联合12个部门发布《关于推进新时代人力资源服务业高质量发展的实施意见》,提出"领军人才培养、研究型人才培养、专业人才培养、技能大赛"四大计划来加强人力资源服务业人才队伍建设。在推动行业经济发展方式向主要依靠科技进步、劳动者素质提高、管理创新转变、促进经济结构调整和转型升级背景下,提升人力资源服务业从业人员的能力素质成为首要任务。

二、重庆市人力资源服务行业及从业人员基本情况

重庆市人力资源服务业近几年发展迅速,截至2021年底,全市共有各类人力资源服务机构2846家,较上年增加691家,营业收入为618.05亿元,较上年分别增长32.06%、26.30%;人力资源服务机构的注册资本为156.26亿元,总资产为762.54亿元,税收达8.77亿元,较上年分别增长144.84%、300.94%和2.33%。全市共有民营性质的人力资源服务机构2701家,占全市人力资源服务机构总量的94.91%,比上年增长3.30%;全市民营性质的人力资源服务机构资产为663.23亿元,占全市人力资源服务机构总资产的86.98%,比上年增长10.56%。2021年,全市人力资源服务机构外包服务用人单位7030家,较上年增加366家,外包总人数达203204人次;派遣服务用人单位23860家,派遣662682人次;依托档案提供服务385782人次,较上年增加17456人次;举办培训班6201次,较上年增加1084次,累计培训人员265804人次;提供测评服务208919人次;人力资源管理咨询服务用人单位12802家,较上年增长21.38%;高级人才寻访(猎头)委托推荐岗位数20951个,成功推荐

① 余兴安.中国人力资源发展报告[M].北京:社会科学文献出版社,2014.

人才10929人,较上年分别增加10407个、6755人,增长率达98.7%、161.83%;人力资源信息软件服务,服务单位15766家次。

三、建立重庆市人力资源服务从业人员胜任力模型

表1　2021年重庆市人力资源服务行业及从业人员基本情况

类别	人力资源服务机构	营业收入	民营机构	从业人员	高中及以下	大专及本科	硕士研究及以上	取得职业证书
数量	2846家	618.05亿元	2701家	28486人	13866人	14124人	495人	9790人
比2020年增长(%)	32.06	26.30	3.30	11.29	−23.12	23.16	8.55	4.44

(资料来源:重庆市人力资源和社会保障局)

从表1可以看出,重庆市人力资源服务行业2021年发展迅速,营业收入、从业人员数量不断增加,从业人员学历及职业专业化水平也不断提高。但与东部沿海重点省市的人力资源服务业相比,重庆市人力资源服务从业人员的专业化、职业化水平仍然与之有较大差距。2022年8月,重庆市人力资源和社会保障局联合12个部门发布《关于推进新时代人力资源服务业高质量发展的实施意见》,提出实施名优企业培育、中小企业提质、产业创新发展、产业平台建设、领军人才培养、高标准市场体系建设"六大计划",进一步培育市场主体,改善发展环境,促进行业高质量发展。行业高质量的发展离不开行业从业人员的高质量,离不开从业人员的高能力素质水平。然而,目前关于人力资源服务从业人员的能力素质还没有一个统一标准。人力资源服务从业人员能力素质参差不齐,提供高质量的服务难以保证,也制约着这一行业的发展。因此,本研究试图从"胜任力模型"视角出发,构建重庆市人力资源服务从业人员胜任力模型,探索针对性的解决策略。

胜任力模型(Competence Model)就是针对特定职位表现优异要求组合起来的胜任力结构,是一系列人力资源管理与开发实践(如工作分析、招聘、选拔、培训与开发、绩效管理等)的重要基础。麦克利兰认为胜任力模型是"一组相关的知识、态度和技能,它们影响个人工作的主要部分、与工作绩效相关、能够用可靠标准测量和通过培训开发而改善"。吉尔福德则认为,"胜任力模型描绘了能够鉴别绩效优异者与绩效一般者的动机、特质、技能和能力,以及特定工作岗位或层级所要求的一组行为特征"。

美国著名心理学家麦克利兰于1973年提出了一个著名的模型——"冰山模型",就是将人员个体素质划分为表面的"冰山以上部分"和深藏的"冰山以下部分"。基于此理论,重庆市人力资源服务从业人员的胜任力是指从业人员要较好地完成自身工作所需要具备的一般素质,既包括冰山以上部分的知识和技能,也包括冰山以下部分的从事该行业工作应具有的一般能力。通过与重庆市三大业态的代表性企业(杰成人力资源集团、重庆红海人力资源管理有限公司、重庆锐仕方达、重庆市人才大市场)的访谈,进一步明确重庆市人力资源服务从业人员一般能力素质的内涵,建立了人力资源服务行业从业人员胜任素质模型。

虽然人力资源服务机构种类众多,从业人员也比较复杂,但人力资源服务机构内部一般层级并不多,从大的框架上进行层次分析,人力资源服务业从业人员可以分为两个层次:中高级管理人员和基层工作人员。其中,中高级管理人员是指机构的中高层领导者,包括业务部门的负责人。不同层级的从业人员所需的核心能力不同,以下进行了两个层级人员的胜任力模型构建。

人力资源服务基层从业人员能力素质主要由知识技能和一般能力两个部分组成。知识技能是冰山模型水面以上部分的素质,包括有效完成工作所需要的人力资源服务行业知识、相关岗位的业务知识(工作流程、法律知识、营销知识等)以及办公软件操作技能(主要是EXCEL及PPT制作)。基层岗位素质除了知识技能外,还需要具备一般能力。这些核心能力是鉴别能否胜任相应岗位的鉴别性素质,分别是抗压能力、学习能力、建立与维护客户能力、信息处理与分析能力、沟通与说服能力、团队合作能力,如图1所示。

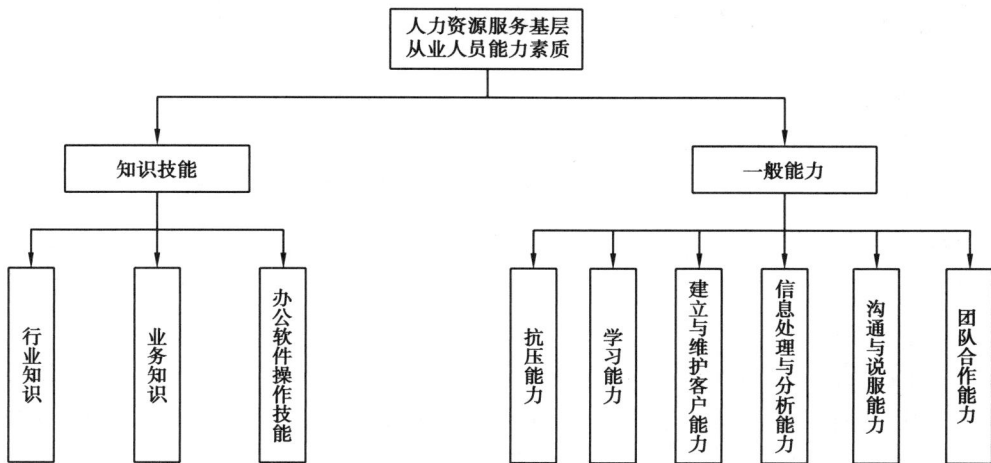

图1　人力资源服务基层从业人员能力素质模型

(资料来源:根据项目研究设计)

人力资源服务中高层从业人员能力素质也由知识技能和一般能力两个部分组成。通过前期对企业的访谈及文献分析,采用工作任务推论法确定在基层从业人员能力素质基础上,将知识技能方面的办公软件操作技能项剔除,在一般能力方面剔除了建立与维护客户能力、信息处理与分析能力、团队合作能力,增加了创新能力、分析与决策能力、领导能力,用人际能力代替了沟通与说服能力,如图2所示。

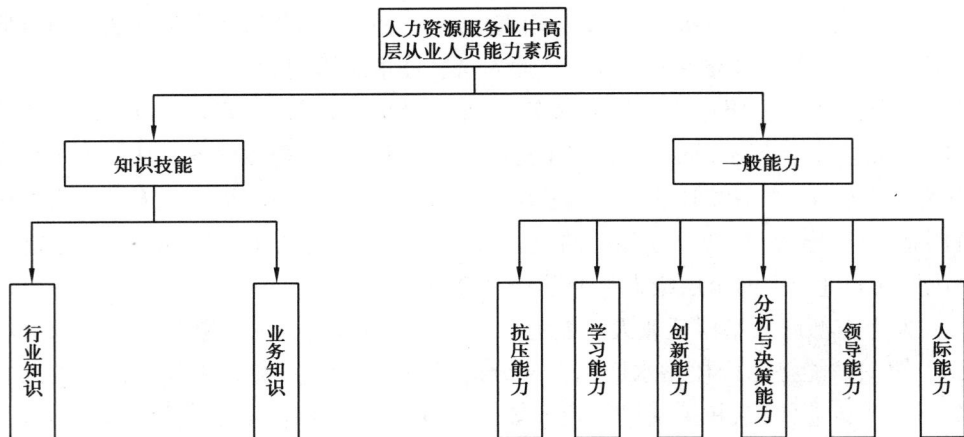

图2　人力资源服务中高层从业人员能力素质模型

（资料来源：根据项目研究设计）

四、重庆市人力资源服务从业人员能力素质现状分析

在从业人员胜任力模型基础上,编制"重庆市人力资源服务从业人员能力素质自评量表",进行重庆市人力资源服务从业人员基本情况、能力素质现状调查研究。调查问卷经过两次测试,删除了有歧义及表述不清的题目,最终留下26道题目。调查问卷经过信度效度检验,具有较好的信度效度。问卷星向重庆市各人力资源服务企业发放问卷,收回量表289份,剔除无效量表问卷,最终收回257份,问卷回收率为88.9%。

问卷主要由三部分内容构成:第一部分是被调查者基本情况,包括性别、年龄、学历等及所在业态、职位;第二部分是人力资源服务从业人员能力素质模型中的知识和技能,是从业人员对各方面知识技能掌握情况的自评,主要包括行业知识、法律知识、公司服务产品知识、营销知识、业务知识与办公软件操作技能;第三部分是人力资源服务从业人员能力素质模型中的一般能力的自评,包括学习能力、人际交往能力、领导能力(组织协调、激励、处理冲突)、抗压能力、客户管理能力、沟通能力、服务意识、团队合作精神、信息收集整理能力、问题解决能力、创新能力、市场调研能力。第二部分和第三部分为自评量表,每个项目后面有5个选项,分别代表测评者在该项目的水平,采用5级计分,5分表示非常强,4分表示强,3分为一般,2分表示弱,1分表示非常弱。

(一)调查样本的基本情况

通过对重庆市257个人力资源服务从业人员样本的统计分析表明:重庆市人力资源服务从业人员以女性从业者居多,学历以大学本科为主;从业人员学历整体水平较高,但专业化与职业化水平不高。

1.年龄结构分析

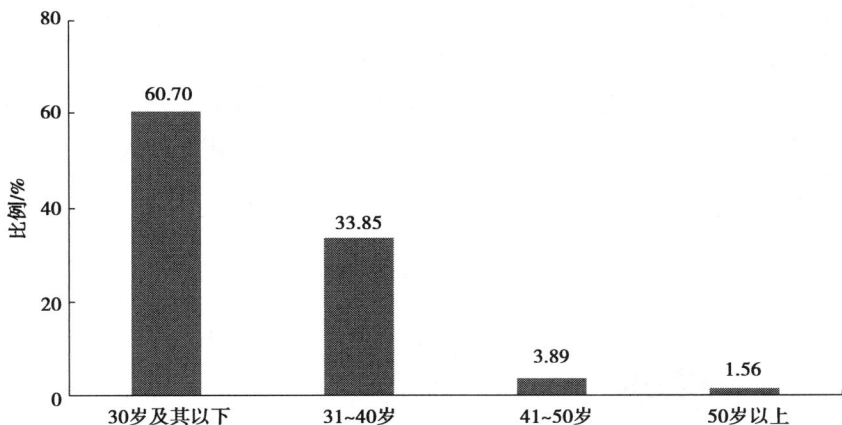

图3　从业者年龄分布柱形图

(资料来源:重庆市人力资源服务从业人员能力素质调查问卷)

由图3可知,在被调查的人力资源服务从业者中,年龄在30岁及其以下人数最多,占比达60.70%,31~40岁的从业者有33.85%,有3.89%的从业者年龄分布在41~50岁,50岁以上的从业者仅占1.56%。可见,人力资源服务行业年轻化趋势明显。

2.性别结构分析

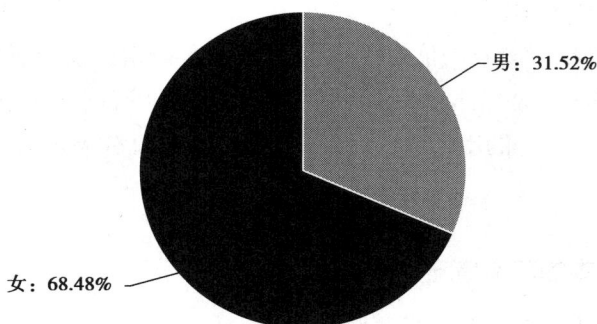

图4　从业人员性别分布图

（资料来源：重庆市人力资源服务从业人员能力素质调查问卷）

由图4可知,调查对象中有68.48%的从业人员为女性,仅有不到一半的从业人员为男性。行业呈现以"女性"员工为主,男女比例不平衡的特点。一方面因为人力资源服务行业相较于其他行业工作强度较小,工作较稳定,更适合女性;另一方面是女性自身所具有的能力及个性品质,如亲和力、细心谨慎等,相较于男性而言更突出,更适合从事人力资源服务工作。同时一定程度也能反映出重庆人力资源服务行业对女性员工的尊重,不存在性别歧视,能够合理利用女性人才。

3.学历水平分析

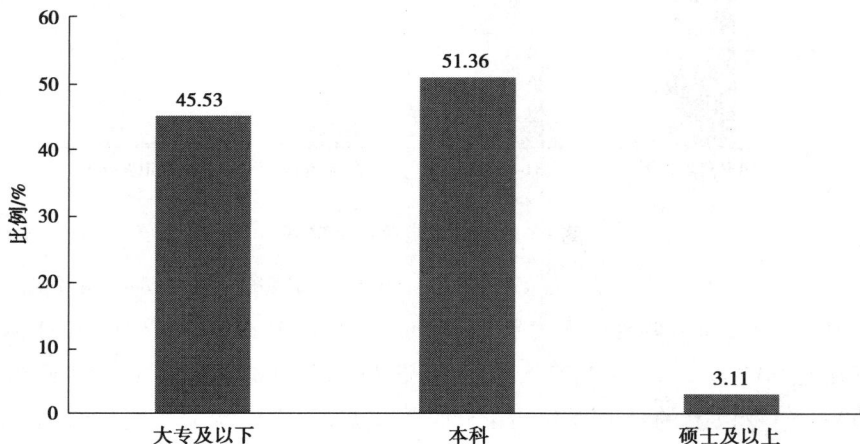

图5　从业者学历柱形图

（资料来源：重庆市人力资源服务从业人员能力素质调查问卷）

由图 5 可知,调查对象中有 45.53% 的人学历在大专及以下,本科学历占有 51.36%,而仅有 3.11% 的人学历在硕士及以上。这个数据好于重庆市人力资源服务行业从业人员本专科学历人员不足 50% 的情况,说明被调查的重庆市人力资源服务从业人员学历水平略好于重庆市的人力资源服务从业人员的平均水平。这可能是因为被调查的人力资源服务从业人员多供职于重庆市发展较好的人力资源服务企业,这些企业对从业人员的要求相对较高,所以其从业人员的学历水平也相应较高。从调查数据来看,人力资源服务行业从业者学历水平大专及以下占比将近一半,而学历水平与基本素质有一定的正相关关系,因此从业人员的学历水平有待提高。重庆市人力资源服务业的新兴业态及整个行业的高质量发展离不开高学历的从业人员的加入。因此,不但要提升现有从业者的学历水平,培育人力资源服务行业高学历人才,还要积极引进行业高学历人才,留住高学历人才。

4.持有技能证书情况

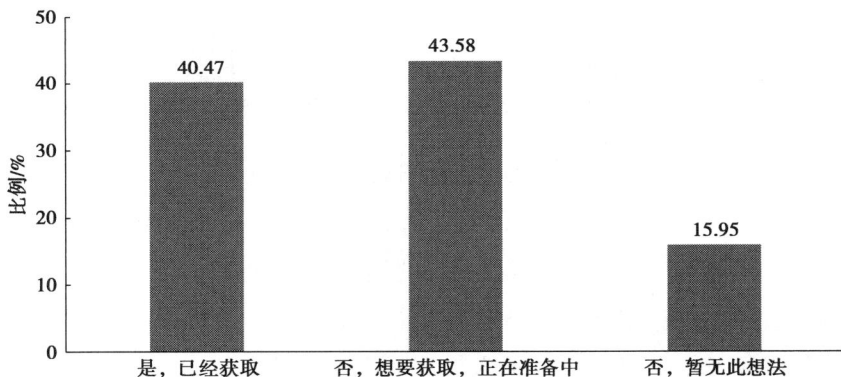

图6 从业者技能证书柱形图

(资料来源:重庆市人力资源服务从业人员能力素质调查问卷)

由图 6 可知,调查对象中有 40.47% 的人已经获取技能证书;暂时未获取,正在准备中的有 43.58%,有 15.95% 的人未获取且没有获取证书的想法。由此可见,目前重庆市人力资源服务从业人员的职业化、专业化水平不高,但 43.58% 的人有较高的自我提升的意识,正在积极准备中。行业协会、设有人力资源管理专业的重庆市内大专院校具备职业资格培训的硬件及师资条件,应该积极承担起重庆市人力资源服务从业人员职业资格培训的责任。

综上可知,人力资源服务行业有40%的从业者获取了相关的技能证书,表明目前重庆市人力资源服务行业准入门槛较低,还没有形成完善的职业资格认证制度。被调查者中仍有60%左右的人未取得技能证书,从业人员还需考取多方面的职业技能证书,朝着更加职业化、专业化的方向发展。

5.所在企业业态分布

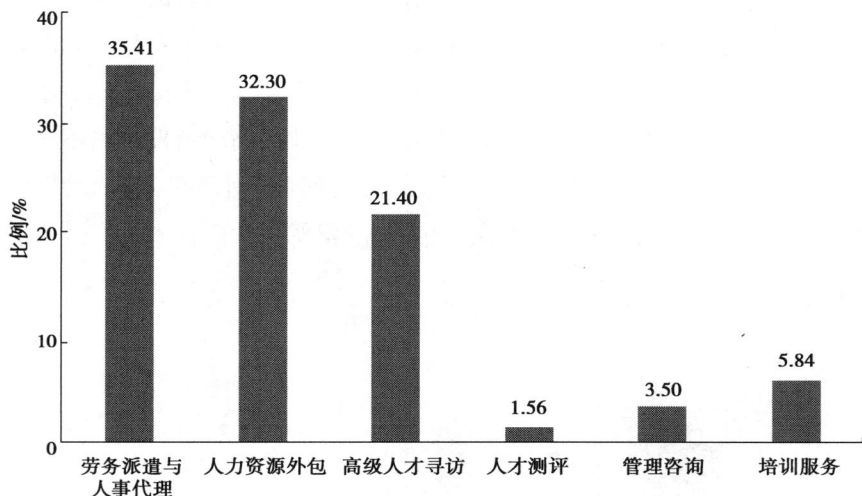

图7　从业人员所处行业业态分布图

(资料来源:重庆市人力资源服务从业人员能力素质调查问卷)

由图7可知,被调查对象中从事劳务派遣与人事代理、人力资源外包的从业人员各占到了1/3左右,有21.40%的人员从事行业高级人才寻访工作,有5.84%的人员从事培训服务工作,仅有3.50%的人员从事管理咨询工作,从事人才测评的人员只占到了1.56%。说明劳务派遣与人事代理、人力资源外包两个传统业态仍然在重庆人力资源服务行业中占据大半壁江山,高级人才寻访虽近些年蓬勃发展起来,但人才测评、管理咨询和培训服务三个业态由于对从业人员的能力素质要求更高,只有少部分人从事。一方面传统业态作为服务行业被公司和社会的所需程度要高于新兴业态,能给公司或社会带来实际效益,所以发展较快,从业人员相对更多;而新兴业态,自身发展不够成熟,提供的服务价值不高,公众认可度不高,此类人力资源服务企业较少,相应的从事该业态工作的从业人员数量就较少。另一方面,劳务派遣与人事代理、人力资源外包相较于人才测评、管理咨询而言,企业进入门槛更低,从业人员主要从事的工作难度较低,不需要很强的专业知识,因此更多的人进入传统业态从事人力资源服务。

(二)不同学历、技能、年龄从业人员能力素质在不同业态的差异

1.不同学历从业者与所处行业业态分布交叉分析

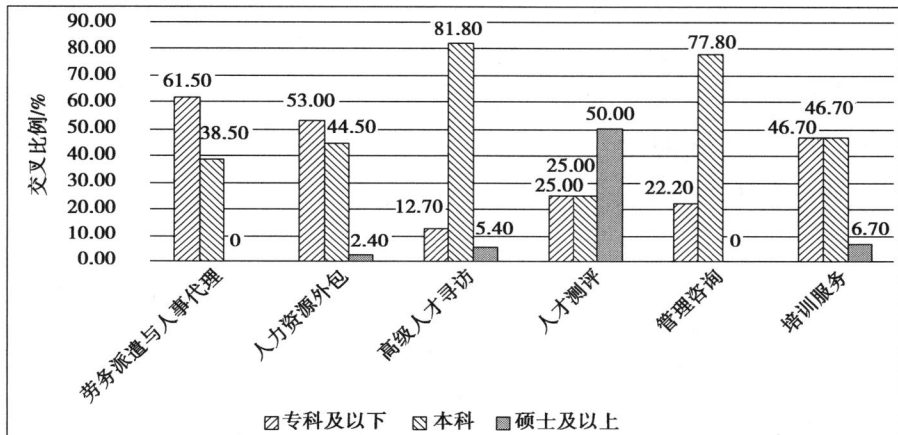

图8　从业者学历与所处行业业态分布交叉分析图

（资料来源：重庆市人力资源服务从业人员能力素质调查问卷）

从调查结果看,行业业态为劳务派遣与人事代理、人力资源外包的从业者学历均是专科及以下人数占比最多,分别为61.50%和53.00%,其次是本科学历,分别为38.50%和44.50%,硕士及以上学历占比最小,甚至在劳务派遣与人事代理中为零。行业业态为高级人才寻访、管理咨询的从业者学历为本科占比最多,分别为81.80%和77.80%,其次是专科及以下学历,占比分别为12.70%和22.20%。

行业业态为人才测评、培训服务的从业者学历在专科及以下和本科的分布一样,分别为25.00%和46.70%,同时在人才测评业态中硕士及以上学历占比达50.00%,如图8所示。可见,不同业态对从业人员学历的要求也有所不同,行业业态为高级人才寻访、管理咨询的对从业者学历要求较高,对业态为劳务派遣与人事代理、人力资源外包的从业者要求较低。究其原因,可能是对业态为高级人才寻访、管理咨询的从业者对其专业水平、综合素质、工作经验、掌握相关行业知识等要求较高。

2.从业者技能证书获得情况与三大业态交叉分析

劳务派遣与人事代理、人力资源外包、高级人才寻访三大业态在重庆市人力资源服务行业中占比较大,因此下文三大业态特指劳务派遣与人事代理、人力资源外包、高级人才寻访。

被调查者中已经获取技能证书的从业者在劳务派遣与人事代理、人力资源外包、高级人才寻访中占比分别为42.85%、45.78%、36.37%;现未获得技能证书,正在准备中的从业者在三大业态中占比分别为42.85%、40.96%、54.54%;暂时不打算考取证书的占比分别为14.28%、13.20%、9.09%。可以看出,被调查者中不到一半的人拥有技能证书,且在高级人才寻访中占比更小。人力资源服务行业从业者专业化、职业化水平有待提高,如图9所示。

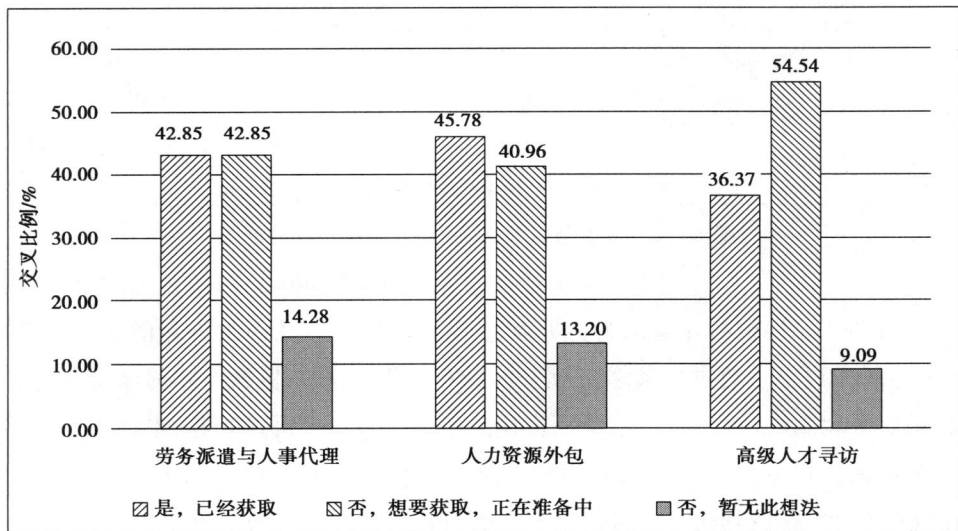

图9 从业者技能证书获得情况与三大业态交叉分析图

(资料来源:重庆市人力资源服务从业人员能力素质调查问卷)

3.学历与从业者技能证书获得情况交叉分析

从学历与从业者技能证书交叉分析看,专科及以下学历从业人员职业资格水平较差,本科和研究生取得职业资格状况较好。随着学历水平的提高,人力资源服务从业者获取技能证书的数量增多,职业资格水平比例提高,从专科及以下占比39.31%增长至硕士及以上占比50.00%;想要获取,正在准备中的从业者学历在专科及以下为42.73%,有46.21%的学历为本科,仅有12.50%的从业者学历为硕士及以上；暂无获取证书想法的从业者硕士及以上占比最大，为37.50%，专科及以下为17.94%，有12.87%的学历为本科，如图10所示。

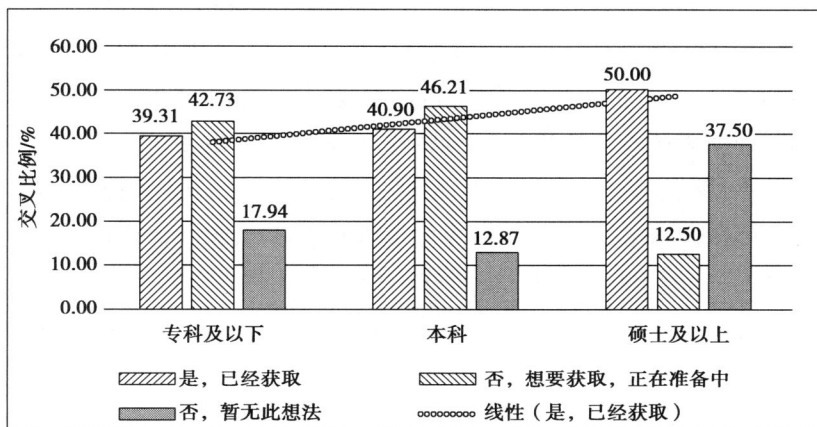

图10　学历与从业者技能证书获得情况交叉分析图

（资料来源：重庆市人力资源服务从业人员能力素质调查问卷）

表2　学历与从业者技能证书方差分析表

差异源	SS	df	MS	F	P-value	F-crit
组间	3053.556	2	1526.778	5.666392	0.041481	5.143253
组内	1616.667	6	269.4444			
总计	4670.223	8				

（资料来源：重庆市人力资源服务从业人员能力素质调查问卷调查结果）

通过单因素方差分析，P-value值<0.05，说明人力资源服务行业从业者不同学历具备职业技能证书的情况有显著性差异。

（三）被调查的重庆市人力资源服务从业人员能力素质的整体情况分析

问卷对重庆市人力资源服务从业人员进行调查，调查问卷第二部分为知识技能的自评量表，第三部分为一般能力自评量表，题目序号从第8题起，到第26题止。采用5级计分，5分表示非常强，4分表示强，3分表示一般，2分表示弱，1分表示非常弱。所有被调查的重庆市人力资源服务从业人员各项目的平均得分均高于3分，说明被调查的重庆市人力资源服务从业人员能力素质在一般水平之上。其中自评得分最低的是"具备劳动法及岗位所需涉及的法律知识"这一项目，平均得分为3.38,说明被调查的从业人员劳动法律及相关知识掌握情况相对较弱,需要进一步学习和培训。平均得分最低的三项除了劳动法律知识外,"掌握有效开发,维护发展客户的知识"平均得分为3.52分,"拥有市场营销的一般知识"平均得分3.55分,可以看出,被调查的从业人员在从事人力资源服务行业所需的知识方面自评水平不高,相对其他一般能力不太满意,也说明要提高从业人员的素质,需要首先提高他们的行业所需的相关知识掌握的水平,对他们进行相关知识培训。平均得分最高的一项是"熟悉本部门所需基本知识,业务流程,灵活运用相关政策",平均得分为3.91,说明被调查的从业人员本岗位工作业务熟悉,自我评价较满意。平均得分位居第二的是"能够坚定目标,有目标,善于调节压力",平均得分为3.9分,说明被调查的从业人员有韧劲,具备较强的抗压能力。从图11可以看出,被调查的从业人员各项得分均在4分以下,其中在一般能力(冰山以下)自评得分高于知识技能(冰山以上)自评得分。

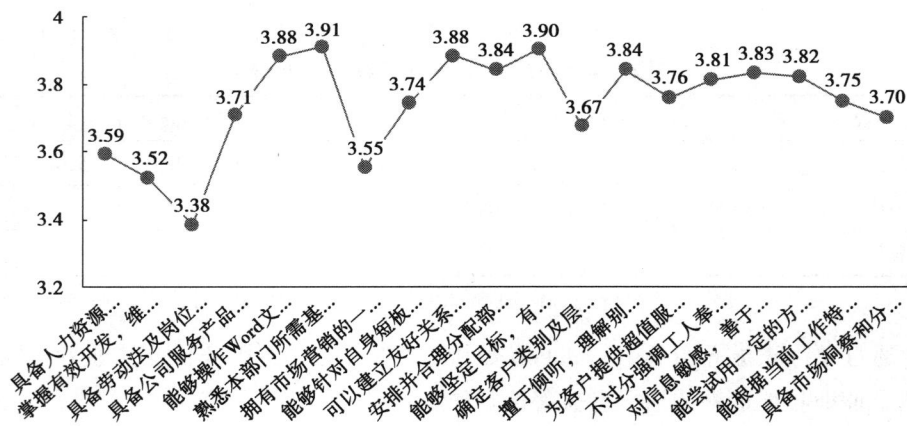

图11 重庆市人力资源服务从业人员8—26题各题平均分折线图

(资料来源:重庆市人力资源服务从业人员能力素质调查问卷)

　　冰山以上的部分正是要完成人力资源服务工作所必须具备的基础素质,是提供高质量服务的前提和基础,因此,根据自评量表的结果,我们可以推断被调查的从业人员目前最需要进行的是相关的知识和技能的培训和提高。究其原因,一部分从业人员由于在校学习期间没有强化相关知识技能的训练,课程理论讲授多于课程实践。因此,高校在培养人力资源服务专业人才的过程中,要注重实践,强化理论知识转化为可运用的知识。

当然,要提供高质量的人力资源服务,在具备了相关知识和技能后,一般能力就显得更加重要了。所以,要保证持续提供高质量的人力资源服务,还需要在进行相关知识技能培训后提高人力资源服务从业人员的软实力——冰山模型水面以下的能力素质。

(四)被调查的重庆市人力资源服务从业人员掌握知识技能的现状分析

问卷中19道题目为重庆市人力资源服务从业人员能力素质自评题目。以下将对被调查者掌握行业、专业等知识的情况进行分析。

1.从业人员具备的知识水平自评情况分析

本次调查数据显示,人力资源服务行业从业人员在掌握行业知识、法律知识、产品知识、业务流程知识及市场营销知识的自我评价中呈现出集中于"一般"及"强"的特点,说明从业人员具备一定的基本知识且知识结构比较完整,见表3。

表3 从业人员具备的知识的自评情况

项目		行业知识	法律知识	产品知识	业务流程知识	市场营销知识
个案数	有效	257	257	257	257	257
	缺失	0	0	0	0	0
平均值		3.59	3.38	3.71	3.91	3.55
众数		3	3	4	4	3
方差		0.860	0.917	0.832	0.957	0.975

(资料来源:重庆市人力资源服务从业人员能力素质调查问卷调查结果)

2.行业业态与行业知识交叉分析

从调查样本可以看出,从业人员主要集中于劳务派遣与人事代理、人力资源外包和高级人才寻访三大业态。在劳务派遣与人事代理中,从业人员的行业知识自评非常弱、弱、一般、强、非常强分别占比2.2%、6.6%、45.1%、31.9%、14.3%;在人力资源外包中,从业人员的行业知识自评非常弱、弱、一般、强、非常强分别占比0%、2.4%、43.4%、36.1%、18.1%;在高级人才寻访中,从业人员的行业知识自评非常弱、弱、一般、强、非常强分别占比3.6%、3.6%、34.5%、29.1%、29.1%,见表4。可以认为在六大业态中从业人员的行业知识自评分数较集中,且主要集中于"一般"及"强"两个选项。

表4　行业业态与行业知识交叉表

项目			行业知识					总计
			非常弱	弱	一般	强	非常强	
业态	劳务派遣与人事代理	计数	2	6	41	29	13	91
		占业态的百分比(%)	2.2	6.6	45.1	31.9	14.3	100.0
		占行业知识的百分比(%)	33.3	42.9	38.7	34.5	27.7	35.5
		占总计的百分比(%)	0.8	2.3	16.0	11.3	5.1	35.5
	人力资源外包	计数	0	2	36	30	15	83
		占业态的百分比(%)	0.0	2.4	43.4	36.1	18.1	100.0
		占行业知识的百分比(%)	0.0	14.3	34.0	35.7	31.9	32.3
		占总计的百分比(%)	0.0	0.8	14.0	11.7	5.8	32.3
	高级人才寻访	计数	2	2	19	16	16	55
		占业态的百分比(%)	3.6	3.6	34.5	29.1	29.1	100.0
		占行业知识的百分比(%)	33.3	14.3	17.9	19.0	34.0	21.4
		占总计的百分比(%)	0.8	0.8	7.4	6.2	6.2	21.4
	人才测评	计数	0	1	2	1	0	4
		占业态的百分比(%)	0.0	25.0	50.0	25.0	0.0	100.0
		占行业知识的百分比(%)	0.0	7.1	1.9	1.2	0.0	1.6
		占总计的百分比(%)	0.0	0.4	0.8	0.4	0.0	1.6
	管理咨询	计数	0	1	3	5	0	9
		占业态的百分比(%)	0.0	11.1	33.3	55.6	0.0	100.0
		占行业知识的百分比(%)	0.0	7.1	2.8	6.0	0.0	3.5
		占总计的百分比(%)	0.0	0.4	1.2	1.9	0.0	3.5
	培训服务	计数	2	2	5	3	3	15
		占业态的百分比(%)	13.3	13.3	33.3	20.0	20.0	100.0

续表

项目			行业知识					总计
			非常弱	弱	一般	强	非常强	
业态	培训服务	占行业知识的百分比(%)	33.3	14.3	4.7	3.6	6.4	5.8
		占总计的百分比(%)	0.8	0.8	1.9	1.2	1.2	5.8
	总计	计数	6	14	106	84	47	257
		占业态的百分比(%)	2.3	5.4	41.2	32.7	18.3	100.0
		占行业知识的百分比(%)	100.0	100.0	100.0	100.0	100.0	100.0
		占总计的百分比(%)	2.3	5.4	41.2	32.7	18.3	100.0

(资料来源：重庆市人力资源服务从业人员能力素质调查问卷调查结果)

表5 行业业态与行业知识交叉分析的卡方检验

卡方检验			
项目	值	自由度	渐进显著性(双侧)
皮尔逊卡方	28.376[①]	20	0.101
似然比	26.737	20	0.143
有效个案数	257		
①20个单元格(66.7%)的期望计数小于5。最小期望计数为0.09。			

(资料来源：重庆市人力资源服务从业人员能力素质调查问卷调查结果)

通过Pearson卡方检验,sig大于0.05,因此,可以认为各类业态的从业人员在行业知识方面不存在显著差异,见表5。随着人力资源服务的个性化、精准化,应整体提升从业人员的行业知识水平,更好地为各行业提供更具针对性的人力资源服务产品。

3.行业业态与法律知识的交叉分析

在高级人才寻访中,从业人员的法律知识自评非常弱、弱、一般、强、非常强分别占比9.1%、16.4%、36.4%、23.6%、14.5%;在培训服务中,从业人员的法律知识自评非常弱、弱、一般、强、非常强分别占比20.0%、6.7%、33.3%、13.3%、26.7%,见表6。高级人才寻访、培训服务两大业态与其他四大业态的从业员工在法律知识自评中存在较大差异,通过Pearson卡方检验,sig小于0.05,因此,可以认为各类业态的从业人员在法律知识方面存在显著差异,见表7。由表可得,应重点加强高级人才寻访、培训服务从业人员的法律知识培训。

表6 行业业态与法律知识交叉表

项目			法律知识					总计
			非常弱	弱	一般	强	非常强	
业态	劳务派遣与人事代理	计数	1	9	44	27	10	91
		占业态的百分比(%)	1.1	9.9	48.4	29.7	11.0	100.0
		占法律知识的百分比(%)	10.0	37.5	38.6	35.5	30.3	35.4
		占总计的百分比(%)	0.4	3.5	17.1	10.5	3.9	35.4
	人力资源外包	计数	1	4	39	28	11	83
		占业态的百分比(%)	1.2	4.8	47.0	33.7	13.3	100.0
		占法律知识的百分比(%)	10.0	16.7	34.2	36.8	33.3	32.4
		占总计的百分比(%)	0.4	1.6	15.2	10.9	4.3	32.4
	高级人才寻访	计数	5	9	20	13	8	55
		占业态的百分比(%)	9.1	16.4	36.4	23.6	14.5	100.0
		占法律知识的百分比(%)	50.0	37.5	17.5	17.1	24.2	21.4
		占总计的百分比(%)	1.9	3.5	7.8	5.1	3.1	21.4
	人才测评	计数	0	1	1	2	0	4
		占业态的百分比(%)	0.0	25.0	25.0	50.0	0.0	100.0
		占法律知识的百分比(%)	0.0	4.2	0.9	2.6	0.0	1.6
		占总计的百分比(%)	0.0	0.4	0.4	0.8	0.0	1.6
	管理咨询	计数	0	0	5	4	0	9
		占业态的百分比(%)	0.0	0.0	55.6	44.4	0.0	100.0
		占法律知识的百分比(%)	0.0	0.0	4.4	5.3	0.0	3.5
		占总计的百分比(%)	0.0	0.0	1.9	1.6	0.0	3.5
	培训服务	计数	3	1	5	2	4	15
		占业态的百分比(%)	20.0	6.7	33.3	13.3	26.7	100.0

续表

项目			法律知识					总计
			非常弱	弱	一般	强	非常强	
业态	培训服务	占法律知识的百分比(%)	30.0	4.2	4.4	2.6	12.1	5.9
		占总计的百分比(%)	1.2	0.4	1.9	0.8	1.6	5.9
	总计	计数	10	24	114	76	33	257
		占业态的百分比(%)	3.9	9.3	44.4	29.6	12.8	100.0
		占法律知识的百分比(%)	100.0	100.0	100.0	100.0	100.0	100.0
		占总计的百分比(%)	3.9	9.3	44.4	29.6	12.8	100.0

表7 行业业态与法律知识交叉分析的卡方检验

卡方检验			
项目	值	自由度	渐进显著性(双侧)
皮尔逊卡方	34.702[1]	20	0.022
似然比	32.271	20	0.040
有效个案数	257		
[1]17个单元格(56.7%)的期望计数小于5。最小期望计数为0.16。			

(资料来源:重庆市人力资源服务从业人员能力素质调查问卷调查结果)

4.行业业态与产品知识的交叉分析

数据表明,六大行业业态在产品知识的自评中,总体集中在"一般"与"强"的选项上。但是在具体的分布中,劳务派遣与人事代理在产品知识非常弱、弱、一般、强、非常强分别占比2.2%、5.5%、35.2%、40.7%、16.5%;培训服务在产品知识非常弱、弱、一般、强、非常强分别占比13.3%、6.7%、40.0%、20.0%、20.0%,见表8。可以认为从业人员在产品知识方面总体情况较好,但是仍需进一步提升对于产品知识的掌握水平。根据Pearson卡方检验,sig大于0.05,因此,可以认为各类业态的从业人员在产品知识方面不存在显著差异,见表9。

表8 行业业态与产品知识的交叉表

项目			产品知识					总计
			非常弱	弱	一般	强	非常强	
业态	劳务派遣与人事代理	计数	2	5	32	37	15	91
		占业态的百分比(%)	2.2	5.5	35.2	40.7	16.5	100.0
		占产品知识的百分比(%)	40.0	38.5	37.2	36.6	28.8	35.4
		占总计的百分比(%)	0.8	1.9	12.5	14.4	5.8	35.4
	人力资源外包	计数	0	5	28	33	17	83
		占业态的百分比(%)	0.0	6.0	33.7	39.8	20.5	100.0
		占产品知识的百分比(%)	0.0	38.5	32.6	32.7	32.7	32.3
		占总计的百分比(%)	0.0	1.9	10.9	12.8	6.6	32.3
	高级人才寻访	计数	1	2	16	21	15	55
		占业态的百分比(%)	1.8	3.6	29.1	38.2	27.3	100.0
		占产品知识的百分比(%)	20.0	15.4	18.6	20.8	28.8	21.4
		占总计的百分比(%)	0.4	0.8	6.2	8.2	5.8	21.4
	人才测评	计数	0	0	1	3	0	4
		占业态的百分比(%)	0.0	0.0	25.0	75.0	0.0	100.0
		占产品知识的百分比(%)	0.0	0.0	1.2	3.0	0.0	1.6
		占总计的百分比(%)	0.0	0.0	0.4	1.2	0.0	1.6
	管理咨询	计数	0	0	3	4	2	9
		占业态的百分比(%)	0.0	0.0	33.3	44.4	22.2	100.0
		占产品知识的百分比(%)	0.0	0.0	3.5	4.0	3.8	3.5
		占总计的百分比(%)	0.0	0.0	1.2	1.6	0.8	3.5
	培训服务	计数	2	1	6	3	3	15
		占业态的百分比(%)	13.3	6.7	40.0	20.0	20.0	100.0

续表

| 项目 | | 产品知识 | | | | | 总计 |
		非常弱	弱	一般	强	非常强	
业态	培训服务	占产品知识的百分比(%)	40.0	7.7	7.0	3.0	5.8	5.8
		占总计的百分比(%)	0.8	0.4	2.3	1.2	1.2	5.8
	总计	计数	5	13	86	101	52	257
		占业态的百分比(%)	1.9	5.1	33.5	39.3	20.2	100.0
		占产品知识的百分比(%)	100.0	100.0	100.0	100.0	100.0	100.0
		占总计的百分比(%)	1.9	5.1	33.5	39.3	20.2	100.0

(资料来源：重庆市人力资源服务从业人员能力素质调查问卷调查结果)

表9　行业业态与产品知识的交叉分析的卡方检验

卡方检验			
项目	值	自由度	渐进显著性(双侧)
皮尔逊卡方	19.367[1]	20	0.498
似然比	16.948	20	0.656
有效个案数	257		
[1]19个单元格（63.3%）的期望计数小于5。最小期望计数为0.08。			

(资料来源：重庆市人力资源服务从业人员能力素质调查问卷调查结果)

5.行业业态与业务流程知识的交叉分析

数据表明,培训服务的业务流程知识的自评非常弱、弱、一般、强、非常强分别占比13.3%、6.7%、46.7%、13.3%、20.0%,与其他五大业态存在一定的差异,见表10。从业人员对业务流程的熟知程度会直接影响工作效率与客户服务体验感,因此,需要提升从业人员的业务流程知识水平。根据Pearson卡方检验,sig小于0.05,因此,可以认为不同的行业业态对业务流程知识存在显著差异,见表11。高级人才寻访、劳务派遣与人事代理从业人员的业务流程知识自评分数更高,需要加强培训服务、人才测评、管理咨询从业人员的业务流程知识培训。

表10 行业业态与业务流程知识的交叉表

项目			业务流程知识					总计
			非常弱	弱	一般	强	非常强	
业态	劳务派遣与人事代理	计数	0	5	17	41	28	91
		占业态的百分比（%）	0.0	5.5	18.7	45.1	30.8	100.0
		占业务流程知识的百分比（%）	0.0	29.4	31.5	40.6	35.0	35.4
		占总计的百分比（%）	0.0	1.9	6.6	16.0	10.9	35.4
	人力资源外包	计数	1	7	19	35	21	83
		占业态的百分比（%）	1.2	8.4	22.9	42.2	25.3	100.0
		占业务流程知识的百分比（%）	20.0	41.2	35.2	34.7	26.3	32.3
		占总计的百分比（%）	0.4	2.7	7.4	13.6	8.2	32.3
	高级人才寻访	计数	2	3	6	22	22	55
		占业态的百分比（%）	3.6	5.5	10.9	40.0	40.0	100.0
		占业务流程知识的百分比（%）	40.0	17.6	11.1	21.8	27.5	21.4
		占总计的百分比（%）	0.8	1.2	2.3	8.6	8.6	21.4
	人才测评	计数	0	0	2	0	2	4
		占业态的百分比（%）	0.0	0.0	50.0	0.0	50.0	100.0
		占业务流程知识的百分比（%）	0.0	0.0	3.7	0.0	2.5	1.6
		占总计的百分比（%）	0.0	0.0	0.8	0.0	0.8	1.6

项目			业务流程知识					总计
			非常弱	弱	一般	强	非常强	
业态	管理咨询	计数	0	1	3	1	4	9
		占业态的百分比（%）	0.0	11.1	33.3	11.1	44.4	100.0
		占业务流程知识的百分比（%）	0.0	5.9	5.6	1.0	5.0	3.5
		占总计的百分比（%）	0.0	0.4	1.2	0.4	1.6	3.5
	培训服务	计数	2	1	7	2	3	15
		占业态的百分比（%）	13.3	6.7	46.7	13.3	20.0	100.0
		占业务流程知识的百分比（%）	40.0	5.9	13.0	2.0	3.8	5.8
		占总计的百分比（%）	0.8	0.4	2.7	0.8	1.2	5.8
总计		计数	5	17	54	101	80	257
		占业态的百分比（%）	1.9	6.6	21.0	39.3	31.1	100.0
		占业务流程知识的百分比（%）	100.0	100.0	100.0	100.0	100.0	100.0
		占总计的百分比（%）	1.9	6.6	21.0	39.3	31.1	100.0

（资料来源：重庆市人力资源服务从业人员能力素质调查问卷调查结果）

表11 行业业态与业务流程知识交叉分析的卡方检验

卡方检验			
	值	自由度	渐进显著性（双侧）
皮尔逊卡方	35.078①	20	0.020
似然比	33.320	20	0.031

续表

卡方检验		
有效个案数	257	

①18 个单元格（60.0%）的期望计数小于 5。最小期望计数为 0.08。

（资料来源：重庆市人力资源服务从业人员能力素质调查问卷调查结果）

6.行业业态与市场营销知识的交叉分析

数据表明，在劳务派遣与人事代理中，从业人员的市场营销知识自评非常弱、弱、一般、强、非常强分别占比 1.1%、7.7%、45.1%、27.5%、18.7%；在人力资源外包中，从业人员的市场营销知识自评非常弱、弱、一般、强、非常强分别占比 2.4%、7.2%、34.9%、38.6%、16.9%；在高级人才寻访中，从业人员的市场营销知识自评非常弱、弱、一般、强、非常强分别占比 5.5%、9.1%、23.6%、40.0%、21.8%；在培训服务中，从业人员的市场营销知识自评非常弱、弱、一般、强、非常强分别占比 13.3%、13.3%、53.3%、6.7%、13.3%，见表 12。可以认为，从业人员对市场营销知识自评相对比较分散，后续应该提升从业人员的市场营销知识水平。

表 12　行业业态与市场营销知识的交叉表

项目			市场营销知识					总计
			非常弱	弱	一般	强	非常强	
业态	劳务派遣与人事代理	计数	1	7	41	25	17	91
		占业态的百分比（%）	1.1	7.7	45.1	27.5	18.7	100.0
		占市场营销知识的百分比（%）	12.5	33.3	42.3	30.1	35.4	35.4
		占总计的百分比（%）	0.4	2.7	16.0	9.7	6.6	35.4
	人力资源外包	计数	2	6	29	32	14	83
		占业态的百分比（%）	2.4	7.2	34.9	38.6	16.9	100.0
		占市场营销知识的百分比（%）	25.0	28.6	29.9	38.6	29.2	32.3
		占总计的百分比（%）	0.8	2.3	11.3	12.5	5.4	32.3
	高级人才寻访	计数	3	5	13	22	12	55
		占业态的百分比（%）	5.5	9.1	23.6	40.0	21.8	100.0
		占市场营销知识的百分比（%）	37.5	23.8	13.4	26.5	25.0	21.5

续表

项目			市场营销知识					总计
			非常弱	弱	一般	强	非常强	
		占总计的百分比(%)	1.2	1.9	5.1	8.6	4.7	21.5
人才测评		计数	0	1	2	0	1	4
		占业态的百分比(%)	0.0	25.0	50.0	0.0	25.0	100.0
		占市场营销知识的百分比(%)	0.0	4.8	2.1	0.0	2.1	1.6
		占总计的百分比(%)	0.0	0.4	0.8	0.0	0.4	1.6
管理咨询		计数	0	0	4	3	2	9
		占业态的百分比(%)	0.0	0.0	44.4	33.3	22.2	100.0
		占市场营销知识的百分比(%)	0.0	0.0	4.1	3.6	4.2	3.6
		占总计的百分比(%)	0.0	0.0	1.6	1.2	0.8	3.6
培训服务		计数	2	2	8	1	2	15
		占业态的百分比(%)	13.3	13.3	53.3	6.7	13.3	100.0
		占市场营销知识的百分比(%)	25.0	9.5	8.2	1.2	4.2	5.9
		占总计的百分比(%)	0.8	0.8	3.1	0.4	0.8	5.9
总计		计数	8	21	97	83	48	257
		占业态的百分比(%)	3.1	8.2	37.7	32.3	18.7	100.0
		占市场营销知识的百分比(%)	100.0	100.0	100.0	100.0	100.0	100.0
		占总计的百分比(%)	3.1	8.2	37.7	32.3	18.7	100.0

(资料来源：重庆市人力资源服务从业人员能力素质调查问卷调查结果)

(五)被调查的重庆市人力资源服务从业人员一般能力的现状分析

随着人力资源服务行业规模的壮大,该行业对从业人员的能力要求也逐渐提高,为了能够更好地了解如何提高该行业从业人员的能力,了解目前重庆市人力资源服务从业人员的能力现状便非常有必要。能力自评量表中设置了与人力资源服务中高层、基层从业人员胜任力模型中的"一般能力"(学习能力、沟通能力、社交能力、分析能力等)相关的问题供参与问卷调查的从业人员进行自评。

员工对个人综合能力自评结果较高,但不同维度上有些许差异。根据问卷调查结果可以了解到,目前参与调研的人员大多数都非常认可自己的现有能力,除了拥有上述提及的个人所拥有的相关知识外,也拥有较高的相关专业能力。例如,多数参与调查的员工都认为自己"能够坚定目标,有目标,善于调节压力",这个能看作员工对个人抗压能力的认可。其中,参与调研问卷的三大业态从业人员中,大多数员工除了认可自身的抗压能力以外,同时也都认为自身拥有较好的学习能力和社交能力,仅少数员工认为自己在这两项能力上处于一个中等偏下的水平。通过自评量表可知,参与调研的员工目前对自己的工作表现都较为满意,工作完成情况大多应属于良好以上,因此他们才会对个人能力评为良好或以上的等级。

从问卷整体所反映出来的结果是目前重庆市人力资源服务行业从业人员对个人能力较为认可,综合能力都处于中等以上的水平,这也是推动重庆市人力资源服务行业快速发展的动力之一。但是当将目光聚焦到不同维度时,处于不同类别或维度的员工的自评就会体现出员工能力之间的差异性。接下来将从性别差异、年龄差异以及三大业态差异做出相关分析。

1.基于性别差异的三大业态部分能力分析

三大业态参与本次调研的从业人员能力自评显示:女性员工的学习能力、抗压能力和沟通能力都低于男性员工,见表13。

表13　基于性别差异三大业态调研对象的部分能力自评平均分

性别	学习能力	抗压能力	沟通能力
女性	3.64	3.82	3.72
男性	4.03	4.24	4.19

（资料来源：重庆市人力资源服务从业人员能力素质调查问卷调查结果）

根据问卷调查的设置,3分表示"一般",4分表示"强",通过表13的数据可以看出,女性员工的自评平均分跟男性员工的自评平均分存在一定的差距,并低于4分,也就是说尚未达到"强"。从学习能力方面来看,导致自评分出现差距的原因可能是男性员工更希望快速融入行业得到提升,所以对于学习能力较为看重,或是女性员工在职场上更易出现一些不自信或者谦虚的个性心理因素而导致她们在参与问卷调研时没有给自己一个较高的评分;从抗压能力方面上来看,人力资源服务行业本就是一个压力较大的工作环境,再加上女性员工往往还要承受除工作以外的家庭生活的压力,压力远远大于男性员工,就有可能会出现表中女性员工自评抗压能力低于男性员工的情况。通过对部分女性从业人员的访谈发现,出现这种情况除了以上原因还有:第一,企业没有重视女性员工的处境,没有提供针对女性员工的帮助或福利,抑或是没有提供相关的入职培训帮助女性员工去缓解工作压力;第二,女性对于工作的心态更好,没有过多的竞争心理从而使压力变小,抗压能力逐渐降低。

2.基于年龄差异的三大业态部分能力分析

将样本分为"30岁及以下"与"30岁以上(问卷中为31~40岁与41~50岁)"两个类别,再结合三大业态参与本次调研的对象的能力自评平均分进行分析。结果显示:虽然30岁及以下的员工的学习能力、抗压能力和沟通能力都低于30岁以上的员工,见表14,但在抗压能力和沟通能力上存在的差距并不大。

表14 基于年龄差异三大业态调研对象的部分能力自评平均分

年龄区间	学习能力	抗压能力	沟通能力
30岁及以下	3.66	3.91	3.87
30岁以上	3.93	4.03	3.89

(资料来源:重庆市人力资源服务从业人员能力素质调查问卷调查结果)

通过表14数据可以看出,存在差距较大的是"学习能力"方面,因本组数据差距较大,所以在这个环节对数据使用统计学中的 t 检验进行再次分析(表15),最终将"学习能力"方面的样本取值得出 P 值小于0.05,也就是表明两者之间存在显著差异。

表15 基于年龄差异三大业态调研对象的学习能力自评t检验分析

项目	变量1	变量2
平均	3.659574	3.931818
方差	0.968997	0.799896
观测值	141	88
假设平均差	0	
Df	198	
t Stat	−2.15483	
$P(T<=t)$单位	0.016191	
t 单位临界	1.652586	

续表

项目	变量1	变量2
$P(T<=t)$双尾	0.032382	
t双尾临界	1.972017	

（资料来源：重庆市人力资源服务从业人员能力素质调查问卷调查结果）

通过与相关文献结合,30岁以上和30岁以下从业人员学习能力具有差异的原因可能是:随着时间的推移,企业内会出现越来越多的新生势力,优秀的年轻人占比会逐渐增多,从而给年纪较大的员工带来竞争危机。近几年随着就业竞争压力的增加,越来越多的人看重自己的工作,因此年纪较大的员工为了能够在与企业众多新生代员工的竞争中"存活"下来,会要求自己在工作中或闲暇时间学习,提升个人专业技能。与这类员工不同的是,现在的年轻人对工作的在意程度逐渐降低,从而忽视了入职后继续学习提升个人工作技能。

3.基于三大业态的从业人员部分能力分析

由于三大业态的工作内容存在一定差异性,因此位于其中不同业态的从业人员对自身个人综合能力的评价得分实际上存在部分差异,见表16。

表16 三大业态调研对象的部分能力自评平均分

项目	学习能力	抗压能力	沟通能力	团队合作	信息收集能力	创新能力
人力资源外包	3.71	3.76	3.75	3.66	3.80	3.68
劳务派遣与人事代理	3.77	4.17	3.85	3.92	3.88	3.79
高级人才寻访	3.83	3.96	4.10	3.92	3.90	3.93

（资料来源：重庆市人力资源服务从业人员能力素质调查问卷调查结果）

根据表16可以做出以下分析:首先,在学习能力方面,位于高级人才寻访业态的从业人员平均分高于位于人力资源外包业态的员工,但差距较小。存在差距的主要原因是这两种业态的工作内容存在差异,人力资源外包提供的服务对象或服务范围较为稳定,并且客户整体素质水平不高;而位于高级人才寻访业态的员工面对的客户更加多样化,面对的客户多来自不同行业不同职位,需要从业人员了解学习更多的专业知识和技能才能提供更好的服务。因此,这类从业人员需要对自身的学习能力有更高的要求。

其次,在抗压能力方面,位于劳务派遣与人事代理业态的从业人员平均分高于位于人力资源外包业态的员工,主要原因依旧是两者工作内容的差异性。综上所述,人力资源外包多是为企业提供岗位或服务等外包,而劳务派遣与人事代理不仅为企业提供劳务派遣员工或提供各种代理服务,同时需要承担更大的风险。例如,从事劳务派遣的员工会承担劳务派遣人员对工作产生不满意感时的劳务纠纷风险等。因此对于从事劳务派遣与人事代理业态的人员来讲,他们需要不断锻炼自身抗压能力,从而能够胜任自己的岗位。

再次,在沟通能力方面,位于高级人才寻访业态的从业人员平均分高于位于人力资源外包业态的员工。高级人才寻访从业人员(猎头)会认为自己更善于与客户沟通,这主要也是因为其工作性质。猎头的工作大多情况下需要与客户或目标人才进行沟通,需要通过与客户的沟通了解客户需求,同时也需要联系目标人才,了解目标人才的职位需求等。猎头是一份特别看重从业人员沟通能力的工作,因此与位于三大业态其他业态的人员相比,位于高级人才寻访的从业人员对自身沟通能力更加有信心,评价相对较高。

最后,在信息收集能力方面,三大业态的从业人员自评平均分较为接近。事实上,无论是位于三大业态中哪个业态,都需要拥有较强的信息收集能力,需要做到"对信息敏感,善于收集信息,并及时整理、处理信息",这样才能适应当前的工作。因为在他们的工作中,他们需要及时收集整理已有客户和正在洽谈的客户所反馈所需求的各类信息,如果员工对信息不敏感,那么他就无法从信息库中快速提取有用的信息并处理,工作效率就会受到影响从而影响客户体验感与服务质量。

4.三大业态从业人员的分析能力较弱

尽管这次问卷调查体现出三大业态的从业人员对个人专业能力的自评都有着一个较为优秀的评价,但是从中依旧有部分能力是多数员工认为目前他们还没有拥有或水平较弱的,分析能力就是其中之一。根据问卷结果,多数员工认为他们在"具备市场洞察能力和分析能力,能分析整理相关数据并把结果导向目标任务"这一能力与学习能力、人际能力或抗压能力相比偏弱。在调查后的访谈发现,出现这一情况的原因包括但不限于:第一,人力资源服务行业虽发展已有数年,但对该行业了解的人数还是偏少,因此目前该行业的从业人员大多数并非拥有专业背景的人员,专业化程度较低,存在学历较低、专业不对口或者未持有相关职业资格证书等情况;第二,企业对现有员工的入职要求较低及后续继续教育培训频率较低,从而导致员工在接收数据之后很难快速将数据转换成有用信息并应用到工作项目中;第三,员工对自我要求偏低,对公司归属感、认同感不高,对工作报以应付了事的心态,所以并没有注重对个人分析能力的提升。这些情况都有可能会让员工的分析能力不及理想情况,无法将调研收集到的数据快速分析整理并输出结果,从而影响员工工作完成的进度或者质量。不仅如此,三大业态中位于不同业态的从业人员对于个人分析能力的自评有着一定的差异,见表17。

表17 三大业态调研对象的分析能力自评平均分

项目	分析能力
人力资源外包	3.59
劳务派遣与人事代理	3.71
高级人才寻访	3.94

(资料来源:重庆市人力资源服务从业人员能力素质调查问卷调查结果)

由表17可知,位于人力资源外包业态的从业人员分析能力自评平均分是三大业态从业人员自评中最低的,在调查后的访谈发现:第一,人力资源外包的工作职责更加追求员工的专业技能、沟通能力和信息收集能力等专业能力,从而忽略了对员工分析能力的培养;第二,该业态发展速度较其他两个业态更快,对人员需求更大,从而在招聘过程中企业没有对入职员工做出更加高层次的要求。人力资源外包属于人力资源服务行业内三大业态之一,市场不断变化,如何洞察市场变化趋势并分析整理相关数据是该业态从业人员必需的能力,因此,该业态的从业人员应该更加重视个人的分析能力,不断通过自我学习提高该能力。

5.三大业态从业人员的客户关系管理能力较弱

除了上述提及的分析能力之外,通过本次调查还反映出部分从业人员认为目前个人的客户关系管理能力相比其他能力来讲较弱。而且在客户关系管理能力方面,三大业态的从业人员的能力自评都与预期结果不符,平均分都较低,见表18。

表18 三大业态调研对象的客户关系管理能力自评平均分

项目	客户关系管理能力
人力资源外包	3.69
劳务派遣与人事代理	3.68
高级人才寻访	3.66

(资料来源:重庆市人力资源服务从业人员能力素质调查问卷调查结果)

由表18可知,三大业态的从业人员在客户关系管理能力的自评结果上分数差距不大,而对于这三个业态所涉及的工作职责来讲,这些员工需要长时间接触并完全了解客户的相关信息。客户关系管理简单来说就是员工将自己或企业的目标客户按一定类别分类管理,了解客户需求、维护客户关系和建立属于客户的档案数据库。如果拥有较高的客户关系管理能力,从一定程度上能够帮助降低维护老客户和开发新客户的成本,从而给企业带来更多利润,并且能够帮助提高个人工作绩效。对于人力资源服务行业的从业人员来说,员工或者企业更加需要与目标客户建立一个长期且稳定的关系,因此客户关系管理能力是员工工作中必不可少的一项能力。但是从本次问卷调查却得知,员工对自身这种能力现状并不满意,或者认为自己目前尚未拥有这样的能力,无法做到针对目标客户分类建库维护关系。出现这种评价的原因有可能是企业对员工这方面的能力培训未足够重视,或者员工并没有树立建立客户数据库的意识,从而导致员工的客户关系管理能力较低。

(六)被调查重庆市人力资源服务从业人员中高层人员、基层人员能力素质自评结果分析

将"助理经理""经理""总经理""总裁"归类为中高层,其他主管及以下职位归类为基层。由自评量表的结果可得:中高层从业人员的能力素质平均分都在3.2分以上,人才测评业态的中高层从业人员得分最高4分,其次是高级人才寻访、劳务派遣与人事代理,分别是3.93分、3.79分,如图12所示。

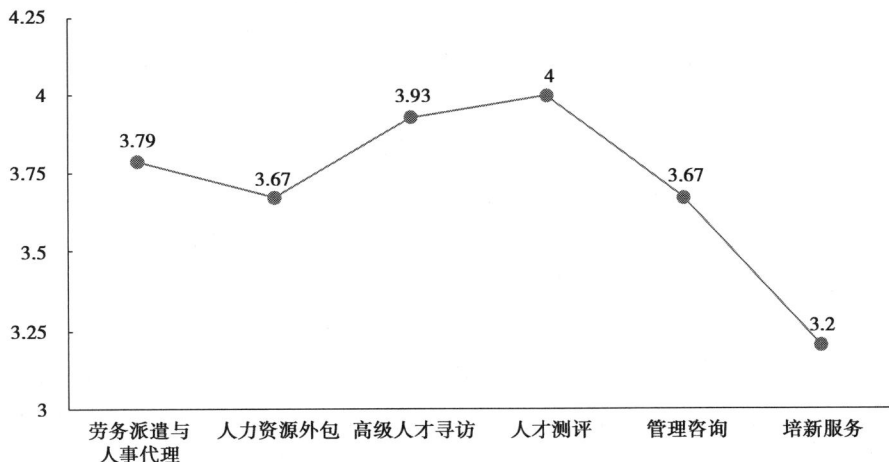

图12 六大业态中高层从业人员能力素质自评平均分折线图

(资料来源:重庆市人力资源服务从业人员能力素质调查问卷)

从图13可以看出,基层从业人员自评得分最高的项目是"熟悉本部门所需基本知识,业务流程,灵活运用相关政策",3.85分,这一题目是对本岗位业务知识的自评,说明人力资源服务基层从业人员在知识方面掌握得较好。"能够坚定目标,有目标,善于调节压力"3.82分,说明人力资源服务基层从业人员韧性一般,抗压能力一般。"善于倾听,理解别人,理解对方的潜在愿望,从而有效交流,说服他人"与"对信息敏感,善于收集信息,并及时整理、处理信息"分别为3.8分、3.76分,说明人力资源服务基层从业人员的沟通与信息处理能力一般。

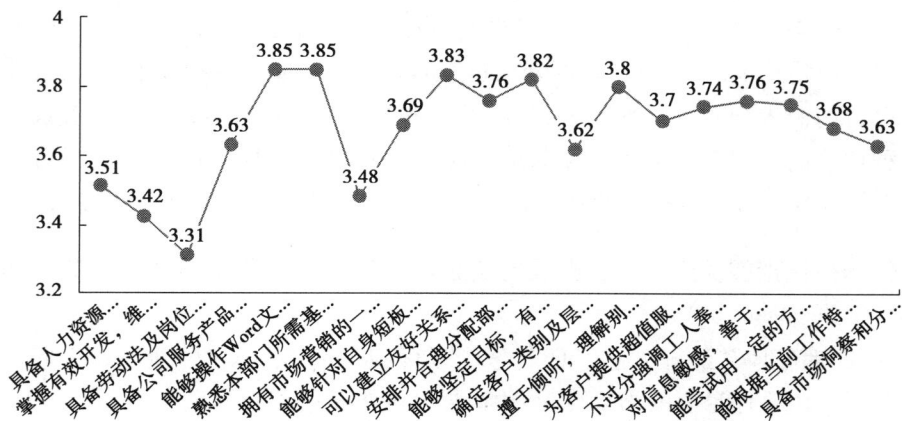

图13　人力资源服务基层从业人员各题目自评平均分折线图

(资料来源:重庆市人力资源服务从业人员能力素质调查问卷)

从图14可知,中高层从业人员自评得分最高的项目是"安排并合理分配部门工作,善于处理部门内或部门间人际冲突",4.33分,这一题目是对领导能力的自评,说明人力资源服务中高层从业人员在领导能力方面比较强。"能够坚定目标,有目标,善于调节压力"4.25分,说明人力资源服务中高层从业人员韧性好,抗压能力强。"能尝试用一定的方法对工作中的问题进行分析并提出解决方案。根据当前工作特点,灵活运用现有技术,且善于总结思考,乐于尝试,并创新性地提出新的方法"4.33分,说明人力资源服务中高层从业人员的创新能力强。

从图13、图14可以看出,中高层从业人员和基层从业人员在各自的胜任力素质上得分都在中等以上水平,中高层从业人员的各项平均得分均高于基层从业人员的各项平均得分,基层从业人员各项评价得分都在4分以下,说明被调查的中高层从业人员能力素质"强",个别项目诸如相关法律知识、营销知识方面尚需提升,基层人员的各方面能力素质都还需要不断提升以到达"强"的水平。被调查的中高层从业人员的各平均得分与基层从业人员的各平均得分在领导能力、人际能力、创

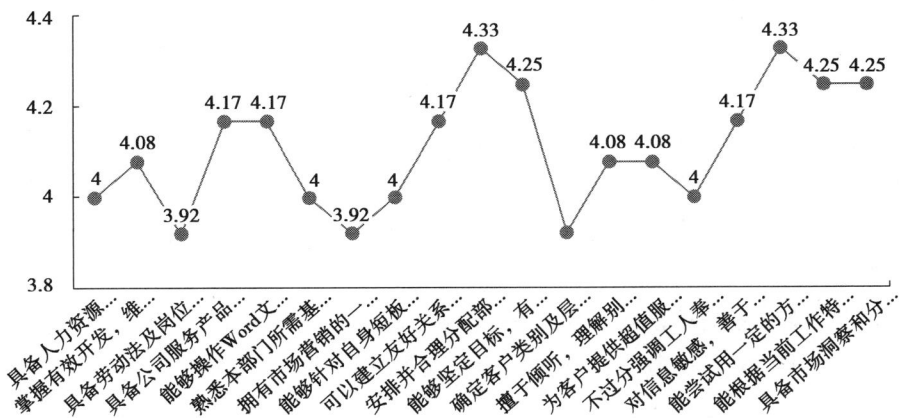

图14　人力资源服务中高层从业人员各题目自评平均分折线图

(资料来源：重庆市人力资源服务从业人员能力素质调查问卷)

新能力方面有显著差异，也一定程度上证明了项目构建的人力资源服务中高层、基层从业人员胜任力素质模型是可信有效的。

五、影响重庆市人力资源服务从业人员能力素质的因素分析

能力素质作为重庆市人力资源从业人员的一种心理素质和发展潜能，它的水平必然受到与其个体相关联的多种因素影响。为了准确把握影响重庆市人力资源从业人员能力素质的主要因素，我们进行了个案访谈和专家讨论，确定了影响重庆市人力资源从业人员能力素质的主要因素，并对这些因素进行深入分析。

(一)访谈对象和访谈内容

选取重庆市人力资源服务行业资深人士15人和重庆市高校10位人力资源管理、财经管理类专家进行了个案访谈。访谈行业资深人士由重庆市人力资源服务产业园管委会、重庆市人才研究与人力资源服务协会推荐，访谈专家由项目团队所在学校科研处推荐。

重庆市人力资源服务行业资深人士包括北京锐仕方达人力资源集团有限公司重庆分公司总经理蔡玲、重庆市人才大市场集团猎头部王砚洁部长、杰成人力资源集团总裁乔聪玲及人力资源部负责人赵川菱、重庆红海人力资源管理有限公司总经理娄心静及人力资源部经理欧景华等。

针对企业资深人士的访谈题目包括7个开放式题目。一是重庆市人力资源服务行业及从业人员的基本情况。二是贵企业从业人员基本情况:年龄、性别、学历、专业、持证情况。三是你认为从事该行业(基层和中高层岗位)基本胜任力素质有哪些? 有哪些影响因素?(至少列出5项)四是目前贵公司在员工能力素质提升方面的措施有哪些? 五是贵企业员工的晋升通道是怎样的? 六是给学校在人才培养方面的建议。七是如果给政府或行业协会在人力资源服务人才的"引育留用"方面提一些建议,会有一些什么建议?

针对行业专家的访谈题目包括3个开放式题目。一是你认为重庆市人力资源服务行业及从业人员的基本情况如何? 二是你认为从事该行业(基层和中高层)基本胜任力素质有哪些? 三是有哪些内部外部影响因素?(至少列出5项)

项目组以面对面访谈的形式与15名行业资深人士和10名专家进行了广泛交流,访谈对象都对访谈题目给予了详细系统的回复。

(二)访谈结论

通过对访谈记录进行整理归纳,项目组总结出访谈获得的结论:影响重庆市人力资源服务从业人员能力素质的因素主要来自个体自身和外部影响两个方面。自身的因素主要是学习能力、成就动机,外部因素主要是政府的人才制度政策、企业的人才策略、高校的人才培养方式、行业协会作用的发挥4个方面。

六、从影响因素角度分析存在的问题

(一)重庆市人力资源服务从业人员自身的问题

1.学习能力不足

大数据背景下,人力资源服务行业日新月异,面对的客户千变万化,要提高行业服务质量,要求行业从业人员不断自我学习、自我提升,才能适应行业发展需要。通过访谈发现,人力资源服务从业人员自身的学习能力直接影响其能力素质。具有较强学习能力的从业人员,倾向于及时利用各种学习的途径和渠道,获取新的知识和技能,不断提升自我。而学习能力较弱的从业人员,不能合理安排时间,有效利用各种网络媒体或工具进行学习。所以,学习能力不足,直接导致部分从业人员不能及时更新掌握行业、岗位所需知识技能与能力,不能不断提升自己所从事工作需要的能力,只能原地踏步、故步自封。

2. 成就动机不强

在大数据背景下,要不断提升自我能力素质,主要靠内在成就动机的激发和维持。有在人力资源服务领域或是人力资源服务岗位获得成就感、成功感、价值感的强烈意愿,才能激发自己不断挑战自我,提升自我能力素质。而如果成就动机不强,仅仅把工作当作维持生计的事来做,就缺少为之奋斗的热情和勇气,就难以在工作之外主动投入时间、精力来提升自我。

3. 个人职业发展规划不清晰,缺乏职业认同感

清晰的职业发展规划能够让个体在职业发展通道上有所计划,能够朝着发展目标主动提升自我。而通过访谈得知,由于缺乏对人力资源服务行业发展的准确认知及重庆市人力资源服务行业发展中存在一些客观问题,部分重庆市人力资源服务从业人员缺少行业信心,对职业缺少忠诚感、认同感,仅仅把职业当作一个暂时谋生的手段,欠缺长期在人力资源服务行业深耕的意愿,在职业发展上没有清晰的规划。

(二)重庆市人力资源服务从业人员外部的问题

1. 政府人才政策、制度不够完善

(1)政府的财政政策优惠面不够广

2022年8月,重庆市人力资源和社会保障局等12个部门发布的《关于推进新时代人力资源服务业高质量发展的实施意见》中名优企业培育计划的内容如下:"对在重庆股份转让中心挂牌并完成股份制改造的人力资源服务机构,给予50万元奖励;对在全国中小企业股份转让系统挂牌的人力资源服务机构,按照基础层、创新层分档给予最高150万元的奖励;鼓励人力资源服务机构境内外上市,按照'与中介机构签署IPO(首次公开募股)协议、纳入重庆证监局辅导备案、IPO材料获受理、成功上市(过会)'分阶段给予最高800万元奖励;对有潜力成为人力资源服务'领军'企业,鼓励人力资源服务机构注册和使用自主商标,开展自主品牌建设,落实税收优惠等方面的政策扶持;对评为国家级、市级人力资源服务骨干企业的,给予一定奖励。"中小企业提质计划中提到"小型微型满足一定条件可按规定享受贷款财政贴息和税收优惠政策"。从以上政策可以看出,政策着力点在于培养优质企业,覆盖面不广,能够享受政策奖励或税收优惠的企业并不多,对普通企业的政策优惠

不多。

（2）育人、留人政策缺乏创新

提升人力资源服务从业人员能力素质，鼓励和支持国内外优秀人才加入人力资源服务行业，需要形成一个良好的人才生态环境。目前，重庆在人才生态建设方面已经有了一些举措，"近悦远来"的人才生态虽正在逐渐形成，但需要进一步完善。虽然制定并实施了一系列育人、留人人才政策，但未能有效针对现代"90后""95后"人才的需求投其所好，政策缺乏创新。在育人、留人政策方面思路比较单一，在更多元地通过推动市级、区县级人力资源服务产业园发展、加强人力资源服务协会管理等方面制定育人、留人政策还有提升空间。

（3）人才激励、培养政策缺乏普及性

2022年8月，重庆市人力资源和社会保障局等12个部门发布《关于推进新时代人力资源服务业高质量发展的实施意见》，其中大量篇幅提到"领军人才培养计划"，但针对人力资源服务行业普通人才培养的内容却没有涉及。

人才激励政策的门槛过高，仅仅针对高层次人才，没有发挥政策的普及性作用。人力资源服务业的发展有赖于高层次人才和普通人才共同努力。除了激励高层次人才外，也需要各项扶持政策提高普通从业人员的技能和整体素质。

2.企业人才"引、育、留"措施不够全面

一是企业未能有效吸引人才。企业吸引人才，应既针对现有人才，又针对潜在从业者。全面建设雇主品牌，形成雇主在人才市场的知名度与美誉度，才能真正吸引人才。二是企业未能主动及针对人才个人需求进行培养。企业培训为培训而培训，未能分析企业与人才需求，未在具体行业发展背景下为人才制订发展目标与计划，提供的培训与开发的机会较少。三是企业未能真正留住人才。企业留住人才仅靠事业、情感、待遇中的一项或两项，不能真正长远留住人才。缺少任何一个，对于企业人才而言，都是离开企业的催化剂。

3.高校人才培养优势不够明显

一是人才供给未能满足需求。未形成系统化的人力资源服务专业培养体系，重庆市开设人力资源服务专业及相关课程的高校较少。开设人力资源服务课程的高校又存在教学中理论比重过大，实践操作不足，大学生毕业后难以满足人力资源服务机构的工作要求，难以提供专业化服务的问题。二是人才培养校企合作未能深入。高校闭门造车，教师、学生对于人力资源服务的认知不足，实践欠缺；企业人力资源服务精英故步于企业行业内部,未能将实践经验授予该专业的大学生。只有高校与企业的深度合作,才能更好地发挥高校的育人优势。而目前,重庆市高校在人力资源服务专业人才培养方面,未能充分发挥优势。

4.行业协会人才服务功能不健全

一是规范行业发展的功能不足。完善人力资源服务行业公约,规范人力资源服务市场秩序,引导人力资源服务机构依法经营、诚信服务、有序竞争,为行业人才提供良好的行业环境的功能发挥不充分。二是行业准入资格建立的功能还未完全形成。人力资源服务行业的健康高质量发展,需要行业资格认证,对职业人员进行资格认证,提高从业人员的能力素质。由于人力资源服务行业快速发展在近十年,而重庆市人才研究与人力资源服务协会成立于2016年,成立时间比较晚,因此在建立行业准入资格方面的功能还没有完全发挥出来。三是在行业监督、培养人才方面的功能发挥不全面。协会在从业人员培训、新兴业态管理监测等方面的工作还未全面展开,未能充分发挥行业协会在人才服务等方面的功能。

七、重庆市人力资源服务从业人员能力素质提升的建议

(一)政府加大投入力度,制定、创新具有吸引力的人才引进、培育制度,组织高层次人才"引才"活动

1.扩大财政补贴范围,实行优惠的税收政策,助力"名优企业培育与中小企业提质计划"

财政补贴可以用于人力资源服务企业从业人员培训、人力资源服务企业新技术开发、人力资源服务企业或人力资源服务协会举办各种行业论坛、行业大赛、学术会议。在人才培训、新技术研发创新、行业活动开展方面给予资金补贴,鼓励企业、协会人才培养,提升从业人员能力素质。

政府出台优惠的税收政策,减轻企业的税收负担。鼓励人力资源服务机构开展自主品牌建设,支持打造区域性人力资源服务结算中心,落实登记注册、税收优惠等方面的政策扶持。比如降低税率、免税、提高起征点、延期纳免等。税收与资金奖励政策虽然不能直接提升人力资源服务从业人员素质,但缓解了企业的资金压力,让企业可以将更多的资金投入员工的培训和新产品的研发上,不仅有利于中小企业提质,也间接提升了从业人员的整体素质。

2.进一步营造"近悦远来"人才生态,制定完善的人才服务政策

鼓励和支持国内外优秀人才加入人力资源服务行业的政策,为人才提供来渝发展的平台及高质量生活的保障,解除人才发展中的后顾之忧。针对优秀的高层次人才,除了提供后勤保障方面的政策外,还要提供更多促进事业发展的政策。

创新实行特殊人才政策。鼓励高职院校、科研院所的退休人员,通过兼职方式从事人力资源服务业。[①]鼓励人力资源服务机构与高校、知名培训机构合作,建立人力资源服务培训基地和实训基地。政府牵头积极引导行业协会、人力资源服务企业与高校建立四位一体的政产学研新模式,挖掘高校、协会在人才培养方面的优势,发挥政府、企业的主观能动性,为引才、留才创造良好的政策与制度环境。

针对行业普通人才,政府加强实施继续教育与技能培训服务。人力资源服务行业人才素质的提升,不仅仅在于"培优",还在于"强基"。"培优"是针对行业高端优秀人才,"强基"针对行业大众基层人才。整个行业从业人员素质的提升,仅靠培优还远远不够,还需要加强构成这一行业的普通大众从业者的能力素质。政府可以通过采购或者委托高校研究院所等研发机构,对行业普通人才进行测评,结合从业人员具体情况,定制开发针对性的提升培训课程,免费提供给行业从业人员,从而针对性提升其素质。

健全人才环境。完善人才评价机制,丰富评价指标,不搞一刀切。对于不同类别的人才采用不同权重的评价指标,简化评价程序,适当延长评价考核周期,鼓励人才的持续性发展。

3.以赛孕才、以赛选才

继续依托重庆市、区人力资源服务产业园区、行业协会,开展人力资源服务技能大赛。建立市级、区县级人力资源服务技能大赛体系,将西部HR能力大赛常态化,每年举行一次。丰富HR技能大赛的主题,尝试开展猎头、测评、外包等细分业务从业人员能力大赛,孕育行业人才,选拔行业优秀人才,不断提升行业从业人员能力素质。

4.组织多方"引才"活动,进一步落实"塔尖""塔基"人才政策

围绕人力资源服务行业靶向引才,继续开展"百万英才兴重庆"系列引才活动,通过组织人力资源服务人才技能大赛着力引进人力资源服务行业急需紧缺人才、高层次人才。围绕重庆市人力资源服务企业人才能力素质提升建设,加大企业面

---

① 余兴安.人力资源服务概论[M].北京:中国人事出版社,2016.

向高校毕业生公开招聘力度,实施"赴高校优秀毕业生招聘"项目,引进人力资源服务行业人才。

5.精心"育才",进一步落实实施领军人才培养计划,加强建设人力资源服务行业智库

着力进行研究型人才培养,为研究型人才提供良好的人才环境。依托中国重庆人力资源服务产业发展研究院、博士后工作站等,建设人力资源服务行业智库,加强战略性、理论性、基础性研究人才的培养。加强博士后科研工作站建设和服务,加强留学回国人员创业创新支持,积极组织各项人才项目申报。

进一步落实实施领军人才培养计划,加强建设人力资源服务行业智库。继续开展人力资源服务领军人才评选,积极进行各级各类高层次人才推荐评定;提供人力资源服务从业人员职称申报的途径,制定完善各级职称的标准与条件,畅通人力资源服务从业人员职称申报渠道,打造人力资源服务行业专业高级人才队伍。

6.进一步推动产业平台建设,用心"留才"

实施服务"留才",推进国家级、市级人力资源服务产业园建设,实现人力资源服务产业园扩容提质,进行人力资源服务活动品牌建设,搭建行业发展的高质量平台,发挥人力资源服务产业聚集效应,进一步发挥汇聚人才重要抓手的作用。制定入驻产业园优惠政策,吸引更多优秀的、以中高端人力资源服务业态为主要业务的企业来渝落户,推动重庆市人力资源服务行业的高质量发展。

(二)企业在"引人、育人、留人"环节环环出击,提升人力资源服务从业人员能力素质

1.开展自主品牌建设,通过雇主品牌吸引人才

开展自主品牌建设,力争成为优质人力资源服务企业或人力资源服务"领军"企业、骨干企业。全面解读2022年8月重庆市人力资源和社会保障局联合12部门出台的《关于推进新时代人力资源服务业高质量发展的实施意见》,积极把握发展机会,争取成为"名优企业培育计划""中小企业提质计划"的培育企业。

通过宣传雇主品牌吸引人才。随着"90后""95后"大量涌入人力资源市场,人力资源服务企业需要通过建立优秀的雇主品牌来"吸引人才"。企业通过各种途径提高人才的职业体验和职业满意度,增强企业的社会美誉度,增强内部优秀人才留下的意愿。如今的行业从业人员"90后"是主力军,他们是"数字媒体使用大军",因此通过自媒体宣传企业,吸引人才是一个与时俱进的策略。通过内部员工、企业

微信公众号、抖音号等自媒体宣传企业,吸引潜在外部人才的加入,强化企业人才储备。

雇主品牌宣传可以吸引人才,但持久的人才吸引还是需要企业雇主品牌本身的建设来实现。企业雇主品牌建设具体可通过塑造以人为本、尊重员工的企业文化,提供具有竞争力、公平的薪酬福利来实现。优化薪酬福利机制,开展岗位评估,及时调整岗位工资结构,为人力资源服务行业从业人员提供有竞争力的薪酬[①]。薪酬不仅对外具有竞争力,对内要体现公平性,以岗位价值为基础,绩效贡献为依据,以岗定薪。

2.通过内部、外部培训培育人才

(1)增加培训与开发的资金投入,将每年规定学时的培训作为绩效考核的一部分

为人才制订发展目标与计划,完善人才培养机制,提供足够的培训与开发的机会。定期选派部分人力资源服务企业高级管理人员到市外著名专业院校、知名人力资源服务机构学习培训。行业内的具有一定规模的集团公司,可以成立专业的"人才培训学院""企业大学"。为企业针对性培训人才,从新员工入职培训到中层领导干部能力提升培训,全员全覆盖。对于规模不大或处于起步发展阶段的人力资源服务企业,划拨专款用于员工培训,专款专用。可以采用"老带新""师傅带徒弟"式的培训方式,也可以选择专业权威的培训机构或具有人力资源服务专业的大专院校分批次选派员工进行培训。不同层级的员工设置不同的必需培训学时,通过考核来强化培训的进行。

截至2021年底,重庆市人力资源服务从业人员28486人,取得职业资格证书9790人,还有近66%的从业人员未取得职业资格证书。企业应采取一定的激励措施鼓励人力资源服务从业人员通过参加职业资格培训、参加行业能力评价和相关职业资格证书考试,提高人才专业化水平。

(2)基于需求分析针对性提供培训

从此次调查研究结果来看,各个类型业态的从业人员法律相关知识、营销知识、分析能力、客户关系管理能力自评分数比较低,因此企业培训可以强化此方面的培训。另外,不同业态的企业、不同层次的从业人员在一般能力方面也具有差异。因此,企业应对员工进行培训需求分析,在精准分析的基础上针对性提供培

---

① 杨朝旭.粤港澳大湾区区(县)人力资源服务业现状研究:以深圳市L区为例[J].中国人事科学,2021(6):74-81.

274

训,让培训经费用有所值,让员工真正得到需要的培训,让其能力素质真正得到提高。[①]

3.多管齐下,留住人才

事业留人、情感留人、待遇留人。为人才提供与其匹配的岗位,充分发挥人才的优势与职业潜能,让其体验到工作的意义和自身价值感。

关注人才的精神需求。加强与人才的沟通交流,工作上支持人才,生活上关心人才,人格上尊重人才。提供有竞争力的薪酬,设置各级各种人才资助项目激励人才。在经费与工作安排上大力支持人才的继续教育学习,为其提供有保障的学习环境,让其无后顾之忧。为员工提供职业生涯发展规划指导,畅通人才发展的"横向""纵向"流动渠道。完善住房、医疗、养老等福利保障制度,让其安心工作,通过其对企业的归属感留住人才。

(三)高校充分发挥人才培养的优势,提供人力资源服务的专业人才

1.建立人力资源管理专业学生对人力资源服务的正确认知

提升重庆市人力资源服务从业人员的能力素质,吸引和留住高校人力资源管理专业的学生是一条"捷径",而人力资源管理专业学生在人力资源服务行业就业的意愿却不容乐观。课题项目组对重庆人文科技学院人力资源管理专业学生进行了就业意愿调查,发现人力资源管理专业学生在人力资源服务行业就业的意愿非常低,仅为6.7%。这与其对人力资源服务行业及人力资源服务企业不甚了解,存在极大的认知偏见有关。重庆人文科技学院属于二本院校,人力资源管理专业建立已有18年,其学生不论是从学历还是能力水平具有一定的代表性,能够一定程度上反映出重庆高校人力资源管理专业学生的就业意向。因此,对于已设置人力资源管理专业的高等院校,通过大学四年(三年)的专业教育,让学生建立对人力资源服务的正确认知显得非常重要。

在专业教学的课堂上,适时加入人力资源服务的相关内容,比如人力资源管理概论课堂可以在涉及劳务派遣、劳务外包内容时,做适当拓展,介绍国家当前对于大力发展人力资源服务行业的相关政策文件,让学生对人力资源管理专业的就业范围有新的认识;劳动法的课堂,教师可多列举一些人力资源服务企业的案例。

让学生走进重庆市知名人力资源服务企业,或邀请杰出行业人士和从事人力

[①] 吴国峰,李梅,彭铁牛,等.人力资源从业人员未来胜任能力素质模型研究:基于无边界职业生涯的视域[J].经营与管理,2017(7):48-50.

资源服务行业的杰出校友走进校园、走进课堂为学生开设专题讲座,使学生对人力资源服务有全方位的了解,全面立体地认知人力资源服务行业。建立学生对人力资源服务的正确认知,改变传统的人力资源服务就是"职业中介"的落后观念。让学生看到人力资源服务的新兴业态,让其看到人力资源服务行业的发展前景,树立从业信心与从业自豪感。

2.高校对标人力资源服务企业的人才需求,优化课程设置

高校对标培养人力资源服务人才,为人力资源服务业提供专业人才。高校可将企业实践经验融合到学生培养中,形成长效、可持续的行业人才培养机制。设有人力资源管理专业的院校在原有专业基础上,增设人力资源服务专业方向或增设人力资源服务类课程。通过调查访谈发现,人力资源服务行业从业人员并不限制所学专业在"人力资源管理"或"人力资源服务",对于非"人力资源管理"专业,具备一定的人力资源服务知识也是大受欢迎的。因此,重庆有条件的高校可以在其他非人力资源管理专业本科高年级、研究生教育中开设人力资源服务类选修课程,可以采用学校教师与人力资源服务企业专业人士共同授课的形式,培养非人力资源管理专业学生的人力资源服务专业素养。师资力量相对雄厚的重庆高校,可以在本科或研究生教育中设置人力资源服务相关专业,加强与国内外其他高校的交流,促进专业建设。

加大人力资源管理实务类课程在总课程中的比重,重点培养学生的实践技能。人力资源服务业从业人员不仅需要专业的人力资源管理知识、良好的沟通能力等基本素养,还需具备独立开展人才测评、开展人才招聘、组织人才培训的一般实践技能。因此,高校在课程中要加大此类实践环节的学时,提高学生实际动手解决问题的能力。大数据时代背景下,课程还需要与时俱进,开设大数据下的人力资源服务、人工智能等相关互联网技术的课程。

3.产教融合,加强校企合作

探索建设产教融合、校企合作模式。开设有人力资源管理专业的高校加大校企交流,互通有无。加强企业与学校的沟通交流、信息互通和资源共享,进一步实现双赢,促进产教融合。以"校企合作,产教融合"共建专业,建设校内外实习实训基地,实现"基地共建、课程共生、资源共用、成果共享"。通过"专业+行业""教学+科研""培养+就业"等,确保行业发展和人才培养有机衔接。让学校实践课程走出教室,让教师、学生走进企业,参加专业见习与专业实习,培养双师型教师,提升学

生的人力资源管理专业素养。高校聘请企业资深人士为外聘师资,与企业共建课程,研发适合人力资源服务企业的所需人才的课程体系。定期共同举办行业关注的学术研讨、业务交流活动,探讨行业发展中的热点问题,促进校企合作及经验交流,提高行业专业化水平;合作开展校级行业技能大赛,为企业选拔人才,培养人才。

高校将企业实践经验融合到大学生培养中,培养新时代人力资源服务人才,形成长效可持续的行业人才培养机制。按照企业的用人标准,以精准定制的形式,实行"订单式"培养,与企业在人才培养、就业创业等方面进行融合。

4.发挥高校的专业人才优势,为行业人才提供培训

开设人力资源管理的高校要积极发挥人才优势,汇集高校相关专家开发人力资源服务专业培训系统,为人力资源服务企业和社会培养专门人才。帮助企业实现人才的继续教育,提升人力资源服务企业从业人员的能力素质。[1]充分发挥高校服务地方经济的作用,加大职业技能培训、职业评价考核力度,培育技能人才。

(四)重庆市各级人力资源服务协会全面发挥服务功能

重庆市人才研究与人力资源服务协会在行业人才培育方面已经取得了一定的成绩。2021年,协会在市外著名高校举办人力资源服务业发展高级研修班,培训区县(自治县)人力社保部门分管领导和人力资源服务机构高级管理人员60余人;在市内举办人力资源服务机构业务骨干培训班,培训人力资源服务机构业务骨干300余人。强化人力资源服务业从业人员职业技能提升培训,提升从业人员专业水平和综合能力,累计培训行业从业人员23710人,通过考核取得证书22455人。但重庆市各级人力资源服务协会功能的发挥不能仅靠市级协会,行业协会的功能不仅限于行业人才培训,还需要各级人力资源服务协会进一步全面发挥功能。

市级人力资源服务协会带领重庆市各区县人力资源服务协会共同发展。作为人力资源服务企业之间交流的中介与桥梁,行业协会的发展不仅可以像纽带加强企业间、企业与高等院校的交流,实现信息资源共享,还能够为人力资源服务企业提供技术、信息、法律等服务。目前重庆市有市级人力资源服务协会一个,合川、荣昌等区县也已成立人力资源服务协会,但区县人力资源服务协会组织结构不健全,发挥的中介与桥梁作用有限。积极推动各区县成立人力资源服务协会,联结当地

---

① 李晓婷,许东黎.人力资源服务业人才需求调查研究[J].全国流通经济,2020(30):76-78.

企业、当地高校,为当地人力资源服务企业提供服务。①

各级人力资源服务协会进一步组织开展从业人员继续教育,积极发挥行业协会在人才培养方面的作用。提高培训的针对性和有效性,人力资源服务协会应协助调研企业培训需求,并帮助组织参学人员,然后组织有相关资质的培训机构按照培训需求制订培训方案,最后由协会和培训机构共同发起培训项目开展职业培训。

逐步建立行业公约。②由重庆市人力资源服务协会牵头制定实施人力资源服务行业公约,优化营商环境,建立经营性人力资源服务机构"诚信积分制",规范人力资源市场秩序,引导人力资源服务机构依法经营、诚信服务、有序竞争,为行业人才提供良好的行业环境。

协助政府建设人力资源服务行业智库,完善行业资格认证,提高行业从业人员专业化、职业化水平。从"从业人员能力素质"方面形成行业执业标准,逐步推行行业资格认证,完善各项行业规范,提升人力资源服务从业人员能力素质。

课题研究单位:重庆人文科技学院
课题负责人:雷　静
课题主研人员:双海军　赵　静　邓旭升　张艺露　卢　义　李卓伶
　　　　　　　刘风云　杨昆南

① 伍丹.人力资源产业发展分析及趋势[J].海峡科技与产业,2021,34(4):40-42.
② 王华松.北京市外企人力资源服务行业发展现状、问题及对策研究[D].北京:中共北京市委党校,2021.